흩어진 MZ세대와 접속하는 교회

메타버스 시대의 목회와 선교

김은혜·로버트 제라시
박일준·홍창현·윤영훈·홍성수
이준우·정대경·황은영·이은경
송용섭 지음

쿰란출판사

흩어진 MZ세대와
접속하는 교회

메타버스 시대의 목회와 선교

이 저서는 2021년도 한국연구재단의 국제협력사업의 지원을 받아 연구되었음 (과제번호) (NRF-2021K2A9A2A20101640)

추천의 글

코로나19 팬데믹을 통과하면서 한국교회는 총체적인 어려움을 경험하고 있습니다. 사회적 신뢰도는 더 하락했으며, 여전히 현장 예배로 복귀하지 않은 성도들도 있습니다. 또 예배당을 중심으로 하는 신앙에서 온라인과 디지털 공간을 병행하는 신앙으로 전환되는 상황입니다. 새로운 목회 환경에서 단단한 신학적 기초를 세우는 것이 절실할 때, 『흩어진 MZ세대와 접속하는 교회』는 귀한 이정표를 제공합니다. 특히 젊은 세대들을 이해하고 그들과 함께할 수 있는 목회의 방향을 세우는 데 큰 도움을 줄 것입니다. 이 책을 통해 디지털 목회의 새로운 상상을 펼쳐나가길 기대합니다.

정명철 (도림교회 담임목사)

우선 시대를 예리하게 통찰하는 신학자들과 종교학자의 지혜를 접할 수 있어 무척 반가웠다. 한편으로는 교회가 어떻게 반응할지 무척 궁금해진다. MZ세대를 둘러싼 양극화나 기후위기는 인류의 시급한 최대 현안이다. 지구촌 전체가 하나의 운명공동체임을 깨닫지 않고서는 해결될 수 없는 문제이기에 한 차원 높은 영성적 접근이 요구된다. 따라서 교회도 지금과는 다른 역할이 요구되는 시점이라고 할 수 있다. 이런 시기에 다행스럽게도 멀게만 느껴지던 디지털 전환, 천문학, 양자역학 등의 과학과 교회와의 거리를 한층 가깝게 만들어준 저자들에게 무척 감사하다. 아무쪼록 교회가 이런 문명사적 대전환의 과정에서 하나님의 진정한 가르침을 우리 스스로 행할 수 있도록 도와주는 큰 역할을 해 주길 바라며, 저자들의 지혜가 단초가 되기를 기대한다.

전하진 (SDX재단 이사장, 제19대 국회의원)

한국 사회 청년들의 탈교회, 탈종교 현상은 최근 눈부시게 발전하는 과학기술과 무관하지 않다. 인공지능, 메타버스 등 첨단기술의 등장으로 인해 청년들이 삶을 영위하는 방식과 추구하는 가치가 크게 변화했기 때문이다. MZ세대 청년들이 한국교회 안에서 자신들의 뜻을 펼치며 한국교회의 미래를 이끌어가는 모습을 우리가 그려볼 수 있을까? 이 책은 급변하는 기술문화와 관련해서 기존에 생각하지 못했던 흥미로운 통찰과 재치 넘치는 제안 들을 가득 담고 있으며, 막다른 길에 다다른 것처럼 보이는 한국교회에 다시금 소망의 불씨를 살려낼 것으로 기대된다.

김정형 (연세대학교 신과대학, 종교철학 교수)

팬데믹 이후 청년의 탈종교화 현상이 더욱 뚜렷해졌습니다. 한국교회의 다음 세대 문제가 갈수록 심화되고 있으며, 목회자들에게는 가장 큰 도전이 되는 과제 가운데 하나입니다. 교회의 미래를 위해 지금 청년들이 어디에 모여 있고, 무엇을 하고 있는지 그리고 무엇을 간절히 원하는지 이해하는 일이 급선무입니다. 『흩어진 MZ세대와 접속하는 교회』는 교회를 떠난, 그리고 더 이상 교회에 관심이 없는 청년세대의 특징과 문화를 분석하고 있습니다. 한국교회의 미래를 고민하고 준비하는 모든 분께 좋은 참고서가 되기를 기대합니다.

주승중 (주안교회 목사)

청년이 교회를 떠나는 이유는 청년, 교회 그리고 우리 시대가 모두 변했기 때문이다. 이 작은 책은 기술사회의 변화를 면밀히 분석하고 이 땅의 청년이 경험하는 분투와 그들의 문화를 애써 이해하며, 환경이 변하는데도 과거에서 벗어나지 못하는 한국교회를 다시 깨우려는 눈물겨운 노력의 결과다. 저자들은 당면한 문제의 근본을 파헤치는 학문적 치열함과 힘을 잃은 한국교회를 향한 깊은 애정을 가지고 교회의 미래를 기획하는 데 꼭 필요한 통찰을 제시하고 있다. 요즘 젊은이를 궁금해하고, 첨단기술 시대에 걸맞는 교회의 역할을 고민하는 성도와 목회자의 일독을 권한다.

손화철 (한동대학교 글로벌리더십학부 교수)

월간활성이용자수(MAU) 1억 명을 단 두 달 만에 이뤄낸 'ChatGPT'라는 생성형 언어 모델이 세상을 뒤집고 있다. '디지털 전환'(digital transformation)의 시대다. 기술은 인간의 삶에 모든 곳에서 근본적인 변화를 불러온다. 이 책은 꿈꿔 왔던 익숙한 미래의 기술들이 현실이 되어 나타난 지금을 이야기한다. 더불어 당대의 교회와 청년들이 직면한 도전과 기회를 통찰력 있는 분석과 실용적인 솔루션을 통해 다음 세대에 다가가기 위한 로드맵을 제시하고 있다. 사라진 청년들을 찾고자 하는 교회 리더든, 부모든, 디지털 세상에서 신앙과 영성의 미래를 형성하는 데 영향력을 발휘하고자 하는 모든 사람에게 권하고 싶은 이 책이 더 늦지 않게 나와 정말 고맙다.

김택환 (온맘닷컴 대표, 기독교창의지원재단 이사장)

이 책은 메타버스 시대 디지털 콘텐츠의 적극적인 생산자이자 소비자인 프로슈머(prosumer)로서의 MZ세대를 위한 교회 목회 리뉴얼을 제안한다. 이를 위해 국내외 11명의 신학자가 "메타버스와 게임 속에서 종교를 찾다"(1부)와 "메타버스 시대 교회를 재구성하다"(2부)의 두 가지 주제로, 교회의 '디지털 전환'에 필요한 실질적인 이론과 실제를 제시했다. 이 내용은 '디지털 전환'의 도구로 '메타버스' 활용을 원하는 MZ세대를 위한 하이브리드 처치(hybrid church) 목회자에게 매우 중요할 것이다. 아날로그와 디지털 세계를 통치하는 하나님 나라 확장을 위해, 목회와 교육 현장에서 메타버스를 통해 사역하고자 하는 목회자와 교육자, 평신도에게 이 책을 강력하게 추천한다.

김성복 (꽃재교회 담임목사)

들어가며

흩어진 MZ세대와 접속하는 교회:
메타버스 시대의 목회와

　본서는 2022년 5월 한국을 방문한 미국의 종교학자 로버트 제라시(Robert Geraci)의 강연을 준비하고 진행하면서, 함께 행사를 기획한 신학자들의 공통된 질문들로부터 시작되었다. 오늘 한국교회는 급격한 교세 감소와 더불어 청년세대의 소멸을 체감하고 있다. 한국의 인구가 저출산의 흐름을 이어오면서, 인구감소에 따른 청년층 감소가 전반적인 추세일 수밖에 없긴 하지만, 한국교회의 청년층 이탈은 이 인구추세만으로 설명하기 어려운 더 심각한 원인을 가지고 있다. 그것은 바로 한국교회에 대한 청년층의 비호감이다. 제라시는 강연을 통해 한국교회와 직접적으로 연관된 주제를 언급하지는 않았다. 사실 그는 종교학자이지 신학자가 아니기 때문이다. 하지만 가상현실 세계 속에서 펼쳐지는 다중온라인게임(MMORPG) 속에 여전히 종교적 상징세계가 작동하고 있으며, 그 상징세계를 통해 선/악의 윤리적 개념들을 문화적으로 학습하고 있다는 제라시의 관찰은 탈세속화 시대를 언급하며, 종교의 부흥을 예측하지만 여전히 현장에서는 급격한 교세의 추락을 목격하고 있던 신학자들에게 깜박 물음을 떠올리게 했다. "그 많던 청년은 다 어디로 갔을까?" 2014년 출판된 제라시의 저서 『Virtually Sacred: Myth and Meaning in World of Warcraft and Second Life』는 저자가 직접 가상현실 게임인 워크래프트와 세컨드 라이프를 놀이하면서 종교학자로서 경험한 온라인다중접속 게임을 이야기하고 있었다.

'그 많던 청년'은 가상현실로 이주하고 있었던 것이다. 디지털 세계에서 유목민으로 살아가는 그들의 모습을 '디지털 노마드'라고 표현하기도 한다. 다른 한편으로 이 가상현실 다중접속 온라인게임이 자본과 결합하여 수익을 창출하는 구조를 갖추게 되면, 우리는 요즘 그걸 "메타버스"라고 표현한다. 팬데믹이 절정에 달할 무렵, 여러 교회에서 디지털 교회 플랫폼을 차려놓고 새로운 시도를 시작하였고, 최근에는 '메타버스'에 교회의 미래가 달려있다는 이야기들이 심심찮게 들려온다. 하지만 이 메타버스가 디지털 자본주의와 결합된 구조라는 사실에는 눈을 감는다. 이미 2018년 개봉한 스티븐 스필버그 감독의 영화 〈레디 플레이어 원〉은 자본주의와 융합된 메타버스가 어떻게 남용될 수 있는지를 보여주며 경고의 메시지를 날리고 있지만, 그런 우려와 걱정은 메타버스를 통해 다시 한번 부흥의 시대를 이루겠다는 목회자들의 욕망을 이겨내지 못한다.

본서에 함께한 저자들은 다가오는 미래 시대가 '디지털 네트워크'에 기반한 가상현실이 인공지능과 결합하여 우리의 세계를 급격히 바꾸어 놓으리라는 전망에 동의한다. 아울러 이 미래에는 온라인게임이 사람들에게 더욱더 가까이 다가갈 것이라는 예감에도 공감한다. 우리 기성세대가 디지털게임에 익숙하지 않은 것은 우리가 그런 젊은 시절을 경험하지 못했기 때문이다. 기성세대의 청년기 때 문화적으로 유행하던 오락실 게임, 고스톱, 당구 등은 더 이상 젊은 세대의 놀이가 아니다. 밀레니얼 세대와 Z세대를 함께 묶어 부르는 명칭인 MZ세대는 시기상으로 도저히 동년배라고 볼 수 없는 1981년생부터 2010년생까지를 통칭하는데, 이 한 세대로 보기 어려운 세대들을 하나로 엮어주는 매체는 바로 게임이다. 이 게임의 세계를 이해하지 못한 채, 우리는 메타버스의 시대, 디지털의 시대를 운운하면서 교회의 부흥을 꿈꾼다. 현실공간에서 작동하는 교회라는 실물을 가상공간에 옮겨놓고, 지금의 일을 그대로 반복하면 교회가 부흥할 것이라는 단순한 사고방식을 가지고 말이다. 왜 목회자들이 거기에 몰입하는지를 이해하지 못해서가 아니다. 다만 그러한 변화에 대한 신학적 성찰 없이 그저 '부흥'이라는 전가의 보도를 따라 끌려다니는 한국교회의 모습이 신학적으로 우려스러울 따름이다.

이미 기성세대도 90년대 후반 일본 애니메이션 〈공각기동대〉나 〈에반게리온〉 등을 접하면서, 디지털 네트워크의 세계를 일견한 바 있고, 스마트폰 등의 사용으로 디지털 세계에 경험이 아주 없지는 않지만, 그 디지털 세계를 놀이터로 삼아 성장한 세대들과의 경험은 아주 다르다. 본서는 이 디지털 세계를 신학적으로 성찰하고자 하였다. 특별히 다중온라인접속 게임과 연관하여, 메타버스라는 세계와 연관하여 디지털 네트워크를 신학적으로 성찰하면서, 우리가 미처 고려하고 있지 못하던 점들을 신학적으로 성찰해 보았다. 왜 한국교회는 젊은이들로부터 외면받고 있을까? 왜 부흥하는 청년교회가 다른 상황과 다른 지역에서는 반복되지 않는 것일까?

청년교회의 부흥을 꿈꾸면서, 성공하는 교회들의 이야기가 회람되지만, 어쩌면 바로 그 성공담들이 교회가 젊은 세대로 스며드는 데 방해되고 있는 것은 아닐까? 20-30대가 한국 개신교에 느끼는 반감과 혐오를 성공하고 있는 청년교회들의 사례로 희석시키고, 우리의 그 실패를 신학적으로 성찰하여 모두의 미래를 위한 대안을 고민하기보다, 우리는 또다시 '부흥'이라는 화두에만 몰입하고 있는 것은 아닐까? 한 교회의 성장이 전체 개신교의 성장으로 이어지지 않는 상황은 이미 30년째 지속되고 있다. 대형교회들의 성장과 부흥이 이루어지고 있는 동안에 어째서 한국 개신교는 전반적으로 급락을 면치 못하고 있는 것일까?

본서 저자들의 진단은 우리가 디지털 세계로 이주한 디지털 노마드들에 대해서 너무 무지하다는 것이다. 본서는 구체적이고 실천적인 대안을 제시해 주지는 못한다. 이는 이론을 탐닉하는 신학자들의 태생적 한계가 아니다. 그런 구체적이고 실천적인 대안을 실험할 수 있는 특권은 현장 목회자들에게 주어지는 것이지, 신학자들에게 주어지지 않는다. 신학자들의 일은 그러한 목회적 실험을 강행할 때 우려되는 염려와 걱정을 가상적으로 시뮬레이션하여, 불필요한 실패들을 미연에 방지할 수 있도록 도울 수 있을 뿐이다. 아울러 메타버스 시대에 한국교회가 가질 수 있는 대안이 무엇일지 담아보고자 노력했다. 본서를 통해 교회와 신학계에서 청년세대를 위한 진지한 성찰과 토론이 촉발되어, 이 땅에 하나님의 나라를 실현해 나아가려는 진심 어린 노력이 일어나기를 바란다.

2023년 봄
인간-기술 공생 네트워크
(Human-Technology Symbiosis Network, HTSN)

목차

추천의 글 • 5
들어가며 • 12

1부 메타버스와 게임 속에서 종교를 찾다

01 가나안 교회 청년들과 디지털 치료제 / 김은혜   23

02 가상현실게임으로 체험하는 종교 / 로버트 제라시   43

03 아편의 종교를 넘어 기술의 종교로 / 박일준   72

04 MZ세대를 위한 피지털 교회 / 홍창현   102

05 좀 노는 청년들의 놀이터로서 교회 / 윤영훈   121

2부   메타버스 시대 교회를 재구성하다

06 디지털 시대 교회의 소통방식을 다시 생각하다 / 홍성수   153

07 인공지능·로봇과 함께하는 한국교회 장애청년사역 / 이준우   171

08 디지털 교회? / 정대경   192

09 게임과 함께 신앙 성숙을 도모하다 / 황은영   210

10 멀티-빌리버스 시대의 미닝아웃 / 이은경   231

11 R세대 인공지능과 함께하는 공감적 상담 / 송용섭   259

1부
메타버스와 게임 속에서 종교를 찾다

01

가나안 교회 청년들과 디지털 치료제

김은혜 • 장로회신학대학교 기독교윤리

청년의 정신건강이 위험하다

우리나라뿐 아니라 전 세계적으로 우울과 불안을 호소하는 2030 청년의 수가 급격히 늘고 있다. 이에 청년의 정신건강 증진에도 사회적 관심이 높다. 2022년 5월 〈동아일보〉는 한국 청년 10명 중 4명이 '정신건강 위기'로 그중 절반은 당장 치료가 필요하다는 단독 취재와 보도를 내놓았다.[1] 한 정신건강의학과 교수는 "상대적 박탈감 등이

---

1) 강승현, "[단독]청년 10명 중 4명 '정신건강 위기'…그중 절반은 당장 치료 필요", 〈동아일보〉

청년의 정신건강 문제를 더욱 악화 시킬 가능성이 높다"고 전했다.[2] 상대적 박탈감이 청년의 정신적 질병을 유발하는 지경이다. 사실 한국사회의 불평등과 청년 불안은 어제오늘의 이야기가 아니다. 그러나 코로나 이후 청년들의 정신건강이 더욱 위험하다는 보고는 이 이슈가 사회 문제로 떠오른 배경이다.

대한민국의 불평등한 구조는 정치적 내러티브의 희망이 되거나 『긍정의 힘』(조엘 오스틴 지음)과 같은 서적, 상업적 힐링 상품으로 미화할 수 없는, 청년 우울과 절망의 근본적 구조다. 시간당 9,160원, 비정규직, 미친 집 값, 고용불안, 배제된 의료복지 등으로 짓눌린 청년들의 삶은 어쩌면 이미 철 지난 단어인 헬조선, 즉 '지옥 같은 나라'다. 그러나 한편으로 한국은 지옥이라고 말하기에는 무색한 GDP 세계 11위의 경제 대국이다. 이 동일한 경제구조 속 청년들과 기성세대의 인식 차이는 크다. 기성세대는 청년의 소리에 공감보다는, "정신상태가 썩었다", "게으른 패배자들의 분노"라는 비난을 내놓기도 한다. 그러나 이러한 사회적 불통과 누적된 불안에 이제 청년의 단순한 불만이나 투정, 혹은 자기비하나 나약함으로 규정할 수 없는 그 이상의 무력감이 비친다. 팬데믹 이후 특정 세대의 정신건강 문제가 더 깊어진 것이다.

기후붕괴와 팬데믹은 세계적 차원의 불평등을 가속화시켰다. 인

2022.05.20. https://www.donga.com/news/Society/article/all/20220520/113497395/1.
2) 서울시에 따르면 올해 2022년 '청년 마음건강 지원사업'에 신청한 서울 거주 19~39세 청년 1,686명을 대상으로 최근 MMPI-2 검사를 실시했는데, 709명이 정신건강 어려움을 겪는 '위기군'에 해당하는 것으로 나타났다. 10명 중 4명꼴이다. 위기군 중 절반이 넘는 361명은 당장 치료가 필요한 '고위험군'으로 확인됐다.

류에게 자유, 평등, 박애의 가치를 외쳤던 프랑스 대혁명 시기보다 오늘의 불평등 지수가 더 심각하다는 말이 실감된다. 3포, 5포의 지속적 포기를 강요당하며 살아온 청년이 한국 사회에서 이슈로 드러난 지 오래지만 여전히 이렇다 할 대안도 변화도 없다. 청년 담론마저도 이제 정체 상태에 이르렀고, 이는 절망을 더 크게 부풀리고 있다. 코로나19 이후 그들은 여전히 더 힘들다.[3] 김 모 씨(30)는 코로나19 팬데믹으로 회사가 어려워지면서 1년 전 다니던 회사를 그만뒀다. 다른 일자리를 찾기란 생각만큼 쉽지 않았다. 그는 구직 활동마저 포기하고 집 밖에 나가지도 않는다. "처음엔 코로나19 탓을 했는데 갈수록 모든 게 제 탓으로 느껴져요." 김 씨의 말이다. 지난해 대학에 입학한 임 모 씨(20)는 "비대면 수업을 받다 보니 주변 친구들과 관계 맺기가 어려울뿐더러 자기계발이나 취업 준비도 뒤처지고 있는 게 아닌지 항상 걱정된다"면서 "특히 미래에 대한 걱정이 크다"고 호소했다.

기대감이 사라진 미래, 체념과 깊어지는 불안은 청년의 마음과 정신을 병들게 한다. 청년불안을 주제로 사회적 담론을 무수히 벌이고 청년힐링 행사가 여기저기 열리지만, 정작 거기에 그들이 듣고 싶은 이야기는 없기 때문이다. 이들은 이제 "아프니까 청춘이다"라는 말이 싫다. 현실의 청년들은 실패가 두렵다. 젊음의 특권인 도전과 패

---

[3] OECD 국가 중 자살률 1위, 이혼율 1위, 노인빈곤율 1위, 임금 불평등 1위, 대학교육 가계부담률 1위, 공교육비 민간부담률 1위, 사교육비 지출 1위, 어린이 행복 지수 최하위, 청소년 행복 지수 최하위, 출산율 최하위. 좋은 건 꼴찌고 나쁜 건 일등이다. 언론에서 수차례 인용되고 회자되는 몇 가지만 추려 이 정도일 뿐 민망한 1등과 꼴찌는 아직 수십여 가지가 더 남아 있다.

기를 누리라는 사회적 압박을 거부한다. "제발 우리에게 도전을 강요하지 마세요. 도전과 패기가 그렇게 좋은 거면 본인들이 직접 하세요"라고 취준생은 말한다.

청년의 현실은 한 사회의 미래를 예측할 수 있는 지표다. 청년의 장래가 어둡다는 것은 한 사회의 미래 역시 어두움을 예시한다. 청년의 정신건강 역시 미래 사회를 긍정적으로 가늠할 수 있는 기준이 될 수 있다. 청춘의 꿈이 공무원, 건물주만으로 제한된다면 사회는 발전할 수 없다. 그동안 대중 미디어 콘텐츠뿐 아니라 교회의 청년 담론 역시 성공한 소수만을 언급하고, 배경과 경제력에 따라 그룹화하기 십상이었다. 어렵고 힘겨운 특별히 정신적으로 고통받는 청년들의 공간을 교회 역시 제공하지 못했다. 사회에서 소외된 청년이 교회에서도 배제되는 우울한 현실이다. 이렇게 된 배경은 청년 문제에 접근할 때 구조적 문제를 제기하기보다 성공한 개인의 성취에 몰두하는 경향이 강했기 때문이다. 교회는 정글 같은 약육강식의 세계에 던져진 청년에게 복음의 가치를 따라 살아가도록 교육하고 어려움을 나누는 신앙공동체의 구체적인 모델을 제시했는지 돌아보아야 한다. 프랑스 국제종교커뮤니케이션 연구센터(CREC-AVEX International)의 창설자인 피에르 바뱅 신부는 그의 저서 『디지털시대의 종교』에서 "새로운 기술문명이 가져다준 디지털시대에 사람들의 필요를 제대로 파악하고 그들의 요구에 응답할 수 있는 종교만이 존재할 것이며, 이제는 인간의 삶에 영향력을 미칠 수 없게 되는 종교는 사람들 사이에서 잊혀질 것"이라 했다.

'교회' 청년들은
다른 삶을 살아갈까?

한국교회 청년 10명 중 4명은 "성경 말씀대로 살면 사회에서 성공할 수 없다"는 인식을 지닌 것으로 나타났다.[4] 또 교회 청년 55.6%는 "한국 사회는 한 번 실패하면 재기할 기회가 없다"고 답했다. 깊은 불신과 절망이 드러난 결과다. 한국 사회에 대한 현실 인식 조사에서 교회 청년들은 "돈이 최고의 가치가 된 사회"라는 데 92.3%가 동의했고, "더 높은 계층으로 상승하기 어렵다"는 응답이 86.4%, "착한 사람이 손해 본다"는 응답이 84.7%로 나타나는 등 사회를 보는 비관적 인식이 지배적이다. 교회 청년들이 선한 삶이라는 신앙가치가 무력화된 현실에서 신앙교육과 삶의 현장이 극단적으로 불일치되는 신앙의식을 간직한 채 살아가는 가슴 아픈 현실이다. 이제는 교회의 가르침이 교회 밖 삶의 기준이 되지 못한다는 의미다. 그 결과는 "성경 말씀대로 살면 성공 못한다"는 20·30대 청년 40.4%의 응답에서 더욱 잘 나타난다. 이들에게 성공과 신앙은 공존할 수 없는 두 가지 다른 길이다. 신앙적 가치와 기독교 영성으로 살아가려는 노력보다 패배감과 절망이 그대로 드러나는 응답 결과다. 그러나 정말 청년들은 생존과 성공을 위해 교회를 떠나는 것일까? 청년과 중·

---

4) 최승현, "20·30대 기독 청년 40.4% "성경 말씀대로 살면 성공 못해"", 〈뉴스앤조이〉 2021.01.28. https://www.newsnjoy.or.kr/news/articleView.html?idxno=302141. 이 기사는 2021년 1월 27일 발표한 '기독 청년의 신앙과 교회 인식 조사 세미나'를 4회에 걸쳐 소개한다.

고등학생들은 모두 긴 학창 시절을 대학 입시와 서열 차지하기로 기가 죽어지냈다. 졸업 이후 금수저가 되려는 적자생존의 치열한 환경은 그들에게 가장 익숙한 사회 분위기다. 그러한 상황에서 청년들은 젊음을 소비하거나, 기성세대에게 도전과 패기를 종용받는다. 더욱 슬픈 것은 청년들이 교회에서조차 실패를 나누지 못하고, 신앙생활은 그저 교회 안 생활인 것으로만 교육되는 현실이다. 이렇듯 실패를 겪는 수많은 청년을 보듬지 않는 태도는 사회도 교회도 한가지로 같다.

복음이 이렇게 무기력할까? 열정적 신앙인의 기준은 교회 봉사의 정도와 프로그램 참여로 가늠한다. 자기 삶의 문제, 지역 봉사, 더 나은 사회를 향한 청년의 관심은 격려받지도 지지되지도 않는다. 앞서 나눈 설문 내용으로 확인했듯이, 이러한 '교회 일꾼' 만들기 교육은 믿음의 청년들을 세상에서 무력한 생활 신앙인으로 만들고, 시민의식 약화, 교회 안에 매몰되는 신앙이라는 결과로 이어진다. 이러한 탈세계적 영성은 고단한 삶을 살아낼 힘과 의지를 청년에게 공급하지 못하고, 정작 그들이 나누고 싶은 실제 삶의 문제는 늘 뒷전으로 만든다. 교회 공동체 역시 성공하는 1인에 주목하는 문화가 만연하기 때문이다.

교회 청년들도 사회에서 '도전'하고 '노력'했지만 이들에게 주어지는 실패는 곧 생존의 위협으로 다가올 수 있다. 고졸 차별, 지잡대(지방 소재의 잡다한 대학이란 의미로, 지방의 대학을 비하하는 요즘 말이다), 비정규직, 3D 업종의 뿌리 깊은 능력주의 문화와 제도, 턱없이 부족한

복지 등 한 번 실패하면 패자 부활 없는 나락으로 떨어진다고 청년은 생각한다. 이것이 신앙을 지닌 교회 청년들이 날마다 살아가는 실제세계의 일상이다. 이 청년들에게 교회는 어더한 영성으로 생존과 성공을 격려할 수 있을까?

팬데믹 이후 '경쟁적 개인주의', '적자생존'의 사회 구조가 더 깊이 자리 잡았다. 문제는 개인의 능력이나 노력 여부가 아니라 시스템과 구조에 있다. 나와 너를 분리하고 나의 생존을 위해 모두를 경쟁자로 만드는 교육 현장과 실패에서 배우는 가치를 배제하는 성공 이데올로기는 승자독식의 자본주의 양식으로 우리 사회를 치닫게 한다. 영화 〈기생충〉이 전 세계의 주목을 받고 공감을 일으킨 데는 글로벌 사회에 심각한 불평등 구조가 있기 때문이다. 지난 반세기 동안 한국교회는 어떻게 수적으로 부흥 성장할 수 있었을까? 교회 안에도 성공을 위한 '경쟁 시스템'이 작동하고, GDP 위주의 성장 이데올로기가 오랫동안 한국교회와 동고동락하며 수적인 성장 신화에 매진한 결과가 아닐까? 이러한 교회의 성장 과정에서 당연히 청년들은 교회 생활을 통해 사회를 살아가지만, 신앙가치를 실현해가는 기성세대의 삶의 모델과 방식을 배우지도 경험하지도 못했다.

복음은 정말 삶과 동떨어진 방관자일까? 전 세계인의 열광을 받은 드라마 〈오징어 게임〉 속 짐승보다 더 잔인한 인간들의 삶의 방식이 만연한 기막힌 현실이다. 이때 우리 교회 공동체는 여전히 세상에 빛과 소망을 제시할 수 있을까? 교회는 서로 살피고 배려하는 사랑의 공동체로 구별되어 살아갈 수 있는 영성을 제시했던가?

돈이 지배하는 사회에서 청년들이 신앙의 가치로 살아가도록 교회는 어떠한 영성을 지원하고 격려할 수 있을까? 인간은 더 도덕적이고 이상적인 공동체와 문명을 이루어 가리라 생각했다. 그러나 팬데믹 이후 드러난 인간들의 세계는 비인간적이고 반생태적인 지극히 소수만 살아남을 수 있는 기형적인 모양새였다. 이러한 세계에서 교회는 떠나가는 청년들을 다시 설득하고 신앙의 주체로 세울 수 있을까?

디지털 기술의 진화
그리고 청년 의식의 변화

청년들이 교회를 떠나간다는 기사는 이제 식상하다. 그렇게 조용히 교회를 탈출하기 시작한 이들은 왠지 흥청망청 살아갈 것 같았다. 그러나 오산이었다. 목회자 자녀이자 스스로 가나안 성도가 된 한 연구자의 조사에 따르면, 가나안 청년들은 교회에 다시 돌아갈 생각은 없지만 여전히 기독교 정체성을 가지고 시민 윤리를 실천한다고 한다. 다시 말해 '이웃 사랑'을 실천하기 위해 노력하며 지낸다는 것이다.[5] 교회 밖에서 살아가는 가나안 청년들은 그들 나름의 방식으로 교회 밖에서 삶의 의미와 영성을 추구하며 살아간다.

---

5) 이용필, "교회에서 사회적 관계·문화 자본 쌓은 청년들이 스스로 교회를 떠났다는 건", 〈뉴스앤조이〉 2021.11.09. https://www.newsnjoy.or.kr/news/articleView.html?idxno=303637.

청년세대는 '디지털'이다. 그들에게 아날로그 경험은 극히 드물다. 세계 인구의 절반이 스마트폰을 쓰고, 한국의 스마트폰 가입자가 5천만 명을 넘었다 하니 전 국민의 95%가 쓴다고 해도 과언이 아니다. 이 디지털 매체가 만드는 연결의 기록은 네트워크를 통해 매 순간 역동적으로 변화하는 유기체처럼 온라인에 우리의 생활 공간을 만든다. 이것이 현재 인간이 형성해 가는 디지털 미디어 세상이다. 교회 밖 청년 노마드들은 기존 연결 방식을 넘어 다양한 통로와 소통방식으로 신앙과 영성을 형성해 나가고 있다.

디지털 문화를 보는 견해는 다양하지만, 이를 전례 없는 "기술이 추동해 가는 문화"로 보는 태도가 일반적이다. 우리가 흔히 접하는 디지털 문화란 "디지털 기술이 창출해낸 사이버스페이스(cyberspace)에서 벌어지는 문화 현상"을 의미한다. 온라인 쇼핑몰, SNS, YouTube 방송, 온라인게임, 메타버스 등이 이에 속한다. 디지털 문화는 디지털 기술로 생겨난 새로운 미디어의 등장으로 형성되어 끊임없이 변화하며, 유무선의 온라인·오프라인 등 모든 사이버 공간에서 이루어지는 여러 문화 현상을 가리킨다. 더 나아가 이 정보기술 사회는 코로나 이후 인공지능, 로봇공학, 사물인터넷, 3D 프린팅을 활용한 기술 기반의 비대면 생산 방식에 더욱 박차를 가할 것이다. 아울러 온라인 강의뿐 아니라 온라인 거래, 화상회의, 원격의료 등을 바탕으로 초연결(hyper-connected) 사회가 빠르게 진행될 것이란 예측은 어렵지 않다. 이러한 변화를 이끄는 근본적인 축은 디지털 기술 발전과 연동되어 있다. 현대인들은 디지털 미디어와 상호작용하면서 컴퓨터와 스마트폰으로 '알고리즘', '데이터베이스', '하드디스크', '지식' 문화를 생산한다.

이때 사용되는 알고리즘 문화는 모든 기기장치를 미디어 처리장치로 변화시키고, 데이터베이스 문화는 모든 정보를 인터넷으로 접속할 수 있게 함으로써 우리의 '세계관'을 변화시킨다. 이제 우리는 데이터베이스 검색 결과로 세상, 사람, 인생을 배우고 그로써 세계관을 형성한다. 개인의 지성보다는 '집단 지성'이 중요해졌고, 전 지구적 인터넷망으로 지식이 순식간에 전 세계로 퍼져나간다. 이러한 디지털 문화는 사람과 상호작용을 통해 삶의 기반을 제공하는 도구적 기술을 넘어 현대인의 인식체계, 세계관, 정서적 영역에도 영향을 주며, 이것은 종교적 영역, 영적 경험과의 관계에도 긴밀하게 연결되어 있음을 의미한다.

이렇게 디지털 문화는 다양한 기술들과 융합하면서 명확한 개념과 뚜렷한 취향을 선호하는 젊은 세대의 선호도에 맞춰 이미 '언컨택트' 시대를 열었다. 이 문화는 불편한 소통보다 '편리한 단절'을 꿈꾸는 현대인의 욕망을 숨김없이 드러낸다. '언택트 라이프스타일'의 거대한 진화는 이미 시작됐다. 이러한 디지털 문화기술 시대에 코로나가 준 충격은 인류 역사에서 아무도 경험하지 못한 미증유의 삶의 방식으로 급진적으로 전환하게 한 사건이자, 새로운 문명을 만들어낸 시작점이 되었다.

하나님 말씀과 그리스도의 복음은 변함이 없으나, 이를 해석하고 소통해주는 매체는 기술을 통해 끊임없이 변화해왔다. 그러므로 인간의 목소리와 문자뿐 아니라 여러 미디어 또한 말씀 전달에 필수 매체다. 디지털 문화 시대의 청년들이 생활하며 매 순간순간 찾고 보고 대화하고 듣고 만들고 구경하고 즐기고 중계하고 구매하며 만들어가는 그 연결은 끝이 없다. 첨단기술 시대의 사회와 인간관계는 기술의 도움 없이 단 한순간도 지탱하기 어렵다.

청년의 정신건강을 위한 디지털 치료제와 교회의 영성

팬데믹은 우리가 지구적으로 연결되었음을 알게 한 동시에 얼마나 고독하고 철저하게 분절된 사회를 형성해왔는지를 잘 보여줬다. 팬데믹으로 반복된 봉쇄는 성장과 성공 신화 속에서 능력과 배경이 없어 막막함을 느끼는 인간들에게 더 깊은 불안과 우울을 얹어 주었다. 바로 이런 정신적 고통에 허덕이는 이들을 위해 디지털 치료제(digital therapeutics)란 말이 등장했다. 특히 청년 정신건강을 위한 의료적 목적으로 스마트폰 애플리케이션(이하 앱) 등을 기반으로 하는 디지털 시스템이 개발 중이다. 예를 들면, 자기 초점주의의 균형을 통해 2030세대의 우울과 불안을 완화해주는 앱 기반의 챗봇 'U-Me'를 제안하고 실제 기술 구현까지 진행한 사례가 있다.[6]

---

[6] 이정연, 박찬미, 문성운, 이한솔, 이수진, "2030대 젊은 청년층의 우울과 불안 완화를 위한 챗봇 형태의 디지털 치료제 U-Me 개발에 대한 연구", 「PROCEEDINGS OF HCI KOREA 2020 학술대회발표논문집」 (2020), 960-965.

AIA생명은 코로나19로 팬데믹을 거치며 우울감을 호소하는 청년들을 위해 온·오프라인에서 정신건강을 회복할 수 있도록 대학 캠퍼스에 '마음 약방'을 운영한다.[7] 온라인으로 마음 약방을 방문하는 학생들은 진로 고민, 번아웃, 인간관계, 자존감 등의 문제를 전문 심리상담사에게 상담받을 수 있다. 이 프로그램의 한 책임자는 이러한 기업의 시도로 '정신건강 문제는 부끄럽거나 숨겨야 할 것이 아니다'라는 메시지를 청년들에게 주고자 했다고 전했다.

메타버스에서도 정서지원 프로그램을 진행할 예정이다. 메타버스 소셜 플랫폼 업체인 더크로싱랩, 더크로싱파빌리온, 한국예술문화연구소와 협업한, '아트테라피' 프로그램이 메타버스 세계에서 연계되도록 준비하고 있다. 이 프로그램은 청년들이 자신을 투영한 '디지털 나'(Digital me) 또는 아바타 디자인을 설계하고, 테크놀로지를 접목한 미디어 아트테라피를 경험할 수 있도록 지원한다. 이같이 기술의 발전은 단순히 편리한 삶을 넘어 마음의 문제와 정서적 어려움을 치료하는 데까지 진화하며 적용된다. 디지털 치료제는 이미 정신질환에 치료 효과가 입증된 인지행동치료(cognitive behavioral therapy, CBT)를 스마트폰 앱으로 제공하는데, 실제 FDA 승인을 받아냄으로써 그 효과성을 확인했다.[8]

'온라인게임'은 디지털 세계의 발전과 테마를 가장 잘 드러낸다.

---

[7] 최희진, "AIA생명, 온·오프라인에서 청년 정신건강 지원한다", 〈경향신문〉 2022.05.26. https://m.khan.co.kr/economy/finance/article/202205261936001.
[8] 홍숙, "'디지털치료제'…"심혈관·호흡기·정신과 질환서 성장 예상"", 〈HITNEWS〉 2020.07.11. http://www.hitnews.co.kr/news/articleView.html?idxno=18272.

맨해튼 칼리지의 종교학자 로버트 제라시(Robert M. Geraci) 교수는 청년들이 수많은 시간을 들여 온라인게임을 즐기는 현상을 연구했다. 제라시는 그들의 가상현실 경험을, 단순히 재미를 넘어 공동체를 형성하고 때로는 도덕적 원리와 윤리적 가치를 소통하는 공간으로 분석했다. 오히려 청년들은 가상현실과 게임을 통해 현실 종교가 결핍했던 부분을 찾아가고 있다는 말이다. 이는 청년세대가 불안하지 않거나 미래가 투명하기 때문에 교회를 떠난 게 아니라, 교회에서 진정한 위로와 희망을 발견하지 못하고 대체 종교를 찾아 떠난 것으로 볼 수 있다. 특히 가나안 청년들은 교회를 향해 신앙의 가치로 세상을 살아갈 윤리적 기준과 방향을 제시해 달라고 간절히 바란다. 그러나 교회의 가르침은 청년이 살아가는 현실과 동떨어져 있어 실제적으로 그들의 삶과 교회 교리를 연결하기가 어렵다.

　제라시는 실제로 6개월 동안 컴퓨터 공학 연구실에서 게임을 만드는 기술자들과 대화했다. 그는 연구를 통해 흥미로운 점을 발견했는데, 인공지능이 인간처럼 살아갈 수 있을 뿐만 아니라, 인간이 정신을 정보로 환원하여 디지털 네트워크에 업로딩하는 기술개발 과정에 '기독교적 담론'을 적극 활용한다는 사실이었다. 바야흐로 기술이 종교를 활용하여 자기 이야기를 펼쳐 나가고, 디지털 시스템으로 정신과 마음의 문제를 풀어나가는 시대다. 이때 기술을 그저 목회적 도구 정도로 바라보는 교회의 자세는 최첨단 기술시대를 살아가는 청년들과 공감하고 그들의 이야기에 진심으로 경청할 수 있는 적극적 관계 맺음의 방식을 간과하는 것과 같다.

모바일 문화는 무선 인터넷을 지원하는 환경이라면 언제든지 어디서든지 인터페이스로 기능하며, 인간의 감각을 확장하고 시공간에 대한 인식을 변화시킨다. 예전과 달리 사용자가 미디어 콘텐츠를 소비하는 '생산소비자'(prosumer)가 된 것이다. 이처럼 디지털 문화는 미디어와의 상호작용 방식, 인간의 인식체계와 세계관, 인간 사이의 상호작용, 사회적 차원 등의 급진적 변화를 가져오고 있다. 이러한 변화는 우리의 실제적인 삶과 문화, 정서적 차원까지 깊이 영향을 미친다. 인간이 디지털 기술을 만들고, 이 기술은 문화에 영향을 주고, 문화가 다시 디지털 기술에 영향을 주는 이 복잡한 상호작용은 여전히 진행 중이다. 이렇게 디지털 세계가 기존의 개념 틀에 균열을 만들고 또 해체하며 우리가 어떻게 살아야 하는가에 대한 규범적인 문제를 활발히 제기하는 동안 교회는 어떻게 응답해 나갈 수 있을까?

교회는 성도들이 살아가는 실생활에서 이러한 기술이 추동해내는 디지털 문화의 변화를 어떻게 풀어나가야 할지 진지하게 고민해야 한다. 기술 환경의 변화는 단지 그 영역의 종사자나 비즈니스를 하는 이들만의 과제가 아니다. 교회 역시 현재 진행되는 기술변화가 순방향으로 나아갈 수 있도록 사회 규범과 미래 삶의 방식에 관심을 가져야만 한다. 성경은 바벨탑과 같이 기술을 이기적이라고만 하지 않는다. 구원의 방주를 만들어 온 생명체를 구원한 고도의 기술도 함께 말하며, 하나님과 인간의 이야기를 만들어가고 있다.

OECD 국가 중 청년 실업률 최고, 출산율 최저, 최고속 고령화 진척 등 대한민국이 위기다. 그러나 디지털 시대의 스마트 청년들은 상상력과 디지털 미디어를 선용하여 현실을 이해하고 그 현실 문제들의 해법을 만들어가고 있다. 막연한 미래가 아닌 이미 우리에게 닥친 오래된 미래를 위해 교회는 청년과 협업의 자세를 갖춰야 한다. 청년들이 살아가는 이 시대가 '마음 약방'을 운영하고 디지털 치료제로 정신과 정서의 어려움을 극복해 나아가는 기술의 시대임을 교회가 진지하게 인식해야 한다. 또 교회 청년이 공동체 교육과 훈련으로 디지털 상상력을 마음껏 나누고 표현할 수 있는 자유로운 공간을 만들어야 한다. 교회의 공적인 과정에서 청년의 소리가 가감 없이 들리고, 지도자들이 진정성을 가지고 그 소리를 경청하는 일은 기독 청년의 정체성을 세우고 한국교회의 건강한 미래를 준비하는 중요한 사역이다.

교회 청년들의
건강한 영성 형성을 위한 제언

교회는 청년들이 떠나고 다음 세대가 단절되는 현실을 걱정하면서도 근본적인 이유는 돌아보지 않는다. 이미 유사한 현상을 겪었던 북미와 유럽 교회의 현실을 생각하면, 청년세대의 급진적 교회이탈은 현대 교회의 도전이자 과제다. 무엇이 청년세대가 교회 내적 개혁이 아닌 절망적 이탈을 선택하게 했는지 이미 분석된 내용이 차고

넘친다. 조용한 탈출을 감행하는 청년세대와 한국교회의 현재와 미래를 위해 교회는 어떻게 공감과 연대를 시도할 수 있을까? 신앙이 삶의 저편으로 밀려나고 교회 밖 세계에서도 점점 고립되는 이 현실을 직면하고, 믿음의 무의미성과 형식성을 비판하는 청년들에게 어떠한 영성으로 다가가야 할지 교회는 응답해야 한다.

첫째, 코로나19는 위기지만 오히려 디지털 기술 시대에 한국교회의 존재 양식과 신앙 양태를 탈바꿈하는 변화의 기회도 주었다. 교회는 코로나 이후 지속해 떠나가는 가나안 성도들과 MZ세대와의 소통을 위해 더 간절하고 긴급하게 노력해야 한다. 이러한 현실에서 교회 지도자들에게 젊은 세대와 대화하는 자세와 공감하는 능력이 필요한데 세대 간 차이가 만만치 않고 노력은 부족한 상태다. 근본적으로 청년의 의견이 소통되도록 교회에 민주적 구조를 세우는 일이 우선되어야 하고, 청년과 함께 교회 미래를 토론할 수 있는 경청의 자세가 기본적으로 갖춰져야 할 것이다. 불협과 혼란은 당연한 현상이다. 그러나 불통과 단절이 타계하도록 구조를 개선하여 청년, 여성, 장애인들의 의견을 민주적으로 나누고, 교회 재정과 미래가치를 청년과 함께 공정하고 투명하게 나누는 문화를 형성해야 한다.

둘째, 한국교회는 첨단기술 시대 재부상하는 종교성를 향한 관심과 영성에 대한 청년들의 갈망을 읽어야 한다. 이 불안하고 불확실하며 쉽게 절망하는 현실에서 어떻게 영성을 갈망하지 않을 수 있는가? 교회가 대안 공동체와 대체 영성을 찾아가는 청년들의 영적인 목마름에 응답해야 한다. 교회가 청년 문제에 대응할 구체적인 방안도 마음도 없다면 이들은 계속 소리 없이 교회를 떠날 것이다. 아직 교회에 머무는 청년들도 사역의 인적자원으로 소모되어 지쳐 떨어지거나, 개인적인 신앙에 집착하며 점점 사회에서 고립되는 삶을 선택할 수밖에 없다. 따라서 믿음의 공동체로서 교회만이라도 이분법적인 세대 프레임을 극복하고, 불공정한 고용구조와 불평등을 고착화시키는 사회제도를 개선하기 위해 세대 간 공존을 모색하는 저항의 영성으로 청년들과 함께 연대해야 한다. 교회가 청년들의 신앙 공간이 되려면, 사회 시스템에서 보호받는 경험을 주지 못한 기성세대, 경쟁사회와는 구별되어야 한다. 진정한 상호 돌봄의 공동체를 경험하게 하는 일이 시급하다.

마지막으로, 인류가 발명한 기술을 긍정적으로 수용하지 않으면서 하나님 세계를 상상하기란 불가능하다. 교회가 기술문화 시대에 부응하는 영성을 적극 제시하지 못함으로써 정보기술이 가져오는 급진적 변화에 청년들이 신앙생활의 방향을 상실해가는 현실을 정직하게 바라볼 수 있어야 한다. 정신건강과 마음의 안정을 위해 기술이 선용되는 이 시대에, 교회 영성은 청년들의 교회 밖 세계에서도 생명력을 갖추기 위해 신앙 양식의 다양성을 수용해야 한다. 교회가 탈세계적 영성만 강조하면서 오히려 가장 세속적이며 이기적인 집단으로 비춰지고, 상식을 뛰어넘는 신앙적 열심이 있어도 생활 현장에서 도무지 감동을 찾아주지 못한다. 교회 안에서조차 신앙 진정성의 소멸을 경험한 청년세대는 우울하며 분노하고 방황한다. 정보 과잉과 포스트 트루스(post-truth) 시대의 도덕적 혼돈 가운데 교회는 청년을 양육하여 신앙적 가치와 진리 분별의 역량을 키워 주어야 하며, 온라인을 중심으로 더욱 격렬해지는 MZ세대의 갈등과 분열을 봉합하는 온라인 소통능력을 창출해야 한다.

청년들이 성공에 영혼을 빼앗기고 경쟁에 마음이 닫혔다. 교회는 신앙 정체성으로 탈세계적 영성을 극복하고 탈성장적 영성을 제시하여 더 좋은 세상을 위한 공동선에 연대하고 더 성숙한 믿음의 공동체로 거듭나야 한다.

생활의 영성
그리고 오늘의 영성

교회는 전통적으로 실생활과 분리된 가르침을 전했다. 이제는 청년 삶의 의미와 가치를 제공하는 생활 영성으로 팬데믹 이후 특히 사회와 이웃으로부터 비난받는 교회 중심의 신앙양식을 반성하며, 사회와의 공존, 그리스도인과 이웃의 상생을 증진시키고, 더 나아가 복음과 기술이 함께 만들어가는 교회 공동체로의 전환이 필요하다. 신앙과 삶에 괴리가 있을 때 청년들에게 필연적으로 동반되는 문제점은 그리스도인으로서 자긍심 상실과 신앙에 대한 회의다. 이 문제가 교회 안에서 해결되지 않을 때 절망하며 떠난다.

청년은 교회생활을 통해 방황하는 자기 삶의 진정한 의미를 발견하고 삶을 헌신할 수 있는 복음적 가치를 찾는 데 목말라했으며, 불안한 현실에 진정한 돌봄 공동체를 열망했다. 교회 청년들이 세상을 지배하는 가치에 얽매여 삶에 지치고 경쟁에서 배제되며 그렇다고 해서 구별되어 살지도 못하는 현실이다. 그들은 이제 자기 삶의 현장의 치열함을 지지해주고 위로해주고 공감해주는 진정한 관계를 교회에서조차 발견하지 못하는 상황에 절망하고 있다. 다시 말해 '오늘 여기에서의 삶'의 의미를 제공하지 못하는 교회 공동체의 신앙과 신학이 문제다. 오늘의 영성이 중요하다. 기술 시대의 응답은 '오늘의 영성'에 핵심적 응답이 될 것이다.

reference

강승현, "[단독]청년 10명 중 4명 '정신건강 위기'…그중 절반은 당장 치료 필요", 〈동아일보〉 2022.05.20. https://www.donga.com/news/Society/article/all/20220520/113497395/1.

이용필, "교회에서 사회적 관계·문화 자본 쌓은 청년들이 스스로 교회를 떠났다는 건" 〈뉴스앤조이〉 2021.11.09. https://www.newsnjoy.or.kr/news/articleView.html?idxno=303637.

이정연, 박찬미, 문성운, 이한솔, 이수진. "20·30대 젊은 청년층의 우울과 불안 완화를 위한 챗봇 형태의 디지털 치료제 U-Me 개발에 대한 연구", 「PROCEEDINGS OF HCI KOREA 2020 학술대회발표논문집」 (2020), 960-965.

최승현. "20·30대 기독 청년 40.4% "성경 말씀대로 살면 성공 못해"", 〈뉴스앤조이〉 2021.01.28. https://www.newsnjoy.or.kr/news/articleView.html?idxno=302141.

최희진, "AIA생명, 온·오프라인에서 청년 정신건강 지원한다", 〈경향신문〉 2022.05.26. https://m.khan.co.kr/economy/finance/article/202205261936001.

홍 숙, ""디지털치료제"…"심혈관·호흡기·정신과 질환서 성장 예상"", 〈HITNEWS〉 2020.07.11. http://www.hitnews.co.kr/news/articleView.html?idxno=18272.

02

가상현실게임으로
체험하는 종교[1]

로버트 제라시(Robert M. Geraci) • 맨해튼 칼리지(Mahattan College, U.S.A.) 종교학
(옮김 : 박일준 • 원광대학교 동북아시아인문사회연구소 종교/철학,
송용섭 • 영남신학대학교 기독교윤리)

점점 강력해지는 가상세계와
오늘날 신앙의 자리

윌리엄 깁슨(William Gibson)은 그의 사이버펑크 소설의 고전인 『뉴로맨서』에서 사이버 공간은 우리가 "몸 없는 환희"를 경험할 수 있는

---

[1] 이 논문(저서)은 2021년도 한국연구재단의 국제협력사업의 지원을 받아 연구되었음(과제번호)(NRF-2021K2A9A2A20101640). 2022년 5월 16일부터 19일까지 감신대, 장신대, 원광대에서 Robert M. Geraci 교수가 발표한 영문 원고("Virtual Worlds and the Myths of Modernity: Games, Gamers, & Online Transcendence")를 송용섭(영남신대), 박일준(원광대) 교수가 공동 번역하였음.

"합의된 환각"이라고 했다.[2] 그리고 불과 몇 년 후, 닐 스티븐슨(Neal Stephenson)은 그의 소설 『스노우 크래시』에서 우리가 어떻게 메타버스에서 "전사 왕자"(a warrior prince)가 될 수 있는지를 묘사한다.[3] 보다 최근에는 어니스트 클라인(Earnest Cline)이 몰입이 더 진화한 가상현실 "오아시스(the OASIS)"를 "더 나은 현실로의 출구…무엇이든 가능한 마법의 장소"라고 묘사했다.[4] 이 세 권의 책은 모두 우리가 두뇌-컴퓨터 인터페이스를 사용하여 가상세계에 "접속"함으로써 현대 생활의 실패, 불만, 소외를 극복하는 디스토피아적인 미래를 붙들고 씨름한다.

팬데믹, 세계 분쟁, 감시 자본주의[5]의 부상, 그리고 불가피해 보이는 환경 붕괴 사이에서 우리는 이미 가상현실을 위해 실제 현실을 포기할 준비가 된 지경에 이르렀을런지 모른다. 우리는 점점 더 몰입되는 경험을 제공받기 위해 증강현실(AR) 기술을 개발하고 가상현실 기술을 개선하고 있다. 이러한 가상세계의 부상은 비디오게임에서 시작하였고, 오늘날에는 (헤드셋을 쓰고, 모니터 화면 위에 구현되는) 온라인게임과 가상세계로 연장된다. 우리의 기술적 인터페이스는 계

---

2) William Gibson, *Neuromancer* (New York: Ace, 1984), 6.
3) Neal Stephenson, *Snow Crash* (New York: Bantam, 1992), 63.
4) Earnest Cline, *Ready Player One* (New York: Random House, 2011), 18.
5) 감시 자본주의(surveillance capitalism)란 온라인상에서 교환되는 개인정보를 기반으로 자본을 창출하는 자본주의를 가리킨다. 이것이 가능하려면 이용자들의 정보를 제어하고 통제하는 정보기업의 역량이 필수적이다. 현재 페이스북, 구글, 유튜브 등과 같은 기업뿐만 아니라 거의 모든 온라인 쇼핑 플랫폼이 이러한 형태의 자본주의에 기반한다. 감시 자본주의는 하버드 경영대학의 사회학자 쇼샤나 주보프가 처음 도입한 용어로, 2019년 *The Age of Surveillance Capitalism*(『감시 자본주의 시대』, 김보영 역, 문학사상사, 2021)을 출판한 바 있다. - 옮긴이 주

속 개선되고 있으며, 안전하고 효과적이라고 입증된다면 [두뇌 신경을 네트워크에 직접 접속하는 방식인] 뉴로링크(neurolink)와 같은 기술혁신을 제공할 수 있을 것이다. 바로 깁슨, 스티븐슨, 클라인의 공상과학 소설이 약속한 것과 유사한 기회들과 같이 말이다.

[현재] 우리 기술로 완전한 몰입이 가능한 가상세계는 아직 경험할 수 없고, 뇌를 컴퓨터에 직접 접속시킬 수 있는 단계도 아직 아니다. 하지만 최초의 비디오게임이 만들어진 지 수십 년이 지났고, 겉보기에는 가상세계의 내용뿐만 아니라 문화도 그때보다 몇 광년은 더 발전한 것처럼 보인다. 가상세계란 물론 1인용 비디오게임을 포함하지만, 이 글에서 주로 말하는 가상세계는 인터넷으로 사회적 경험을 만들어내는 디지털 게임과 환경을 의미한다. 다른 곳에 쓴 글과 비교하여,[6] 이러한 정의는 매우 광범위하지만 현재의 목적을 충족시킨다. 어떤 가상세계는 공유 서버에서 한 번에 몇 명의 플레이어만 상호작용할 수 있도록 허용하고, 또 어떤 가상세계는 수천 명의 플레이어를 허용하기도 한다. 어떤 가상세계는 게임 안에 목표, 승리 조건, 물리칠 적들을 배치하고, 또 어떤 가상세계는 사회적 환경을 이룬다. 즉, 함께 모여 [가상세계의] 다른 '거주민들'과 대화하는 장소다. 오늘날의 가상세계는 다크 소울(Dark Souls), 이브 온라인(Eve Online)과 같은 게임을 말하기도 하고, 리그 오브 레전드와 같은 게임에서의 짧은 만남을 이르기도 한다. 그래서 기술은 멀티플레이어

---

6) Mark Bell, "Towards a Definition of 'Virtual Worlds'", *Journal of Virtual Worlds Research*, vol.1, no.1 (2008), 2-5; Robert M. Geraci, *Virtually Sacred: Myth and Meaning in World of Warcraft and Second Life* (New York: Oxford University Press, 2014).

가상현실을, 때로는 대규모 멀티플레이어 가상현실을 만들어내는 정도까지 발전했다. 아직 공상과학 작가들이 예견한 정도까지는 아니지만, 그 또한 곧 장래에 일어날 거라 예감한다(혹은 성서 저자인 바울의 표현을 빌리자면, [지금은] 컴퓨터 화면을 통해 희미하게 보이지만).

가상세계와 비디오게임에 대한 이해를 돕기 위해 기독교 개종자이자 신학자인 바울을 여기로 소환한 데는 의도가 없지 않다. 특히 게임 기술이 세속화된 종교가 되어 버렸기 때문에, 종교가 이러한 기술을 이해하는 데 중요한 시각을 제공한다고 생각한다(많은 사람에게 비디오게임은 오늘날 세계에서 가장 설득력 있는 신화의 원천이 되었다).

종교는 항상 가상현실들, 즉 우리가 상상할 수는 있지만 실제로 실현할 수는 없는 일들과 관련 있다. 예를 들어, 마거릿 워트하임은 기독교 대성당들은 기독교인이 이 세상을 살아가는 동안 천국에 접속할 수 있는 가상환경을 제공하고자 하는 시도라고 주장한다.[7] 신실한 기독교인이 성당에 들어설 때, 그들은 자기 자신이 새로운 영역, 즉 초월적인 영광의 영역에 있음을 깨닫는다. 이는 인간이 신성한 현실을 경험할 수 있는 여건을 종교가 어떻게 창출하는지 보여주는 하나의 예에 불과하다. 그러나 우리는 디지털 환경이 어떻게 그와 동일한 기회를 제공하게 되었는지 이해하기 위해 한 걸음 더 나아가야만 한다.

우리는 학자들을 비롯한 여러 사람이 "세속"이라 명명한 시대에

---

7) Margaret Wertheim, *The Pearly Gates of Cyberspace: A History of Space from Dante to the Internet* (New York: W.W. Norton & Company, 1999).

살고 있다. 그러나 세속적이라는 것은 무엇인가? 그것은 프로이트가 『환상의 미래』에서 예언한 것처럼, 과학이 종교를 교살하는 시대, 즉 이성이 믿음을 극복하는 시대를 의미하는가?[8] 프로이트는 "신은 죽었다. …그리고 우리가 그를 죽였다"라는 니체의 믿음을 공유했다.[9] 니체는 신의 죽음과 함께 오는 자유를 두려워했을지 모르지만, 탈자적(脫自的) 경이로움(ecstatic wonder)으로 그 두려움을 물리쳤다. 프로이트 역시 그것을 즐겼다. 그는 종교란 자연과 죽음 앞에 우리의 무력함에 대한 위로일 뿐이라고 자신 있게 주장했다. 그는 종교가 사라지게 될 정도로 인류가 성숙해졌다고 믿었다.

21세기를 사는 우리의 관점에서 볼 때 우리는 사방에서 종교를 목격한다. 신의 죽음을 선포해야 할 사항이 여전히 너무 많다! 그러나 만약 종교가 사라지지 않았다면, 우리는 그때 세속주의를 대체 무엇이라고 이해해야 할까? 환상일까? 아니라고 생각한다. 우리는 세속주의를 오해했다. 세속주의는 종교의 종말이 아니라, 오히려 절대 진리의 종말, 즉 자신의 종교적 신념에 대한 확신의 종말을 의미한다. 그리고 이것이 니체 자신의 어법에 어느 정도 근접해 있는 것이다. 세속주의는 많은 종교와 세상을 바라보는 많은 방식이 존재함을 우리가 인식한다는 의미이며, 그것은 우리가 이 다양한 방법이 거의 동등한 진리값을 가진다고 바라보는 것을 뜻한다. 말하자면,

---

8) Sigmund Freud, *Future of an Illusion*, Translated by James Strachey. Reprint of 1961 translation published by Hogarth. (New York: W.W. Norton, 1988 [1927]).
9) Friedreich Nietzsche, *The Gay Science*, Translated by Thomas Common. (Mineola, NY: Dove, 2006 [1882]), 90-1.

여러분은 진실이라고 생각하는 일군의 믿음을 가질 수 있지만, 그 믿음은 진실이고 필자인 나의 믿음은 거짓이라고 확신하며 말하지 못한다. 그러길 바랄 수는 있겠지만 그것을 확신하지는 못한다. 이것이 바로 세속주의다.

그렇다면 세속시대에 과학과 종교는 무엇으로 구성될 것인가? 과학은 분명코 종교를 정복하지 못했다. 오히려 과학과 종교는 흥미로운 새로운 교차 방식을 발견했다. 스타크(Stark)와 베인브리지는 세속시대에 종교가 과학적 형식의 진리를 채택하고 진보하는 과학과 기술에 비추어 자기 가르침을 적응시켜야 한다는 사실을 우리가 발견하게 될 것이라 주장했다.[10] 모든 종교가 이러한 실천에 참여하고, 여기에는 전통종교와 신종교운동(new religious movements) 모두가 포함된다. 그러나 비록 종교가 나의 설정이자 분석을 위한 구조라고 해도, 필자인 나는 전통적으로 종교적인 신자들이 가상세계를 어떻게 사용하는지 관심이 없다. 그 대신 나는 가상세계가 어떻게 전통종교를 대체하는지, 가상세계가 어떻게 종교적 동기들을 부여하고 종교적 만족을 줄 수 있는지에 관심이 있다. 즉, 과학을 활용하는 종교가 아니라, 오히려 종교를 활용하는 기술에 대해 논의하고 싶다.

세속세계에는 비종교적 실천과 산물이 종교적인 결과를 낳는 일이 가능하다. 데이비드 치데스터는 이것을 "진정한 가짜"(authentic fakes)라고 묘사한다.[11] 이는 사기라는 의미의 가짜가 아니다. 오히려

---

10) William Sims Bainbridge, *Dimensions of Science Fiction* (Cambridge, MA: Harvard University Press, 1986).
11) David Chidester, *Authentic Fakes: Religion and American Popular Culture* (Los Ange-

치데스터가 묘사하는 것은 코카콜라와 미국의 야구 스포츠 같은 완전히 세속적인 제도와 사물인데, 그는 이것들이 어떻게 예전에 종교 제도를 필요로 했던 결과들(윤리, 신화적 이야기, 공동체 등)을 [그것들 없이] 만들어내는지 보여 준다. 바로 이러한 의미에서 이제 가상세계를 종교적인 것으로 묘사해보고자 한다. 즉 가상세계와 (온라인) 비디오게임이 어떤 종교와도 연관성을 지니지 않은 채 전통 종교의 일을 하고 있다고 주장하려 한다.

가상세계는 일종의 세속종교를 허용한다. 게이머들은 윤리에 대해 토론하고, 개인적인 자기 이해를 발전시키며, 공동체를 형성하고, 초월을 경험할 수 있다. 이러한 것들이 바로 인간의 경험에서 종교를 설득력 있고 강력하게 만들어준 [종교적인] 결과들이다. 이제 그것들은 온라인 생활의 문화적 힘에 기여한다. 그것들은 바로 이 글을 시작하면서 언급한 공상과학 소설이 약속했던 바로 그 기회들이다. 『뉴로맨서』, 『스노우 크래시』, 『레디 플레이어 원』(Ready Player One)[12]은 모두 중요한 의미에서 가상세계의 종교적 본질을 탐구한다. 이제 가상세계가 현대 대중문화의 가장 중요한 신화들을 제공하고, 사실상 세계가 지금껏 경험했던 가장 국제적이고, 교차-문화적인 신화 체계들 중 하나를 제공한다는 주장을 변호하기 위해 게임과 게임문화로 눈을 돌려보려 한다. 가상세계는 우리에게 초월을 약

---

les: University of California Press, 2005).
12) 소설가 어니스트 클라인의 소설 『레디 플레이어 원』은 2018년 스티븐 스필버그 감독이 동명의 영화로 제작했다. '오아시스'라는 가상현실게임이 사람들의 생활세계를 지배하는 2045년의 미래를 배경으로 가상현실세계의 의미와 목적을 물으며, 온라인과 오프라인 삶의 공생(sympoiesis) 가능성을 그려냈다. - 옮긴이 주

속한다.

가상세계와 비디오게임이라는 이름의 세속적 종교

　가상세계를 종교적인 것이라고 적절하게 기술하기 위해서는, 먼저 그 용어를 정의해야만 한다. 다시 말하지만, 나는 종교를 "초인(superhuman)과 '인간-이하'(subhuman)의 경계에서 인간이란 무엇을 의미하는지에 대한 협상"이라고 정의한 데이비드 치데스터를 따르고 있다.[13] 만약 여러분이 이 정의가 종교처럼 다루기 힘든 개념을 흥미롭고 설득력 있게 설명한다고 [내키지 않아도] 인정해 준다면, 이야기를 계속해 나갈 수 있을 것이다. 그러나 논점을 분명히 하기 위해 종교에 대한 이 정의에 간략한 설명을 덧붙이고자 한다. "협상"이라는 말에 치데스터가 의도한 의미는, 내가 믿기에는 바로 윤리, 교리, 의식, 본문, 상징, 예술, 습관 등 우리가 참여하는 모든 것을 가리키며, 그 안에서 우리는 "초인과 인간-이하의 경계에서 인간이란 무엇을 의미하는지"를 정의한다. 단순히 인간이 되는 것이 무엇을 의미하는지 정의하는 게 아니다. 그것은 종교적인 과제일 뿐만 아니라 철학적이거나 과학적인 과제다. 그것은 특히 '초인'과 '인간-이하'

---

13) David Chidester, "Moralizing Noise", *Harvard Divinity Bulletin*, vol.32, no.3 (2004), 17.

(즉, 신, 천사, 악마, 심지어 영화 〈스타워즈〉의 포스(force)처럼 도처에 편만한 신비한 힘)와의 관계에 관여할 때 종교가 된다.

가상세계는 우리가 컴퓨터에 접속할 때 획득하는 초인적 상태와 견주어 우리를 정의할 수 있는 분명한 기회를 제공한다. 이러한 정의는 게이머 문화의 필수적 특징인 제의적 실천, 윤리적인 논쟁, 신화적 이야기, 공동체 결성에서 일어난다.

인류의 깊은 종교적 본성은 우리가 "운"이라 부를 수 있는 많은 영역을 포함하여 세계와 상호작용하는 모든 방식에 영향을 미친다. 무작위성을 통제하고픈 우리 욕망이 마술적인 사고와 심지어 제의적 실천의 발전으로 이어지는 방식에 대해 아주 잠깐 말하고자 한다. 예를 들어, 〈던전 앤 드래곤〉과 같은 탁상용 롤플레잉 게임[14]에서 플레이어는 좋아하는 주사위를 가지고 있으며, 주사위가 원하는 결과를 만들어내지 못할 때 주사위를 "잠시 중단"시키는 것과 같은 다소 이상한 제의(rituals)를 거행한다.[15] 트위터에서는 우버(Uber)로 쉽게 승차하는 것같이 무작위처럼 보이는 디지털 알고리즘의 결과로 사용자들이 어떻게 "#알고리즘에은혜를입었는지"(#blessedbythealgorithm) 알 수 있다.[16] 트위터에서 볼 수 있는 그러한

---

14) 탁상용 롤-플레잉 게임(tabletop role-playing games)은 일종의 역할극 게임이라고 할 수 있는데, 참여자가 말로 자기 캐릭터의 행위를 기술한다. 게임 참여자가 자신의 캐릭터 구성에 기반하여 캐릭터의 행위를 결정하면, 이 행위는 게임에 설정된 공식 규칙과 가이드라인에 따라 성공하거나 실패하고, 게임 참여자의 결정이 게임의 향방과 결과에 영향을 미친다. – 옮긴이 주
15) Gary Fine, *Shared Fantasy: Role-Playing Games as Social Worlds* (Chicago: University of Chicago Press, 1983).
16) Beth Singler, "'Blessed by the Algorithm': Theistic Conceptions of Artificial Intelli-

예들은 운명의 변덕에도 능동적인 의지를 인지하는 인류의 능력을 말하고 있지만, 게임에서 이루어지는 행위는 의도적이고 종종 제의적이기까지 하다. 말하자면, 탁상(table)과 온라인[게임]에서 게임 플레이어는 특정 행동이 더 나은 결과로 이어진다고 믿는다. 그들은 행운의 주사위, 행운의 의자와 같은 것을 가지고 있다. 거의 모든 기술에 행운의 마법이 주입된다. 비슷하게 게임 환경에 로그인하거나 게임 환경에서 만남을 시작하는 의식은 마술적 주문의 모양새를 취한다. 나는 여기서 마법과 종교적 체계 모두에는 [행위의] 결과를 개선하기 위해 고안된 제의적 주문의 관행이 존재하고, 그러한 실천관행은 가상세계, 특히 비디오게임에도 마찬가지로 존재한다고 언급하는 것으로 [이 논의를] 제한하고자 한다.[17]

이제 종교집단의 정체성 형성에 항상 존재하는 윤리적 논쟁부터 시작하여, 공동체의 결성으로 넘어가 보자.

미국에서 비디오게임 윤리에 대한 시끄러운 정치적 논쟁이 있었다. 예를 들면, 어떤 비평가들은 게임이 폭력적이면 아이들을 폭력의 마니아로 만들어버릴 것이라고 추측한다. 또 다른 비평가들은 비디오게임에서 섹스나 마약의 존재가 어린이와 청소년들에게 비슷한 악영향을 미칠 것이라고 믿는다. 〈그랜드 테프트 오토 시리즈〉(Grand Theft Auto Series)는 미국 문화에서 가장 자주 비판받는 게임

---

gence in Online Discourse", *AI & Society*, vol.35, no.4 (2020), 945-955.
17) Alison Gazzard and Alan Peacock, "Repetition and Ritual Logic in Video Games", *Games and Culture*, vol.6, no.6 (2012), 499-512를 참조하라; Geraci, *Virtually Sacred: Myth and Meaning in World of Warcraft and Second Life*, 122-3을 참조하라.

중 하나였지만, 아마도 미국에서 비디오게임을 둘러싼 등급 매기기 전쟁을 촉발한 게임은 〈모탈 컴뱃〉(Mortal Kombat)[18]이었을 것이다. 하지만 게임 커뮤니티 밖에서 들려오는 모든 거다한 논쟁에도 불구하고, 커뮤니티 내 플레이어는 윤리에 훨씬 더 미묘한 접근을 보여준다. 〈월드 오브 워크래프트〉와 〈스타워즈: 구 공화국〉(Star Wars: The Old Republic)에 대한 나의 연구는 가상세계 게이머들이 어떻게 윤리에 대해 의미 있는 논쟁을 하는지 그리고 그러한 게임을 어떻게 활용하며 심지어 윤리적으로 보다 성숙해지는지 그 예를 제공한다. 개인 윤리를 넘어 〈스타워즈: 구 공화국〉은 게이머들이 집단적 사회 구조를 숙고할 폭넓은 기회를 제공한다. 그 게임에서, 게이머들은 정치적 정체성과 계몽 이후 정치 시스템의 도덕적 영향을 정의하고 탐구한다.[19]

〈스타워즈〉 게임에서 플레이어들은 시스(Sith, 제다이 기사들의 적)[20]가 되기를 선택할 수 있기 때문에 고문, 무고한 살해, 악의 역할극에 대한 분노를 폭발적으로 분출했다. 그래서 이 게임은 사람들을 인간 도덕성의 어두운 면으로 불러들이는가? 가상 고문에 참여하면

---

18) 미국에서 선풍적인 인기를 끈 격투 게임 종류이다. 게임 화면으로 전달되는 폭력성이 너무 강해서 많은 논란을 일으켰고, 그래서 세가와 닌텐도 사장들이 의회청문회까지 불려나가 증언해야 했는데, 이게 오히려 두 게임사에 막대한 광고 효과를 가져다주어 더욱 선풍적인 인기를 끌기도 했다. - 옮긴이 주
19) Robert M. Geraci and Nat Recine, "Enlightening the Galaxy: How Players Experience Political Philosophy in Star Wars: The Old Republic", *Games and Culture* vol.9, no.4 (2014), 255-276.
20) 스타워즈는 선과 악의 세력이 우주의 패권을 놓고 싸우는 스토리를 기본으로 한다. 제다이 기사들은 우주의 평화를 지키고자 하며, 시스(Sith)는 '포스'의 악한 측면에 사로잡혀 흑화(黑化)한 악의 기사다. - 옮긴이 주

게임 플레이어가 실제 세계에서 폭력을 행사하게 되는가? 나의 학생인 냇 레신(Nat Recine)과 함께, 나는 369명의 플레이어를 대상으로 게임 선택에 대한 설문조사를 실시했다. 이 조사에 따르면, 약 15%의 선수만이 논플레이어 캐릭터(non-player characters, NPC)[21]를 고문했다고 인정했고, 또 고문했다고 인정한 그 소수의 플레이어는 그들의 행동으로 인하여 도덕적 질문에 스스로 묻고 대답해야만 한다는 압박감을 느꼈다고 대답했다.[22] 〈스타워즈: 구 공화국〉은 그저 "게임에 불과할 뿐"이라는 사실에도 불구하고, 응답자 거의 절반이 논플레이어 캐릭터의 고문을 도덕적으로 수용할 수 있는지에 5점 만점에 1점으로 답했다(이것은 "전혀 용납할 수 없다. 고문은 고문이다"라는 의미). 무고한 논플레이어 캐릭터를 고문하는 사악한 시스 캐릭터를 조장하려는 보상 시스템에도 불구하고, 거의 아무도 그렇게 하지 않았다. 심지어 자신이 악의 편에 가담하기로 선택한 게임에서조차 악한 선택의 어려움을 서술하면서, 그러한 선택을 좋지 않게 느낀다고 언급했다.

   게이머들이 일반적으로 게임에서 이루어지는 행동을 정당화하기 위해 "도덕 관리 전략"이라 불리는 것을 활용한다는 사실을 고려할 때, 〈스타워즈: 구 공화국〉의 플레이어들이 NPC를 고문하지 않는다는 사실은 특히 흥미롭다. "그들이 나를 먼저 공격했다"거나 "그들

---

21) 논플레이어 캐릭터(nonplayer character)는 컴퓨터게임에서 게임 유저가 조종하는 캐릭터가 아닌 게임 설정상 나오는 등장인물 캐릭터다. – 옮긴이 주
22) Robert M. Geraci and Nat Recine, "A Moral Galaxy: War and Suffering in Star Wars: The Old Republic", *Religion Dispatches* 2015.12.15. https://religiondispatches.org/a-star-wars-videogame-invites-players-to-the-dark-side/.

이 내 동맹을 공격했다"는 선언은 게임에서 폭력적으로 행동하는 것을 합리화하는 전형적인 방법이며, 플레이어들은 심리연구자나 사회학 연구자와의 대화에서도 이러한 전략을 사용한다.[23] 대부분의 플레이어에게 "난 나쁜 놈 편이다"라는 것만으로 명백히 비윤리적인 행동에 가담하는 일을 정당화하기에는 불충분한 것처럼 보인다. 말하자면, 게임에서 도덕적 선택을 관리하는 우리 능력에는 한계가 있고, 대개 그 한계들의 가장자리에서 우리는 윤리적 논쟁에 노출된다.

"착한 사람"이나 "나쁜 사람"으로 플레이하는 것이 일상의 삶에서 친사회적 행동이나 반사회적 행동에 직접적인 영향을 미치는지 실제 데이터를 얻기는 어렵다. 그렇기에 게임이 우리를 더 나은 사람으로 만든다고 주장하고 싶지는 않다. 비록 그럴 수도 있지만 말이다. 유명 게임 디자이너 리처드 바틀[24]은 "가상세계가 선을 위한 힘이라는 나의 주장은 플레이어들이 게임의 결과로 더 나은 사람이 되는 법을 배울 수 있다는 사실에 주로 근거한다. 이는 가상세계가 변화를 가져올 수 있음을 내가 본질적으로 받아들이고 있다는 의미다"라고 주장한 바 있다. 이 글에 담긴 나의 주요한 목적은 '바틀이 옳다'는 주장을 증명하는 것이 아니라, 우리가 비디오게임을 통해 윤

---

23) Christoph Klimmt, Hannah Schmid, Andreas Nosper, Tilo Hartmann, and Peter Vorderrer, "'Moral Management': Dealing with Moral Concerns to Maintain Enjoyment of Violent Video Games", In *Computer Games as a Sociocultural Phenomenon: Games without Frontiers, War without Tears*, edited by Andreas Jahn-Sudmann and Ralk Stockmann, (New York: Palgrave Macmillan, 2008), 108-118.
24) 바틀은 1978년 최초의 다중-사용자 게임인 '던전'(Multi-User Dungeon, MUD)을 설계했다. Richard A. Bartle, *Designing Virtual Worlds* (Berkeley, CA: New Riders, 2004 [2003]), 695.

리를 토론할 수 있다는 사실을 보여 주는 것이다. 적절한 행동의 윤리에 대하여 우리 자신 그리고 다른 사람과 대화하는 일은 우리의 윤리적 행위가 보다 사려 깊게 성장할 수 있는 방법 중 하나다. 물론 대부분의 윤리는 어린 시절 부모님으로부터 배웠지만, 윤리적 행동에 대한 성숙한 성찰은 나이가 들어가는 데 필수적인 부분이며, 바로 그것이 종교적 삶의 보편적 양상이다. 게임이 그러한 기회를 제공할 수 있다.

물론 〈월드 오브 워크래프트〉와 같은 게임 제작은 국제법과 국내법, 자본주의 시장 그리고 게임을 제조하고 유통하는 환경적인 비용이라는 맥락에서 일어난다는 사실을 언급할 필요는 있다. 무엇보다도 다른 많은 게임처럼 〈월드 오브 워크래프트〉는 모욕적인 인종적, 민족적, 성적, 성역할적 고정관념을 활용한다. 그렇기 때문에 나는 그 게임이 윤리적 관점에서 완전한 성공이라고 주장하지는 않는다.

이러한 실패에도 불구하고, 〈월드 오브 워크래프트〉의 설계자들은 윤리적 문제를 고려하는 데 확실한 보상을 제공한다. 우리는 게임이 불의를 이용하고 이에 기여하기도 하는 반면에, 게임이 그러한 억압의 구조적 세력(forces)에 "현재적으로 도전하는 일부의 세력"이라는 것을 다이어-위데포드(Dyer-Witheford)와 드 퓨터(de Peuter)가 주목했음 또한 간과해서는 안 된다. 나의 책 『*Virtually Sacred: Myth and Meaning in World of Warcraft and Second Life*』(가상적으로 거룩한: 월드 크래프트의 세계와 세컨드 라이프 속의 신화와 의미, 2014 – 옮긴이 주)에서, 나는 가상세계 게이머들이 기존 현실의 문제를 어떻게 고려하고, 때로 가상세계에서 그것을 해결하려 시도하는지 지적했다.[25] 특히, 〈월드 오브 워크래프트〉는 정치적 부패, 자본주의 경제, 환경 악화에 대한 비판을 제공한다.[26] 플레이어들은 게임의 줄거리를 따라 진행해 나가면서, 자기 동맹의 문제를 해결하기 위한 [수행]임무에 참여한다. 이 임무 대다수는 궁극적으로 지도자의 동기가 부정직하고 고결하지 않으며 심지어 사악하기까지 하다는 사실을 드러낸다. 그들이 거기에 비윤리적인 정치세력이 작용하고 있음을 깨달음으로써, 또한 돈을 우상으로 섬기는 데 따르는 악을 드러내는 중립 단체(스팀휘들 카르텔[Steamwheedle Cartel]과 같은)의 임무를 경험한다. 즉, 플레이어들은 결국 돈을 숭배하고, 자본즈의를 자기 종교로 삼는 NPC가 존재한다는 사실을 마침내 깨닫게 될 것이다. 그리고 그 게임은 이에 대해 분명히 부정적 판단을 내린다. 마지막으로, 〈월드 오브 워크래프트〉의 많은 임무는 채굴, 숲 개간, 남획과 같은 환경 파괴를 지적한다. 분명 플레이어가 사냥, 채굴 또는 관련 작업에 참여해야 하는 측면도 있지만, 그 임무와 스토리라인의 전반적인 특성은 그 세계의 거주자들이 천연자원을 과도하게 수확할 때 피할 수 없는 결과는 고통임을 분명하게 보여 준다.

〈세컨드 라이프〉에서 많은 주민이 새롭고 더 수용적인 문화를 추구한다. 그들에게 이것은 어떤 기존의 종교적 전통 내에서 그리는 문화(예: 기독교가 LGBTQ 회원에게 수용적이도록 만드는 것)를 의미할 수

---

25) Geraci, *Virtually Sacred: Myth and Meaning in World of Warcraft and Second Life*.
26) *Ibid.*, 42-60.

있지만, 〈세컨드 라이프〉 자체를 많은 종교가 나란히 번성하는 곳으로 만드는 것을 의미할 수 있다.[27] 그런 거주민들에게 〈세컨드 라이프〉는 종교적 관용을 실천하고 정의로운 세상을 만들 수 있는 새로운 기회를 의미한다.

몇 세기 전만 해도 윤리적 성찰의 주요 동인은 의심할 여지없이 종교적인 것이었을 테고, 실제로 사회적 관계와 공동체 형성의 전제가 종교 생활에서 나왔을 것이다. 만약 외부인이 중세 마을에 도착한다면, 지역 종교를 공유하는 것이 [그가] 그 공동체로 즉시 진입할 수 있게 해주었다. 그리고 마을에서 태어났어도 그 지역 종교를 저버리는 일은 곧 사회생활에서 거의 완전한 파문(excommunication)을 초래했을 것이다. 오늘날 우리는 지역공동체를 형성하는 많은 방식을 가지고 있고, 꽤 많은 사람이 그렇게 하기 위해 한때 종교 기관에 부여되었던 권위를 빌리기도 한다. 가상세계에서 공동체는 디지털 생활의 핵심적인 특징으로, 〈월드 오브 워크래프트〉와 같은 게임에서 플레이어는 길드에 가입한다(전체 설문 응답자 중 78%는 그들의 게임 캐릭터 전부가 같은 플레이어 길드 한두 개에 속해 있다고 응답했다).[28] 오늘날 우리는 이러한 특성이 개인의 온라인과 오프라인 활동을 통해 확장되는 현상을 본다. "페이즈 클랜"(FaZe Clan)과 같은 유명한 게임 그룹은 보다 광범위한 공동체(트위치, 소셜 미디어 등의 팔로워와 같은)를 위한 핵심 권위들인 플레이어들의 공동체를 제공한다. 게이머와 가

---

27) *Ibid.*, 134-163.
28) *Ibid.*, 37.

상세계 거주자들은 기존의 일상생활에서도 길드동료, 디지털 공동체 회원들과 연결되는 것을 즐기는데, 아직 가장 친밀한 게임 공동체를 찾지 못한 70%의 응답자는 그들을 직접 만날 기회를 바라고 있다.[29]

코로나 팬데믹은 의심할 여지없이 가상 공동체에 대한 대중의 관심을 가속화시켰다. 나는 그러한 공동체가 실제가 아님을 암시하기 위해 '가상'이라는 단어를 사용하는 게 아니다. 그들이 온라인에서 가상세계를 시작하고 대부분 소속이 그 안에서 계속된다는 사실을 말하고자 할 뿐이다. 미국 젊은이들 사이에서 과거 십대들이 하던 일에 대한 관심이 급격히 감소하고 있다. 한때 운전면허를 따는 일이 거의 모든 16세 미국 청소년에게 우선순위였지만, 오늘날에는 운전할 줄 모르는 고등학생들과 대학생들이 있으며, 심지어 면허를 가진 학생이 훨씬 더 적다. 십대들은 파티와 마약에 관심이 줄어들었지만, 온라인게임에는 상당한 관심을 보인다. 이것은 그들의 미래 사회활동을 계속 온라인 세계와 온라인 활동으로 할 것임을 암시한다.

---

29) *Ibid.*

'나'를 넘어선 '새로운 나'를 창조하는
가상적 초월(virtual transcendence)

가상세계는 한때 제도권 종교기관의 배타적 영역이었던 기회[즉, 초월성]를 제공하고 있다. 나는 종교와 관련된 특정의 실천(즉, 제의, 윤리적 논쟁, 공동체 형성)을 논의했지만, 이제 거의 전적으로 종교적인 영역, 즉 초월성의 추구를 고려하고자 한다. 만약 치데스터가 초인간(superhuman)이라는 면에서 인간의 의미에 집중했다는 사실을 기억한다면, 우리는 초월적 경험이 그 경험의 출처에 상관없이, 얼마나 종교적인지 알게 될 것이다. 내 연구 작업에서 반복되는 부분은 기술적 초월에서 출현하는 종교와 과학의 교차점이다.[30] 가상세계는 초능력에서 서사적인 승리에 이르기까지, 심지어 많은 사람이 희망하는 인간 정신을 업로드할 종착지에 이르기까지 초월성에서 기회를 연속적으로 제공한다.

작은 주제부터 시작하자. 가상세계에서 우리는 기존 현실에서는 전혀 불가능한 일을 할 수 있다. 콘솔 게임과 같은 기초적인 비디오 게임에서 마법 주문에서 레이저 총까지 불가능한 힘을 무한하게 얻

---

30) Robert M. Geraci, *Apocalyptic AI: Visions of Heaven in Robotics, Artificial Intelligence, and Virtual Reality* (New York: Oxford University Press, 2010); Geraci, *Virtually Sacred: Myth and Meaning in World of Warcraft and Second Life*; Robert M. Geraci, *Temples of Modernity: Nationalism, Hinduism, and Transhumanism in South Indian Science* (Lanham, MD: Lexington, 2018); Robert M. Geraci, *Futures of Artificial Intelligence: Perspectives from India and the U.S.* (Delhi: Oxford University Press, 2022).

는다. 가상세계에서 우리는 죽음을 정복한다. 〈세컨드 라이프〉와 같은 세계에서 죽음은 전혀 존재하지 않거나 아니면 죽은 후 부활하는 능력을 가진다. 늙지 않고, 죽지 않으며, 영웅적인 공적을 성취할 수도 있다. 1990년대 가상현실 모델링 언어(virtual reality modeling language, VRML)를 공동 발명한 마크 페세(Marc Pesce)는 VR 환경을 "정말로 우리 모두가 천사라는 사실을 우리에게 일깨워주는 신성한 존재의 상태"라고 묘사했다(Davis 1996). 동시에 VR 아티스트 니콜 스텐저스(Nicole Stengers)는 "우리가 끼고 있는 데이터 장갑(data glove)[31]의 반대편에서 우리는 황금빛 입자로 고동치며 움직이는 형형색색 빛의 피조물들이 된다. ⋯우리는 모두 천사가 될 것이고, 영원히 그럴 것이다."[32]

우리가 메타버스에서 영웅이 된다는 것은(여러분이 그 단어를 어떻게 정의하든 간에) 가상세계가 우리로 하여금 우리 자신을 초월할 수 있도록 해주는 방식의 한 측면일 뿐이다. 우리는 다른 사람이 될 수 있다. 이는 비디오게임 플레이어가 어떻게 은하계의 정복자가 되거나 한 민족의 구세주가 되는지를 생각해 볼 때 명백하다. 그런데 가상세계가 새로운 형태의 정체성에 대한 문을 열어줄 수 있는 다른 방법이 있다. 예를 들어, 생물학적 몸이 용납하지 않는 어떤 다른 모습으로 우리 자신을 표현하고 정체성을 실행하기로[연기하기로] 선

---

31) 가상 실재(virtual reality)의 상을 조작하기 위해 착용하는, 센서를 부착한 데이터 입력용 장갑. – 옮긴이 주
32) Nicole Stengers, "Mind Is a Leaking Rainbow", In *Cyberspace: First Steps*, edited by Michael Benedikt, (Cambridge, MA: MIT Press, 1994), 49-58.

택함으로써 생물학적 성을 바꿀 수 있다.[33] 어떤 사람들은 가상세계에서 다소 사교적이게 된 자신을 발견하는데, 이것은 때로는 심지어 "진정한" 자아가 되고 정체성을 바꿀 수 있는 또 다른 방법을 보여준다.[34] 여기서 우리는 키보드나 콘솔로 게임에 참여하는 플레이어가 자신을 가상세계의 인물로 보는 본질적인 방식이 존재함에 주목하는 것이 중요하다. 말하자면, 만약 내가 여성으로서 [게임에 접속하고 참여하여] "플레이"한다면, 나는 (물론 완전히는 아니지만) 많은 측면에서 여성으로서 세계를 경험하고, 그 [가상]세계에 있는 다른 사람들은 나를 여성으로 대할 것이다. 게이머들은 이러한 선택을 통해 적극적으로 자신을 표현하면서, 그들이 원하는 가상세계의 신체를 신중하게 고려한다.[35] 만약 내가 로봇이나 용으로 가상세계에 들어간다면, 나는 그 과정에서 내 자아 전체를 다시 생각하게 될 것이다. 그렇게 가상세계는 우리가 몸과 정체성을 초월할 수 있게 한다. 초인적 힘을 얻고, 외모를 바꾸고, 다른 삶의 양식과 동일시하면서 말이다. 이 천사같이 되는 경험은 게임 플레이어에게 상당한 매력이 있다.

---

33) Nick Yee and Jeremy Bailenson, "The Proteus Effect: The Effect of Transformed Self-Representation on Behavior", *Human Communications Research*, vol.33, no.3 (2007), 271-290.
34) Sherry Turkle, "Rethinking Identity through Virtual Community", In *Clicking In: Hot Links to a Digital Culture*, edited by Lynn Hershman Leeson, (Seattle: Bay Press, 1996), 116-122; Bartle, *Designing Virtual Worlds*, 161.
35) Robert M. Geraci and Jovi L. Geraci, "Virtual Gender: How Men and Women Use Videogame Bodies", *Journal of Gaming and Virtual Worlds*, vol.5, no.3 (2013), 329-348.

심지어 우리가 다른 성격과 힘을 가지면, 주변 세계에서 새로운 역할을 맡는다. 신화적인 이야기에 참여함으로써 우리는 우주적으로 중요한 역할을 맡는다. 비디오게임에서 우리는 우리에게 중요한 이야기에 관련된다(심지어 꼭 필요하게).[36] 온라인세계 거주자들은 자기가 어떤 종류의 신화적 이야기를 중시하는지 알고 있다. 게이머에 대한 내 설문조사에 따르면,[37] 〈월드 오브 워크래프트〉 플레이어 중 23%만이 제도적으로 종교적이라고 주장했으며, 45%는 "전혀 아니다"라고 답했다(7점 만점에 1점으로 응답). 또 83%의 많은 응답자가 기도를 포함하여 종교 활동에 일주일에 0시간을 소비한다고 응답했다. 한편 90% 이상은 SF소설을 읽고 있고, 87%는 판타지 소설을 읽는다. 그렇게 그들은 신화적인 텍스트를 가지고 있지만, 이 텍스트들은 전통적으로 종교적이지 않다. 공상과학 팬에게 가장 선호되지 않는 텍스트 중에 하나가 성경임을 감안할 때,[38] 게이머들이 전통적인 종교공동체로부터 어떻게 자신들을 구별해내고 있는지에 대한 다양한 측면을 볼 수 있다. 게이머들이 즐기는 내러티브의 종류는 본질적으로 판타지다. 우리는 책으로 도피적 판타지의 순간을 읽고 경험함으로써 그 이야기에 몰입할 수 있다. 그러나 가상세계에서는 내러티브에 동참할 수도 있고, 그것을 주도할 수도 있다. 일부 가상환경에서는 심지어 내러티브를 만들어 낼 수도 있다.

---

36) Geraci, *Virtually Sacred*, 71-85.
37) *Ibid.*, 28-29.
38) William Sims Bainbridge, *Dimensions of Science Fiction* (Cambridge, MA: Harvard University Press, 1986), 25.

마지막으로 새로운 정체성, 새로운 신체, 마법의 힘, 심지어 우주적 의미에 대한 욕망은 가상세계를 서술하는 많은 미래주의 내러티브에 싸여 있다. 1970년대 초 생물학자인 조지 마틴이 마음을 기계로 업로드할 수 있으리라고 제안했고,[39] 로봇공학자인 한스 모라벡(Hans Moravec)은 1978년에 에세이에서 처음으로 그리고 그 후 1980년대와 1990년대에 출판된 서적들에서 이 아이디어를 받아들여 강력하게 옹호했다.[40] 모라벡은 이전에는 공상과학 소설에서나 거의 독점적으로 옹호되던 생각을 과학적인 것처럼 포장했다. 모라벡은 컴퓨터가 충분히 강력해지면, 우리는 역사를 재구성하고 새로운 환경을 창조하며 무한히 풍부하게 시뮬레이션된 현실을 구축하려 할 것이라고 주장했다. 만일 모라벡과 여러 사람의 믿음처럼, 인간 마음의 정보콘텐츠를 컴퓨터에 복사할 수 있다면, 우리는 사실상 우리 마음을 상상할 수 있는 어떤 종류의 가상세계로 효과적으로 업로드할 수 있을 것이다. 그러한 세계는 지구처럼, 화성처럼 또는 고대 그리스 신화의 올림푸스 산처럼 보일 수 있다.

무엇이든 가능할 것이다. 그러한 세계를 창조하고, 인간 마음을 그 세계에 전송함으로써 우리는 인간 상태에 대한 완전한 초월을 성

---

[39] George Martin, "Brief Proposal on Immortality: An Interim Solution", *Perspectives in Biology and Medicine*, vol.14, no.2 (1971), 339-340.
[40] Hans Moravec, "Today's Computers, Intelligent Machines and Our Future", *Analog*, vol.99, no.2 (February, 1978), 59-84. DOI: http://www.frc.ri.cmu.edu/~hpm/project.archive/general. articles/1978/analog.1978.html. (accessed August 5, 2007); Hans Moravec, *Mind Children: The Future of Robot and Human Intelligence* (Cambridge, MA: Harvard University Press, 1988); Hans Moravec, *Robot: The Future of Machine and Human Intelligence* (New York: Oxford University Press, 1999).

취할 것이다. 우리는 가상세계의 불멸의 거주자가 되어, 아마도 한 세계에서 다음 세계로 넘나들게 될 것이다. 가상현실 연구자인 짐 블라스코비치와 제레미 베일렌슨은 그들의 연구 참여자들이 자기 가상세계 아바타가 수세기 동안 살 수 있도록 하는데 지속적인 관심을 보였다고 말한다.[41] 내 연구에서, 나는 〈세컨드 라이프〉 사용자의 50% 이상이 기술적으로 실현 가능하다면, 가상세계에 자기 마음을 업로드하는 일을 고려하고 있음을 발견했다.[42] 사실 가상세계 설계자들은 분명하게 그러한 목표와 행보를 같이한다. 〈세컨드 라이프〉의 설립자인 필립 로즈데일(Philip Rosedale)은 "나는 우리가 죽을 수밖에 없는 존재이고, … 해골 속에 갇혀 있다는 생각에 사로잡혀 왔다. … 이것은 좋은 성과도 아니고, 좋은 상황도 아니다"라고 말한 것으로 전해진다.[43] 그는 기자인 팀 게스트에게 "우리가 우리 몸을 버려두고 마음을 가상현실로 업로드할 수 있을 것이라는 합리적인 주장이 있다"고 말했다.[44] 이러한 입장은 게임 설계자를 넘어 사용자들에게까지 확산됐다. 〈세컨드 라이프〉 이용자 중 한 사람인 그녀는 "〈세컨 라이프〉와 다른 노력이 부분적으로는 궁극적인 업로드된 존재를 위한 토대"라고 믿는다고 내게 말한 바 있다.[45]

---

41) Jim Blascovich and Jeremy Bailenson, *Infinite Reality: Avatars, Eternal Life, New Worlds, and the Dawn of the Virtual Revolution* (New York: William Morrow, 2011).
42) Geraci, *Virtually Sacred*, 188.
43) Wagner James Au, *The Making of Second Life: Notes from the New World* (New York: HarperCollins, 2008), 233.
44) Tim Guest, *Second Lives: A Journey through Virtual Worlds* (New York: Random House, 2007), 273.
45) Geraci, *Virtually Sacred*, 188.

그렇다면 우리가 보고 있는 것은, 바로 그러한 [가상]세계가 한스 모라벡과 다른 미래주의 옹호자들이 약속했던 그것, 즉 초월의 궁극적 형태를 약속한다는(즉, 가상세계의 많은 사용자가 공유하는) 믿음이다. 가상세계의 초월적 경험은 초능력(superpowers)으로 시작하여 초인적 삶들로 진보해 간다. 우리는 우리가 누구이며 자신을 세상에 보여 주는[표현하는] 방식을 선택할 수 있고, 풍성하고 의미 있는 삶을 창조할 수 있다. 설령 비디오게임 속 논플레이어 캐릭터에게만 그런 것처럼 보인다 해도, [실제에서도] 우리의 행위는 중요해진다. 이모든 것은 메타버스와 "오아시스"라는 공상과학 소설이 약속하는 미래에 대한 믿음을 고취하는 사고방식을 만들어낸다. 하지만 "특이점" 옹호자들과 우주의 미래가 디지털이라고 생각하는 사람들의 약속에 대한 믿음을 고취시키는 사고방식도 만들어낸다.

실생활을 바꾸며 사람들을 끌어당기는 마법의 세계, 가상

가상세계는 놀이터 그 이상이다. 현대의 종교성을 위한 자원이고, 개인이나 집단의 종교를 위한 기술이자 장소다. 가상세계에서 우리는 공동체를 만들고, 윤리적 행위를 토론하고, 자신을 재발명하고, 신화적인 이야기에 참여하고, 개인의 초월을 추구할 수 있다. 사이버 공간과 메타버스는 서두에서 언급한 공상과학소설 작가들(즉, 윌리엄 깁슨과 닐 스티븐슨)이 불러온 용어다. 이러한 용어들, 특히 최근 유행하는 메타버스는 새로운 천상의 영역을 컴퓨터에 한정하기 위해 발명되었다. 따라서 후속 기술이 우리를 점점 더 [컴퓨터 안의] 신성한 경험의 추구로 몰아넣는 것은 아마도 놀라운 일이 아닐 것이다.

가장 일반적인 가상세계는 비디오게임이다. 하지만 그 [가상세계를 구현하려는] 사전 노력은 업무와 교육을 가상환경으로 전환시켰다. 이는 (불운한 구글 글래스 프로젝트나 메타[구 페이스북]가 최근에 약속한 유사 기술 같은) 증강현실을 통해 또는 스크린에 완전히 컴퓨터가 구현된 환경 안에서 또는 오큘러스 리프트 같은 VR 헤드셋을 사용하여 나타날 수 있다. 공상과학소설 작가들은 미래는 디지털이라고 약속한다. 실리콘 밸리는 미래가 디지털이라고 약속한다. 그리고 가상현실이 주는 종교적 만족은 그들이 마법을 부리는 세계에 동참하라고 손짓한다. 21세기 초반 가상세계에서 디지털적 초월을 추구하는 것보다 사회에 더 강력한 주장[요구]을 제기하는 이데올로기는 거의 없다.

감사의 글

저는 송용섭 교수님이 제 원고를 공동 번역한 것과, 한국 학계에 저를 소개하여 환대하고 한국연구재단 한-미 인문분야 특별교류협력사업(NRF-2021K2A9A2A20101640) 후원으로 본 논문의 발표 기회가 마련된 것에 대하여 감사드립니다. 또 박일준 교수님이 공동 번역자로 수고해주신 것에 감사드리며, 김은혜 교수님이 저를 한국신학기술네트워크(KTTN)에 초청하여 발표하게 해주신 것과, KTTN이 제 강연을 주최한 것에 대하여 감사드립니다.

Prof. Robert M. Geraci

reference

Au, Wagner James. *The Making of Second Life: Notes from the New World*. New York: HarperCollins, 2008.

Bainbridge, William Sims. *Dimensions of Science Fiction*. Cambridge, MA: Harvard University Press, 1986.

Bartle, Richard A. *Designing Virtual Worlds*. Berkeley, CA: New Riders, 2004 [2003].

Bell, Mark. "Towards a Definition of 'Virtual Worlds'." *Journal of Virtual Worlds Research* vol.1, no.1 (2008): 2-5.

Blascovich, Jim and Jeremy Bailenson. *Infinite Reality: Avatars, Eternal Life, New Worlds, and the Dawn of the Virtual Revolution*. New York: William Morrow, 2011.

Chidester, David. "Moralizing Noise." *Harvard Divinity Bulletin* vol.32, no.3 (2004): 17.

_____ *Authentic Fakes: Religion and American Popular Culture*. Los Angeles: University of California Press, 2005.

Cline, Earnest. *Ready Player One*. New York: Random House, 2011.

Davis, Eric. "Osmose." *Wired* 4.08 (August 1, 1996). https://www.wired.com/1996/08/osmose/ (accessed June 23, 2022).

Dyer-Witheford, Nick and Greig de Peuter. *Games of Empire: Global Capitalism and Video Games*. Minneapolis, MN: University of Minnesota Press, 2009.

Fine, Gary. *Shared Fantasy: Role-Playing Games as Social Worlds*. Chicago: University of Chicago Press, 1983.

Freud, Sigmund. *Future of an Illusion*. Translated by James Strachey.

Reprint of 1961 translation published by Hogarth. New York: W.W. Norton, 1988 [1927].

Gazzard, Alison and Alan Peacock. Repetition and Ritual Logic in Video Games." *Games and Culture* vol.6, no.6 (2012): 499-512.

Geraci, Robert M. *Apocalyptic AI: Visions of Heaven in Robotics, Artificial Intelligence, and Virtual Reality*. New York: Oxford University Press, 2012.

_____ *Virtually Sacred: Myth and Meaning in World of Warcraft and Second Life*. New York: Oxford University Press, 2014.

_____ "A Moral Galaxy: War and Suffering in *Star Wars: The Old Republic*." *Religion Dispatches* (December 15, 2015). https://religiondispatches.org/a-star-wars-videogame-invites-players-to-the-dark-side/.

_____ *Temples of Modernity: Nationalism, Hinduism, and Transhumanism in South Indian Science*. Lanham, MD: Lexington, 2018.

_____ *Futures of Artificial Intelligence: Perspectives from India and the U.S.* Delhi: Oxford University Press, 2022.

Geraci, Robert M. and Jovi L. Geraci. "Virtual Gender: How Men and Women Use Videogame Bodies." *Journal of Gaming and Virtual Worlds* vol.5, no.3 (2013): 329-348.

Geraci, Robert M. and Nat Recine. "Enlightening the Galaxy: How Players Experience Political Philosophy in *Star Wars: The Old Republic*." *Games and Culture* vol.9, no.4 (2014): 255-276.

Gibson, William. *Neuromancer*. New York: Ace. 1984.

Guest, Tim. *Second Lives: A Journey through Virtual Worlds*. New York: Random House, 2007.

Klimmt, Christoph, Hannah Schmid, Andreas Nosper, Tilo Hartmann, and Peter Vorderrer. "'Moral Management': Dealing with Moral Concerns to Maintain Enjoyment of Violent Video Games." In *Computer Games as a Sociocultural Phenomenon: Games without Frontiers, War without Tears*, edited by Andreas Jahn-Sudmann and Ralk Stockmann, pp. 108-118. New York: Palgrave Macmillan, 2008.

Martin, George. "Brief Proposal on Immortality: An Interim Solution." *Perspectives in Biology and Medicine* vol.14, no.2 (1971): 339-340.

Moravec, Hans. "Today's Computers, Intelligent Machines and Our Future." Analog 99 (February, 1978): 59-84. http://www.frc.ri.cmu.edu/~hpm/project.archive/general.articles/1978/analog.1978.html (accessed August 5, 2007).

_____ *Mind Children: The Future of Robot and Human Intelligence*. Cambridge, MA: Harvard University Press, 1988.

_____ Robot: *The Future of Machine and Human Intelligence*. New York: Oxford University Press, 1999.

Nietzsche, Friedreich. *The Gay Science*. Translated by Thomas Common. Mineola, NY: Dover, 2006 [1882].

Singler, Beth. "'Blessed by the Algorithm': Theistic Conceptions of

Artificial Intelligence in Online Discourse." *AI & Society* vol.35, no.4 (2020): 945-955.

Stengers, Nicole. "Mind Is a Leaking Rainbow." *Cyberspace: First Steps*, edited by Michael Benedikt, 49-58. Cambridge, MA: MIT Press, 1994.

Stephenson, Neal. *Snow Crash*. New York: Bantam, 1992.

Turkle, Sherry. "Rethinking Identity through Virtual Community." In *Clicking In: Hot Links to a Digital Culture*, edited by Lynn Hershman Leeson, pp. 116-122. Seattle: Bay Press, 1996.

Yee, Nick and Jeremy Bailenson. "The Proteus Effect: The Effect of Transformed Self-Representation on Behavior." *Human Communications Research* vol.33, no.3 (2007): 271-290.

Wertheim, Margaret. *The Pearly Gates of Cyberspace: A History of Space from Dante to the Internet*. New York: W.W. Norton & Company, 1999.

03

아편의 종교를 넘어 기술의 종교로
기술 시대의 종교 속에서 신학의 가치를 찾다

박일준·원광대학교 동북아시아인문사회연구소 종교/철학

"미래 이후"라 불리는
오늘 이 시대

오늘날 청년세대 현실을 가장 선명하게 표현하는 말은 "미래 이후"(after the future) 시대다. 이는 이탈리아 철학자 프랑코 '비포' 베라르디(Franco 'Bifo' Berardi)의 번역 출판된 책 제목이기도 하다.[1] 예전 청년세대에게는 '미래'가 있었고, 그 미래를 위해 오늘을 준비해

---

1) 프랑코 '비포' 베라르디(Franco 'Bifo' Berardi), 『미래 이후』(After the Future), 강서진 역 (난장, 2013).

야 할 이유가 있었다. 경제가 성장했고 정치는 발전했으며, 사람들의 삶은 밝은 미래를 향해 나아갔다. 대학을 졸업하면 취업할 직장이 기다리고 있었다. 하지만 오늘을 살아가는 젊은 세대에게는 그런 '미래'란 더 이상 존재하지 않는다. 만일 미래가 진보와 발전, 테크노-유토피아를 의미한다면, 그런 미래는 더 이상 존재하지 않는다는 의미다. 청년들의 일자리는 소위 '프레카리아트'(precariot)라는 말로 회람된다. 불안정을 의미하는 'precarity'와 노동자를 의미하는 'proletariat'를 합성하여 만들어낸 신조어다. 자본주의가 발전하고 민주주의가 정착되면 노동자 삶이 개선되어 밝은 미래가 주어질 거란 기대와 달리, 현재 청년 노동자 앞에는 '저임금 비숙련 노동'을 요구하는 일자리가 넘쳐날 뿐이다. 4년제 대학을 졸업하고 또다시 취업을 위해 공무원 시험을 준비하거나 편의점 알바를 하면서 하루하루 살아가야 하는 삶은 그야말로 프레카리아트의 삶이 아닐 수 없다. 우리 노동 시장은 장시간 근로와 야근으로 특히 악명 높고, 그마저도 역대 최고 실업률을 갱신해가는 현실에서 그들에게 '미래'가 사라진 지 오래다.

첨단기술의 발전은 청년의 미래 삶을 불투명하게 만드는 또 하나의 중요한 요인이다. 인공지능, 로봇공학, 디지털 네트워크 기술이 발달하면서, 아마도 미래 생산공정은 사람이 아닌 인공지능을 장착한 로봇이 감당할 가능성이 점점 더 높아지고 있다. 사람이 감당하던 생산공정을 로봇이 대치하는 현상을 두고 로봇과 인간의 대결로 몰아감은 매우 극단적인 주장이지만, 다른 한편으로 현재 젊은 세대가 받는 교육방식이 포스트휴먼의 미래 현실에 어떻게 적합할 수 있을지 매우 불분명하다. 전공학과 중심의 대학교육은 어쩌면 매우 불필요한 교육 같아 보인다. 취업률을 높이지 못하고 학문적 성취감도 주지도 못한다. 대안 모색으로 고민하고 성찰하는 시늉을 하느라, 다들 '학제 간 연구'나 '융복합 연구'를 방법으로 말하지만, 대학 현장에서 실제로 융복합이나 학제 간 연구, 다중학문 간 연구를 제대로 실천하는 학자는 거의 없다. 전공 중심의 연구와 성과의 앞뒤를 다른 분야 인용으로 장식해 놓고, 학제 간 연구라고 홍보하는 게 대부분이다. 대학에서 가르치는 이들도 이러한 상황이니, 학생들이 제대로 학제 간 연구나 융복합 연구를 접할 수 있을 리 만무하다. 더구나 인문학적 성찰에 과학기술적 연구를 녹여내지 못한 채 그저 기술 개발 위주로 연구비 지원과 투자가 이루어지거나, '학제 간 연구를 독려한다'는 미명하에 인문학자들이 과학 이야기나 이론에 철학자를 인용하는 식의 연구들은 포스트휴먼의 미래 현실에 그다지 적절해 보이지 않는다. 더 나아가 그 포스트휴먼적 미래가 가져올 윤리적 문제에 대한 성찰도 형편없이 결여된 상황이다. 우리는 인공지능, 로봇, 디지털 네트워크와 더불어 어떻게 공생하는 미래 현실을 만들어가고 있으며, 그 미래에서 우리 젊은 세대를 위한 비전은 무엇일까?

더구나 디지털 네트워크 기술을 노동 현장에 적용하고, 인터넷을 연결하여 전 세계로 보급하고, 3D 프린팅 기술이 점차 개발되면서, 우리 노동 현장은 디지털 네트워크에 사람의 신경을 직접 접속하는 환경이 되어가고 있다. 실상 팬데믹 이전부터 이미 그렇게 접속하며 살아가고 있었다. 하지만 노동 환경을 집처럼 만들어 준다는 '재택 온라인 근무'는 집을 작업장으로 전환하면서, 하루 24시간을 노동으로 옮아매 버리고 말았다. 정규직이 사라진 노동 시장에서 이제 노동자들은 프로젝트나 단기성 일자리들을 옮겨 다니며 삶의 불안정성을 가속화시키고 있다. 이러한 와중에 전 세계의 부는 이전 시대보다 더 양극화되어 버렸다. 1 대 99의 양극화 구조가 0.1 대 99.9의 양극화 구조로 말이다. 무한경쟁과 승자독식 시스템 속 가속화되는 양극화 구조는 이제 자기 역량보다 "부모 경제력, 부모 인맥, 부모 교육 수준과 같은 부모의 사회경제적 지위 자원을 많이 갖추고" 있을수록 유리할 수밖에 없는 구조적 조건을 창출하였고, 그 속에서 청년들은 사회 변혁을 위한 비전과 동기를 상실한다.[2] 가족의 힘 말고 더 이상 믿을 수 있는 게 아무것도 없다는 말이다. 그렇게 우리 사회는 "세습 중산층 사회"라는 표현대로 자연스레 '세습사회'가 되어간다.[3]

'미래 이후' 시대란 미래를 앞질러 더욱 더 빠르게 발전하고 질주해 나가는 사회가 아니다. 오히려 우리가 꿈꿔 온 미래 비전이 이미 부적절해진 시대를 말한다. 또 미래 이후의 삶이란 미래라는 시간이 오지 않을 거란 말이 아니다. 우리가 성장시대에 꿈꾸었던 미래

---

2) 정우영, 조하영, 김석호, "무엇이 청년의 꿈을 가르는가: 부모의 사회경제적 지위와 본인의 역량에 따른 꿈의 내용 차이",「조사연구」, 23권 1호 (2022년 2월): 107-330. DOI: http://dx.doi.org/10.20997/SR.23.1.4

3) 조귀동,「세습 중산층 사회: 90년대생이 경험하는 불평등은 어떻게 다른가」(서울: 생각의 힘, 2020).

가 지나가버렸다는 말이다. 미처 도래하기도 전에 말이다. 그런 미래가 이미 지나가 버렸다면, 도대체 어떤 미래가 오고 있는 것일까? 아니, 잘못된 질문이다. '미래'를 생각하는 태도 자체가 무의미해진 시대이기 때문이다. 이는 어차피 불안한 미래를 위해 현재를 희생하기보다 지금 자신에 맞게 충실히 소비하고 즐기며 살아가는 시대다. 이를 "욜로"(YOLO)[4] 혹은 "버킷 리스트"(bucket list)[5] 혹은 "궁셔리"라는 말에 포착되기도 하는데, 궁셔리란 '궁상'과 '럭셔리'(luxury)를 합한 말로 "궁상스러운 현실에서도 작은 사치와 멋을 추구"하는 삶을 뜻한다.[6] 역사의 변혁과 혁명, 문명의 진보를 위해 젊음을 불태우던 청년 모습은 더 이상 존재하지 않는다. 이미 '진보'라는 이데올로기가 허구라는 사실(예, 기후변화와 생태위기)을 깨달은 세대는 더 이상 역사를 뒤집는 혁명에 큰 관심이 없다. 성평등 사회, 자본주의 이후 세계, 민족-국가 체제를 넘어선 세계시민사회 등의 이상은 졸업 후 생존이라는 현실의 벽 앞에서 무참히 깨진 지 오래다. 스스로의 역량으로 사회를 바꿀 수 없음을 깨달았고, 견고한 기존체제와 부딪혀 무참히 깨지고 좌절을 경험했다. 하지만 그보다 더 큰 절망은 비록 이상을 꿈꿀 수 있을지라도, 그것이 결코 자신들의 생애에 도래하지 않는다는 사실이다. 그렇기에 자기 역량으로 '행복'을 이룰 수 있는 방법, 예를 들어 '소확행'(작지만 확실한 행복)을 추구하거나, 일과

---

[4] 'You Only Live Once'란 말의 첫 철자만을 따서 만든 말로서, '인생은 단 한 번뿐이다'라는 뜻이다.
[5] '죽기 전에 꼭하고 싶은 것들의 목록'이란 의미의 용어다.
[6] 부종욱, 이상엽, 이휘웅, "청년세대의 꿈: 다시 꿈을 꿈꾸기", 「한국사회학회 '꿈과 희망의 사회학' 심포지움 자료집」 (2017), 288.

삶의 균형을 추구하는 '워라벨'(work and life balance) 혹은 '저녁이 있는 삶'을 추구한다. 현재 내 역량으로 성취할 수 있는 확실한 행복을 찾는다는 태도가 여기에 담겼다. 자신의 노력과 역량으로 아무것도 바꿀 수 없는 현실에 그나마 마지막으로 믿을 만한 것이 자기 자신 혹은 가족밖에 없다면, 그 최후의 보루를 붙잡고 소중히 지켜내려는 태도는 오히려 1970~1980년대 운동권 청년들보다 더 시대저항적일 수 있다. 어떠한 거대 명분도 거부하고, 정치권력의 질서 바깥에서 자신만의 삶을 확보하려 노력한다는 점에서 말이다.

이런 삶의 정서 밑바닥에는 '체념과 포기'가 자리 잡고 있다. 소위 'n포 세대'라는 말은 "졸업 이후에도 오랫동안 '잉여'의 시기를 보내야" 한다는 불안감과 그래서 남들이 소위 삶의 '정상코스'라고 말하는 과정의 일부를 "자신의 삶에서 불가능한 것으로 배제"해 나가려는 태도를 가리킨다.[7] 이는 곧 "경쟁을 내면화하여 각자도생을 추구하거나 자발적으로 고립을 선택해 체제로의 순응을 규범화"한 것이라 할 수 있다.[8] 소위 '탈성장 시대'라는 함은 성장을 통한 규모의 확대가 불가능하여 기존 규모의 범위 내에서 경쟁이 심화되는 시대를 가리킨다. 심화되는 경쟁에서 '물려받은 자원과 자산이 부족한' 이가 뒤처짐은 당연한 일 아닌가. 결국 자기 역량으로 이 경쟁 시스템을 극복하거나 바꾸기 어렵고, 이를 잘 아는 사람일수록 무기력함

---

7) 김석호, 주윤정, 성연주, 김지애, 김은지, 이상규, 김홍중, "한국 청년세대의 꿈-자본측정", 「문화와 사회」, 24권 (2017): 291.
8) 위의 글, 291.

이 깊어진다. 실제로 교육 수준이 낮을수록 "꿈-자본"[9]은 높아지고, 교육 수준이 높을수록 꿈-자본은 낮아진다. 이는 이미 교육이 경쟁을 위한 솎아내기의 도구로 전락한 현장에서 오랫동안 경쟁 시스템에 노출된 세대가 "현실적인 수준에서 꿈을 조정"한다는 사실을 보여 준다.[10] 그래서 역설적으로 교육 수준이 높을수록 "미래에 이루고 싶은 꿈이 있다는 비율"도 높지만, 그 꿈은 현실과 타협한 미래이자 개인의 안녕과 안정을 가져다 줄 수 있는 직업군이 많다.[11] 반대로 꿈-자본을 많이 가진 이들 즉 교육 수준이 낮은 이들의 경우 교육현장에서 벌어지는 무한경쟁과 승자독식의 게임에 대한 체감이 낮다. 그래서 미래에 대한 꿈-자본은 높지만, 그것을 현실적으로 추구하려는 노력이나 계획은 오히려 없는 편이다. 하지만 이런 절망스런 현실과의 타협이 젊은이들을 꼭 무기력하고 좌절하게 만들지만은 않는다.

좌절된 미래보다 더 절망스런[12] '미래 이후' 시대지만, 우리 청년 세대는 나름대로 구원과 행복을 위해 다양한 실천을 하고 있다: "취업을 위한 스펙 쌓기", 문제의식과 비판의식을 출구로서 "학술 혹은

---

9) "꿈-자본"은 부르디외(Bourdieu)가 경제자본, 문화자본, 사회자본, 상징자본 같은 용어를 만들어낸 것을 사회학자 김홍중이 원용하여 만든 용어다. "개인 행위자가 소유하고 있을 것으로 기대되는 꿈의 능력"을 의미하며, "상상력", "낙관성", "희망"이라는 감정적 능력, 그리고 "좌절이나 실패를 극복할 수 있는…회복탄력성"으로 구성된다. 김석호 외, Ibid., 296.
10) 위의 글, 313.
11) 위의 글, 313.
12) 왜냐하면 '좌절'은 무언가를 시도하고 실패했다는 것을 의미하지만, '미래 이후'란 시도조차 할 기회가 없었음을 의미하기 때문이다.

실천활동", 누군가에게 도움의 손길이 되어주는 "봉사활동", 스스로의 성취감을 만들어내는 "동아리 활동", 공허하더라도 스스로의 목소리를 높여 보는 "사회운동" 등.[13] 이 다양한 활동에 참여하는 이들의 공통점은 사회변혁을 위한 명분이 아니라, "그냥 좋아서" 스스로 참여하고 실천한다는 것이다.[14] 즉 n포 세대는 꿈의 포기나 미래에 대한 좌절과 무기력을 의미하지 않는다. n포 세대는 "한국의 청년들이 자신들의 미래에 대한 거부나 배제 혹은 '선택적' 투자와 같은 적극적 의미부여를 시도하고 있다"는 것을 의미한다. 이는 그들에게 여전히-현실적이든 몽상적이든 간에-"이루고 싶은 명확한 꿈이 있으며 이 꿈의 실현을 위해 열심히 노력하고 있"다는 사실을 의미한다.[15] 다만 꿈의 실현 여부에 대한 인식은 "현실에서의 경험에 따라 달라지는 특성"을 가질 뿐이다.[16] 함께 모여 연대하며 시대 변혁을 위해 스크럼을 짜고 거리로 달려 나갔던 세대의 눈에 이들의 시대적 저항은 매우 개인주의적이고, 체념적이고, 무기력하며, 비판의식을 결여한 듯 보인다. 하지만 오히려 이들의 소소한 일상 속 저항은 이전 세대의 '혁명'의 희망보다 더 강력한 힘을 지니고 있는지도 모른다.

---

13) 부종욱 외, "청년세대의 꿈", 291.
14) 위의 글, 291.
15) 김석호 외, "한국 청년세대의 꿈-자본측정", 291; 316.
16) 위의 글, 316.

종교라는 아편도 먼 이야기,
위로와 메시지의 부재

이제는 빛바랜 종교 비판이지만, 칼 마르크스(Karl Marx)는 종교를 '인민의 아편'이라고 했다. 아편은 진통제로 쓰이면 매우 유용하지만, 그 효력에 의지해 증상을 치유하려 노력하지 않는다면 오히려 병을 악화시킬 수 있다. 종교가 인민에게 베푸는 위로의 힘을 마르크스는 딱 그 정도로 판단했다. 그런데 이 '미래 이후 시대'에는 그런 아편의 힘이라도 필요한 게 아닐까? 그 어떤 말뿐인 위로라도 지금 우리에게는 위로가 그 어느 때보다 더 절실한 시대가 아닐까?

그런데 이 시대 종교의 위로는 사람들로부터 점점 더 외면받는 것으로 보인다. 2021년 한국리서치 정기조사에서 우리나라의 종교인구는 50%이고, 개신교는 전체 인구의 20%를 차지해 여전히 가장 규모가 큰 종교로 자리 잡고 있다.[17] 그보다 일찍 조사된 갤럽리포트는 2021년 4월 현재 우리나라 종교인구를 40%로 발표해 큰 차이를 보였는데,[18] 4월과 12월에 발표된 조사가 기간 차는 있지만 그 짧은 시간 내 종교인구가 10% 급성장했다고 보기는 무리일 듯 싶다. 따라서 현재 종교인구의 정확한 수치가 얼마냐는 의미 있는 지표는 이 두 조사를 통해 알기 어려워 보인다. 오히려 우리가 주목해 보아

---

[17] 한국리서치, "2021년 종교인구 현황", 〈여론 속의 여興론論〉 2021.12.08. https://hrcopinion.co.kr/archives/20186.
[18] 한국갤럽조사연구소, "한국인의 종교 1984-2021 (1) 종교현황", 〈갤럽리포트〉 2021.04.07. https://www.gallup.co.kr/gallupdb/reportContent.asp?seqNo=1208.

야만 할 지표는 한국리서치 조사에서 1년 사이 종교에 변화가 있다고 응답한 사람의 수치다. 이들 중 개신교를 믿던 사람이 무종교인이 된 경우는 12%인 반면, 다른 종교인이 된 경우는 1%였다는 것이다. 이는 천주교도 마찬가지 흐름이다. 천주교 신자였던 사람 중 8%는 무종교인이 되었고, 다른 종교인이 된 사람은 2%였다. 불교인이었던 사람들 중 12%는 무종교인이 되었고, 다른 종교인이 된 경우는 2%였다. 무종교인들 중 96%는 계속 무종교인이었고, 종교인이 된 경우는 4%였다. 이 수치는 무종교인이 되는 경우가 높아지고 있음을 말해준다. 개신교, 천주교, 불교인 중 종교적 감성의 변화를 느끼고 아예 무종교인이 된 비율이 다른 종교인이 된 비율보다 현격히 높기 때문이다.

　다른 한편으로 한국갤럽 조사는 2014년 50%였던 종교인구가 2021년 40%로 줄었음을 보여주는데, 가장 큰 감소 요인은 "청년층"이었다. 2004년 20대의 45%가 종교를 믿었으나, 2014년 31%로 줄었고, 2021년 22%로 급격히 줄었다. 30대도 2004년 49%가, 2014년 38%로 줄었고, 2021년 역시 30%로 줄었다. 갤럽 조사는 이를 20-30대의 "탈(脫)종교현상"이라고 진단하였다. 갤럽 조사에 따르면, 이렇게 젊은 층이 종교를 벗어나는 동시에 고령화된 종교인구가 감소할 것으로 전망되고 있기 때문에, 대한민국 국민을 더 이상 종교적인 사람들이라 하기 어렵다. 오히려 사회 대다수가 이미 무종교인이 되어버렸다. 한국리서치의 조사는 40-50대에서 종교 이탈 현상이 일어나고, 오히려 청년층에서 종교를 찾게 된 경우가 있음이 나타났다. 하지만 두 조사 모두 지난 수십 년간 대한민국 사회에서 무종교인이 증가했다는 전체적인 흐름에는 이견이 없다.

이렇게 탈종교 현상이 사회적으로 자리 잡아가는 동안, 앞서 언급했듯 우리 삶의 조건들이 더 각박해지고 위로가 필요한 시대가 되었다. 하지만 종교인구의 감소는 이 위로가 필요한 세대에 종교는 더 이상 사람들이 필요로 하는 위로를 주지 못하고 있는 것으로 나타났다. 왜 그렇게 됐을까? 이 상황에서 특히 주목을 끄는 일은 그동안 개신교 인구가 전체적으로 급격하게 감소하고 있다는 체감이다. 갤럽이나 리서치의 조사에서 개신교 인구 비율은 전체 인구 대비 20% 혹은 17% 정도로 나왔지만, 이 수치는 그 기간에 개신교 인구가 급격히 줄어든 현장의 체감과 큰 격차를 보인다. 게다가 이 통계에 잡히지 않는 허수가 있다. 그것은 바로 개신교 계통 사이비 종교인구다. 통일교 신자는 자신을 개신교 신자로 표기할까 아니면 기타 종교로 표시할까? 혹은 신천지 신자는 어떨까? JMS 신자는? 그렇다면 이들 중 상당수가 개신교 종교인구에 포함됐다고 보아야 맞다. 그리고 개신교 인구는 통계조사에 나온 수치보다 최소 몇 퍼센트는 더 내려가야 할 것 같다. 이러한 수치는 한국교회가 더 이상 비종교인들에게 위로가 되는 메시지를 주지 못하고 있음을 의미한다. 물론 이는 개신교회에 국한된 현상은 아니다. 다른 종교들도 함께 감소하는 중이니 말이다.

"그 많던 청년은 다 어디로 갔을까?" 여전히 청년들은 한국교회의 주역이다. 교회의 온갖 궂은일뿐만 아니라 교사로 성가대로 열심히 봉사하며 한국교회를 떠받치고 있다. 하지만 그러한 청년들이 모든 교회에 넘쳐나는 것은 결코 아니다. 대부분의 교회에서 청년은 가장 수가 적은 집단군에 들어간다. 학령 인구 감소와 같은 사회적인 요인들이 있다고는 하나, 그것만으로는 설명할 수 없을 만큼 현격히 적다. 이런 와중에 청년이 부흥하고 있는 일부 교회들은 "우리처럼 하면 된다"며 다른 교회들에게 방법을 전하지만, 다른 교회들에서는 그 같은 부흥이 거의 일어나지 않는다. 왜냐하면 교회에 남아 있는 청년 중에서 그 교회에 상대적으로 많이 모여 있을 뿐, 그렇게 모인 이들을 제외하면 그보다 더 많은 청년들이 교회를 외면하고 나가버렸기 때문이다. 그렇게 교회를 떠나는 청년들은 교회를 향해 목소리를 내지 않는다. 그럴 필요성을 느끼지 못하니까. 그들의 삶에 교회의 비중은 딱 그 정도인 것이다. 이런 태도가 옳다 그르다를 말할 필요는 없다. 중요한 건, 현재 개신교회는 그렇게 떠난 청년들의 목소리를 전혀 듣지 못하고, 그렇게 소 잃고 외양간도 다 망가진 상태라는 것이다.

오히려 우리가 떠나가는 청년들의 소리를 듣지 못하도록 가로막은 것은 역설적으로 청년들이 부흥하고 있다는 교회의 목소리였다. "거 봐라, 부흥하고 있지 않느냐? 나처럼 따라 해 봐!"라는 식의 큰 목소리가 교회 내에서 공감을 받으며, 떠나가는 이들의 이야기를 '그들의 관점에서' 들어볼 기회를 전혀 또는 거의 갖지 못했다. 그들은 말하고 떠나지 않는다. 종교인구통계가 보여 주는 수치의 지속적인 통계적 성향은—구체적인 사연들이야 어떻든지 간에—교회의 메시지와 활동이 대다수 청년들에게 의미 있는 메시지가 되지 못하고 있으며, 이에 실망한 청년들이 말 없이 떠나고 있다는 것이다. 그리고 이 떠나는 청년들의 발걸음이 몇몇 소수에 그치지 않았는 사실이 20대 종교인구통계에 반영되었다. 두 종교인구통계 조사에서 20-30대 종교인구 비중이 가장 낮다는 사실이 이를 방증한다.

기술로 바뀐 세상에서 변화를 거부하는 교회, 인간의 연장으로서 기술

한국교회의 메시지가 이 시대 젊은이들에게 외면받는 이유는, 인간의 '연장'(extension)으로서 인간의 모습을 바꿔온 기술 시대에 걸맞지 않는 '인간상'을 기반으로 계속 메시지를 전달하기 때문이다. 인간의 모습을 바꿔왔다는 말을 겉모습이 변하고 속은 그대로라는 내외 이분법으로 걸러 듣지 말아야 한다. 겉과 속은 그렇게 구별되지 않는다. 오히려 겉모습은 속마음이 감추고 싶어 하는 가장 내밀한 것을 가장 공개적으로 드러내기도 한다. 기술로 변화된 모습은 인간의 본성 자체를 변화시켰다. 아니, 보다 정확하게는 우리가 인간의 본성이라고 이해해 왔던 개념들을 전복시켰다.

'기술'(technology)은 인간의 연장이다. 이는 마셜 매클루언의 "인간의 연장으로서 미디어"라는 유명한 개념을 차용한 것이다. 마셜 매클루언은 『미디어의 이해: 인간의 연장』[19]에서 인간이 기술을 만든 다는 통념을 넘어, 인간의 연장으로서 기술이 문명의 패턴과 작동을 창출해 나아간다는 개념을 제안한다. 우선 '연장'(extension)이라는 말을 '확장'(expansion)이라는 말로 오해하는 실수를 범하지 말자. 즉 인간의 연장은 인간의 확장이 아니다. 기술을 통해 인간이 확장하여 전 지구와 세계를 다스리고 정복한다는 말이 아니다. 인간의 연장이란 인간이 다른 존재나 장치, 네트워크에 접속하여, 이전과는 다른 모습으로 삶을 영위하게 된다는 말이다. 즉 기술은 인간 삶의 구성과 형식을 바꾸고 있으며, 이런 변화는 인간이 다른 존재나 장치들과 더불어 삶을 만들어 나가는 능력이 있기 때문인데, 이를 '연장능력'(extendibility) 혹은 '존재역량'(existential capabilities)이라고 할 수 있다.

예를 들어, 인간은 철도를 발명했지만, 인간이 건설한 철도 노선의 행위성은 인간 문명과 삶의 패턴을 바꾼다. 철도를 가설하면서, 대량 물자를 수송할 수 있는 수단이 생겼고, 이로써 대량생산과 대량소비 문화가 발전할 토대를 마련하였다. 그리고 이러한 변화로 소비의 자본주의 체제가 자리 잡힌다. 매클루언은 바로 이 과정에서 주목받지 못한 기술의 행위자적 측면 즉 기술의 행위주체성을 주목한다. 철도를 가설하면서, 이제 인간 문명은 철도역을 중심으로 도시를 형성하고 번성하였고, 문명은 철도 길과 정거장을 따라 퍼져

---

[19] 본래 번역본의 제목은 『인간의 확장』으로 되어 있으나, 이는 매클루언이 쓰는 extension의 의미를 오역하는 것에 가깝다. 뒤에 설명하듯이, extension은 '연장'이라는 개념으로 쓰인다.

나갔다. 즉 철도의 행위주체성이 인간 문명의 발전패턴을 수정하고 변화시키는 힘을 발휘한 것이다. 다시 말해, 비록 인간이 새로운 기술을 발명하지만, 그렇게 발명된 문명의 이기는 인간 본연의 삶과 문화를 바꾸는 행위주체성을 발휘한다. 즉 인간의 활동이 철도로 인해 더 넓고 빠르게 '연장된'(extended) 것이다.

이러한 인간의 '연장능력'을 철학자 도나 해러웨이는 "사이보그"라고 정의한다. 즉 인간은 처음부터 비인간인 도구적 존재와 더불어 '함께-삶을-만들어-나가는' 존재다. '사이보그'란 인간과 인공장치 혹은 기계의 결합을 가리키는데, 이 사이보그적 특성을 해러웨이는 '심포이에시스' 즉 '함께-만들기' 혹은 '공동-생산'이라는 말로 표현한다. 우리가 익히 알고 있는 '도구 제작자'(homo faber)로서 인간(humans as the tool maker)의 정의는 이미 인간의 본성을 이성이나 정신적 능력 같은 속성이 아니라, 도구를 만들어 자기 삶의 역량 범위를 연장해 나아가는 데 있음을 가리킨다. 즉 '인-간'(human-betweenness)을 신체와 도구를 활용해 연장해 나아가는 역량이 곧 인간의 본성이라는 말이다. 두뇌를 기반으로 작용하는 인간의 마음은 신체의 감각능력을 '인터페이스'로 활용하여 외부 세계와 실재를 만나며, 이러한 생물학적 구조 자체가 이미 '연장능력'의 증거다.

우리가 디지털 네트워크로 가상현실세계에 접속하고, 거기서 매우 몰입감 높은 경험을 할 수 것도 바로 이 인간의 연장능력 때문이다. 이 연장능력의 관점에서 보자면, 현실적 경험과 가상현실 경험 간의 차이가 거의 없다고까지 할 수 있다. 현실적 경험이라는 것 자체가 신체감각을 인터페이스로 활용하는 경험이그, 이 신체라는 인터페이스가 다른 인공 장치나 도구로 연장되어 인간의 실제경험을 더 연장된 네트워크로 구성해 준다는 사실을 우리는 폴 바크-이-리타(Paul Bach-y-rita)의 감각대치(sensory substitution) 실험을 통해 알 수 있다.[20] 그런데 이러한 연장능력은 기존 인간 정신이나 자아의 '확장'이 아니라, 인간 본성 자체를 변화시킨다는 점에서 우리는 새로운 기술들의 발전에 한편으로 염려의 눈길을 보내게 된다. 기술의 발전으로 바뀐 '인간'의 세계에 우리 교회는 적응하고 있는 걸까? 아니, '인간' 자체가 이렇게 바뀌었다는 사실을 인식하기는 할까? 개신교가 전하는 인간의 모습이 근대 서구의 인간관에 기초한 시대적 인간상이라는 사실을 인식은 하고 있을까?

디지털 인간의 출현, 네트워크로 연결되는 사람들

우려와 염려를 뒤로 하고, 디지털 네트워크에 기반한 전자미디어 기술은 이제 가상현실의 시공간에 우리 신체가 직접 접속하여 결합하도록 만들고 있다. 예를 들어, 이제 우리는 전화번호를 외우지 않는다. 들고 다니는 스마트폰에 다 들어 있기 때문이다. 기억력은 감

---

20) 박일준, "인권에서 존재역량으로: 가소성을 통해 성찰하는 공-산의 의미와 카트린느 말라부의 파괴적 가소성에 대한 종교철학적 성찰", 「종교연구」, 81권 2호 (2021년): 343.

퇴할까? 아니다. 두뇌의 '연장능력'은 스마트폰과 결합하여, 이를 외장 하드디스크 드라이브로 활용할 뿐이다. 즉 스마트폰은 두뇌의 외장 하드디스크 드라이브가 된 것이다. 아울러 이미 생활 깊숙이 스며든 스마트폰은 언제 어디서나 가상공간에 접속하여 인간의 삶이 어느 한 장소나 자리에 국한하지 않고, 여러 다중적 위치에서 동시에 존재하여 활동할 수 있는 가능성을 열어 놓았다. 카페에 앉아 사람들과 이야기를 나누면서, 이메일로 지구 반대편의 파트너들과 업무를 진행하고, 스마트폰으로 주가를 확인하며 경제활동을 이어간다. 이미 디지털 네트워크와 결합된 인간의 삶은 어느 한 위치에 정초되지 않는 다중위치성으로 인간 본성의 변화를 촉진하고 있는 것이다.

인간의 삶이 가상현실 시공간과 직접적으로 결합하여, 현실과 가상세계를 자유로이 오가며 살아가는 세계를 메타버스(metaverse)라 한다. 이 용어는 닐 스티븐슨(Neal Stephenson)이 소설 『스노 크래시』(*Snow Crash*, 1992)에서 인류가 두뇌-컴퓨터 인터페이스를 사용하여 디지털 네트워크에 접속하며, 현대 삶의 실패와 불만, 소외를 극복하는 '디스토피아적인 미래'를 그려낼 때 등장한다. 역설적이게도 우리는 오늘 '메타버스'를 새로운 대안적 현실 혹은 유토피아로 상상하지만, 그 용어가 출현한 본래의 맥락은 디스토피아적 미래를 그려내는 용어였다. 여기서 우리는 인간이 다른 존재들과 장치나 네트워크로 연장될 수 있는 역량으로 디지털 네트워크와 결합하여 메타버스를 구현하지만, 이것은 그 자체로 유토피아도 그렇다고 디스토피아도 아니라는 사실을 유념하자.

실재하는 우주(cosmos)의 가상현실적 차원, 즉 메타적 차원의 세계를 의미하는 메타버스는 이제 가상현실 증강기술을 바탕으로 우리에게 더욱 생생하게 다가오고 있다. 언급한 소설 『스노 크래시』에서 '아바타'(avatar)라는 용어도 처음 소개하는데, 이때 메타버스는 가상현실세계에 자기 '아바타'로 접속하여 다양한 활동과 문화를 체험하고 소통하는 활동을 가리킨다. 여기에 증강현실(augmented reality, AR) 기술을 접목하거나, 사람과 사물의 일상적 경험과 정보를 기록 저장 배포하는 '라이프로깅'(life logging) 기술을 접목하거나, 현실세계를 가급적 사실적으로 반영하여 정보가 확장된 세계를 구현하는 '거울 세계'(mirror world) 기술 등을 접목하면, 메타버스 경험은 훨씬 더 몰입감 있고, 현실감 있는 경험으로 다가올 것이다.

이 메타버스적 경험을 가장 현실적으로 구현한 게 게임이다. 특히 다중접속 온라인게임(MMORPG)이 크게 유행했는데, '레벨업'을 위한 보상과 구매가 게임 속 가상화폐로 이루어지면서 이 과정에 게임과 자본이 결합하게 됐다. 게임회사들은 게임 속에서 자신이 만든 기능과 서비스를 판매하고 유통할 수 있어 현실 경제처럼 소비와 수요에 기반한 운영이 가능해졌다. 이렇게 게임, 자본, 소비가 결합하면서, 게임은 하나의 사회가 되었다. 이런 모습이 우리가 말하는 메타버스 개념에 가장 근접하다.[21]

---

[21] 그럼에도 불구하고, 아직 '메타버스'는 '가상현실'(virtual reality) 기술이나 '증강현실'(augmented reality) 기술을 기반으로 구성되기보다 개인용 컴퓨터와 스마트폰 같은 모바일 기기를 통해 접속하고 있어 현재 메타버스에 대한 웅장한 전망들은 거품이라는 비판도 제기되고 있다. 가상현실 기술과 증강현실 기술이 회람되긴 하지만, 아직까지 이런 기술들이 최첨단으로 적용되는 게임에서조차 이 메타버스의 완전한 출현을 경험하게 만

이 메타버스를 가장 극적으로 그려낸 SF영화 중 하나가 2018년 개봉한 스티븐 스필버그 감독의 〈레디 플레이어 원〉이다. 이 영화는 2045년 '오아시스'라는 가상현실 게임이 지배하는 미래 현실을 그린다. 현실에서 희망이나 미래를 찾을 수 없는 사람들이 오아시스에 접속하여 현실의 불만족을 가상세계의 성취감으로 대치하며 살아가는 시대 말이다. 그런데 이 가상현실세계의 디지털 통화로 부의 창출이 가능해지면서, 게임은 현실적인 돈벌이 혹은 일확천금을 얻을 수 있는 약속의 땅이 되어버린다. 하지만 이 약속은 디지털 원주민들을 무한경쟁과 약육강식 그리고 승자독식의 체제로 몰아넣고, 서로 경쟁하도록 만들어 버린다. 바로 이것이 메타버스가 담지한 위험 중 하나로서, 자본의 디지털화 혹은 디지털 자본주의의 위험이라고 할 것이다. 영화 〈레디 플레이어 원〉은 이 디지털 경제와 게임이 결합할 때, 메타버스라는 가상의 시공간이 자본주의적 권력에 쉽게 휘둘릴 수 있으며, 이는 현실보다 더 끔찍하고 억압적인 세계가 될 수 있음을 경고한다. 동시에 이 가상의 시공간을 모두의 해방 공간으로 만들기 위한 전제로 '공유'(sharing)의 문제를 직접 거론한다. 즉 네트워크를 개발자나 회사 혹은 정부가 독점하게 될 때, 메타버스 세계는 권력의 지배를 받는 억압적 시공간이 된다. 하지만 이 시공간이 공유의 경제를 실현하며 소통의 공간이 될 수 있을 때, 가상공간은 현실을 해방하는 시공간이 될 수도 있음을 영화는 가리킨다.

들지는 못한다. 여전히 우리는 개인용 컴퓨터나 모바일로 메타버스 세계를 간헐적으로 경험할 뿐이며, 광고와 선전에 등장하는 메타버스 세계를 체험하려면 좀 더 시간을 두고 기다려야 한다.

디지털 네트워크와 메타버스
그리고 디지털 종교

　포스트휴먼의 도래를 예고하는 메타버스 시대 한복판에서 미국의 종교학자 로버트 제라시(Robert Geraci)는 가상현실 게임 속 종교의 모습에 주목한다. 첨단기술의 발전 속 종교와 믿음의 힘이 사라질지 모를 포스트휴먼 시대, 제라시는 다중접속 온라인게임 속에서 오히려 종교가 매우 중요하게 그리고 생생하게 살아있음을 본다. 다중접속 온라인게임이 그 이전 세대 게임과 근본적으로 다른 점은 게임의 서사, 즉 스토리가 살아있다는 점이다. 가상현실 게임의 메타버스 속에서 게이머는 우주와 인류와 지구를 구하는 영웅이 된다. 21세기 마블의 SF영화들이 전 세계적 흥행을 이어나가고 있는 이유다. 포스트모던 시대는 서사의 종말이 선포했지만, 서사는 여전히 할리우드 블록버스터 SF영화와 가상현실 게임에 오롯이 살아남아있다. 영화와 게임이 포섭하는 '서사'는 겨우 오락용이 아니다. 인간은 소위 '스토리텔링 애니멀'이다. 즉 자기 삶의 의미와 목적을 논리적 명제로 압축하여 저장하는 게 아닌 스토리로 이해하고 받아들인다. 따라서 인간은 스토리가 없으면 살아갈 수 없는 존재다. 이는 심지어 게임에 참여하는 플레이어들에게도 마찬가지다. 그 게임에 참여해야 할 의미와 목적을 부여하는 데 서사가 매우 큰 역할을 감당하며, 이 서사의 구성에서 종교적 요소들은 빼놓을 수 없다. 의미와 목적은 '서사'의 스토리텔링으로 구성되며, 스토리텔링에는 종교적 요소가 필수적이다. 예를 들어, 요즘 유행하는 SF영화들 혹은 소위 '마블의 영화들', 즉 〈어벤져스〉 시리즈에 등장하는 캡틴 아메리카, 아이언맨, 앤트맨, 와스프, 헐크, 호크아이, 블랙팬서, 토르, 블랙위도우 등과 같은 캐릭터는 종교적 스토리텔링의 요소가 없다면 사람들의 판타지가 될 수 없다. 이 시대의 사람들은 그 판타지적 스토리에 삶의 의미와 목적을 동일시하며 빠져든다.

다중접속 온라인게임이 이전의 오락실 게임과 다른 중요한 특징 중 하나는 바로 가상현실의 시공간에서 사회적 경험을 준다는 점이다. 여러 사람이 접속하여 팀을 이루고, 상대 팀과 경쟁하는 과정에서 이 가상현실 게임은 게이머들에게—비록 현실의 사회 경험과 차이가 있지만—사회적 경험을 가능하게 한다. 이러한 게임 속 경험으로 게이머들은 일종의 윤리적 경험과 훈련을 쌓아간다. 예를 들어, 악의 역할을 선택한 게이머들이 '컴퓨터 알고리즘으로 작동하는 게임 속 캐릭터'인 '논플레이어 캐릭터들'(non-player characters)을 포로로 잡아 고문할 수 있는 선택권이 주어졌을 때, 고문하기로 결정한 이는 겨우 15% 정도였다고 제라시는 밝힌다. 나머지 플레이어 85%는 비록 이 논플레이어 캐릭터가 사람이 아바타에 접속한 경우가 아니라 그저 컴퓨터 알고리즘에 불과하다는 사실을 알고 있음에도 그들에게 비윤리적인 행위를 감행하는 데 윤리적 부담을 느꼈다. 이는 게임 속에도 도덕과 윤리가 작동함을 의미한다. 이 게임 속 도덕적·윤리적 딜레마를 통해 게이머는 무엇이 선하고, 무엇이 악한 것인지 사회적으로 경험하고 훈련하게 된다.

여기서 통상 게임들이 스토리를 선명하게 부각시키기 위해 선악의 이분법을 통해 설계된다는 점을 주지해야 한다. 이 과정에서 악의 세력은 정치적 부패, 자본주의 경제, 환경오염 등 사회 문제를 야기하는 주요한 원인으로 등장하며, 통상 사악한 리더의 교묘한 술책에 따라 움직인다. 이 게임 속 악의 집단은 리더의 부정직하고 미성숙하며 심지어 사악한 동기를 따르고, 돈을 우상으로 숭배하고, 자본주의를 자신의 종교로 삼는 모습을 보여 준다. 이러한 게임 설계와 스토리 구성은 바로 '무엇이 악이고, 무엇이 정의인지'를 게임 플레이어에게 각인시키고, 도덕적 윤리적 경험을 하게 한다.

그러나 여기서 놓치지 말아야 할 사실이 있다. 가상현실 게임의 이런 도덕적 윤리적 특성이 게이머들을 더 윤리적이거나 도덕적으로 만들어주는 것은 아니라는 사실이다. 즉 사회의 윤리적 기준에 대한 감각을 익히고 훈련하는 과정을 가진다고 해서, 그 게이머가 현실이나 게임에서 언제나 윤리적으로 행위한다고 보증하지 않는다는 말이다. 그럼에도 가상현실 게임의 상황에서 게이머들이 윤리적 딜레마를 고민하며 이를 토론의 주제로 삼을 수 있다는 사실에서, 가상현실 게임에도 윤리적 종교적 잠재력이 분명히 존재함을 알 수 있다.

그래서 가상현실 게임은 "일종의 세속종교"를 용납한다. 말하자면, 게이머들은 "윤리적 토론을 벌이고, 자기 이해를 증진시키며, 공동체를 형성하고, 초월적 경험을 공유한다".[22] 인간이 종교적인 이유

---

22) Robert Geraci, "가상세계들과 근대성의 신화들: 게임, 게이머, 온라인의 초월성", 「원광

는 바로 종교를 통해 윤리적 경험과 자기발전의 경험 그리고 공동체의 친밀감뿐만 아니라 비틀린 현실세계를 초월할 힘을 종교에서 얻기 때문이다. 그리고 그를 통해 사람들은 자신들이 살아가는 삶의 현실에 의미를 찾는다. 이런 맥락에서 가상현실 게임은 일종의 세속 종교인 셈이다.

메타버스의 가상현실 게임에서 게이머가 영웅이 되면 그에게 자신을 초월하는 경험이 제공된다는 사실을 제라시는 종교학자로서 특히 강조한다. 예를 들어, 현실에서 4년제 대학을 졸업하고 편의점 알바를 하며 살아가야 한다면, 현실의 삶에 매우 불만족할 수 있다. 자신이 대학을 졸업한 목적은 시간제 알바를 얻기 위함이 아니었기 때문이다. 그런 그가 게임 속 가상현실에서 우주와 세계를 구원하는 영웅이 되는 경험은 자기 현실의 초월을 경험하게 되는 것이다. 그래서 게임에 빠진 이들은 현실로 돌아오기보다 디지털 가상세계에 머물기를 선호하여, '디지털 원주민'이 된다. 일부 사람들은 게이머들이 게임 속 가상현실에 몰입해 현실을 부인하는 태도를 보인다는 이유로 이를 '게임중독'이라고 표현하기도 하지만, 이런 진단은 사람들이 왜 현실을 외면하고 디지털 가상세계에 머무르려고 하는지 그 근본원인을 오도하는 것이다. 현실이 그/그녀에게 살아갈 의미와 동기와 목적을 제시하지 못할 때, 그들이 가상현실 게임 속에서라도 살아갈 이유를 찾아야만 하는 절박한 근거와 동기 또는 목적이 존재한다. 어차피 현실은 그/그녀의 편이 아니니 말이다.

대학교 동북아시아인문사회연구소 제36차 콜로키움 강연원고」 (2022.05.19).

가상현실 공간에서 초인적 경험을 한다는 것은 문자 그대로 초인이 되었다는 게 아니라, 출구 없는 현실의 삶에서 초월로의 출구를 찾았다고 말하는 데 더 가깝다. 이런 맥락에서 메타버스는 새로운 천상의 영역을 컴퓨터에 구축한다. 유럽의 대성당들도 그러한 가상적 천상의 경험을 현실에 만들기 위해 세워졌다. 흑사병으로 유럽 전역에 죽음의 그림자가 휩쓸고 지나간 후 현실에 절망한 사람들이 하나님의 기적과 같은 능력을 간절히 사모할 때, 대성당은 찾아온 이들에게 "당대의 첨단기술이 집약된 음향과 스테인드글라스를 통해" 천상의 경험을 가상적으로 체험할 수 있는 구조를 갖추었던 것이다.[23]

가상에서 초월을 경험하는 디지털 세대와 현실에서 편가르기에 집착하는 한국교회

기술을 인간의 연장으로 보아야 한다는 말은 결코 기술이 인간의 전부란 말이 아니다. 오히려 기술을 통해 우리는 세계를 바꾸어 왔으며, 그렇게 바뀐 세상은 겉모습만이 아니라 인간의 본질 자체를 바꾸어 버렸다는 현실을 직시해야 한다는 말이다. 민주주의는 단지 정치적 절차만 바꾼 게 아니라, 민주정치체제 아래 살아가는 사람들의 마음가짐과 태도 자체를 변화시켰다. 적자생존과 약육강식의 이

---

23) 포스트코로나와 목회연구학회, 『비대면 시대의 '새로운' 교회를 상상하다』 (서울: 대한기독교서회, 2020), 46.

데올로기를 진화론으로 둔갑시키면서, 실상은 무한경쟁과 승자독식의 자본주의 체제를 정당화해 왔던 진보와 성장의 시대가 끝났다. 이제 '미래 이후 시대'를 살아가야 하는 사람들은 기후변화와 생태위기에 직면했다. 그리고 이 위기를 가장 뼈저리게 느끼도록 만들어준 팬데믹을 통해 존재란 각 개인이 자신이 지닌 역량과 수단과 자본을 동원하여 '함께-만들어-나가야-하는-것'임이 각인되었다. 경쟁으로써 쟁취하는 것이 아니라는 말이다. 이 시대를 거쳐 가는 우리의 마음가짐과 생각도 이와 분리될 수 없기에 우리의 종교성도 그에 따라 바뀔 수밖에 없다.

언급한 바, 인간은 '스토리텔링 애니멀'이다. 이는 곧 인간이 언어로 구성된 의미세계 속에서 자기 삶의 의미와 목적을 만들어나가는 존재란 의미다. 그런데 우리 시대 젊은이들은 더 이상 교회에서 존재의 의미와 목적을 찾기보다는, 오히려 n포세대의 좌절과 절망과 무기력을 가상현실 게임 속 캐릭터를 통해 재구성해 나아가고 있다는 사실을 기억해야 한다. 슈퍼 영웅들이 주인공으로 등장하는 마블의 SF영화가 공전의 히트를 쳐온 이유가 여기에 있다. 그 속에 종교와 종교적 상징들이 존재한다는 사실이 중요한 것이 아니라, 그 종교적 허구의 이야기들이 젊은 세대의 마음속에서 어떤 의미 작용을 하는지 그리고 왜 우리 교회의 상징적 이야기들이 그들로부터 외면받고 있는지 고민해 보아야 한다. 교회는 '구원'을 선포하지만 기후변화와 생태위기로 압축되는 시대적 절망을 스스로 체감하지 못하고 여전히 근대적인 구원만을 선포할 뿐이다. 우리는 마침내 이 난

국을 극복해 나아가 최후 승리를 얻으리라는 스토리 말이다. 하지만 애덤 맥케이 감독의 영화 〈돈 룩 업〉(Don't Look Up)이 표현하듯, 우리가 이 위기를 정말로 극복할 역량이 있는지 매우 의심되는 시대다. 또 영화 〈어벤져스: 인피니티 워〉는 우리가 타노스라는 악의 힘을 극복할 역량이 없다는 메시지를 강력히 전한다. 정작 절망스러운 것은 우리 교회의 메시지가 이 시대의 정서를 SF영화만큼도 담아내지 못하고 있다는 사실이다. 우리가 젊은 세대로부터 외면받는 한 원인이다.

가상현실 게임은 단지 오락만을 제공하지 않는다. 사회적 경험을 가능하게 함이 다중 온라인게임의 특성이라고 앞서 언급하였다. 그 사회적 경험은 무엇이 선이고, 무엇이 악인지를 가상으로 경험하게 하여 우리에게 사회적·문화적 윤리감각을 훈련시킨다. 이 말은 이제 교회가 그 선악의 기준을 제시하는 것이 아니라, 게임 문화가 그 기준을 각인시키고 있다는 말이다. 이제 교회는 판단 기준을 제시하는 기관이 아니라, 그러한 판단 기준에 따라 평가받는 대상이 된 것이다. 문제는 이 상식적 판단 기준에 교회가 부응하지 못하고 있다는 사실이다. 더 나아가 가상공간이나 메타버스 안의 게임 공동체는 무한경쟁과 승자독식의 세계에서 경험할 수 없는 서로-함께의 경험 즉 함께 게임을 통해 삶을 나누어가는 경험을 한다. 이 게임 공동체의 의사소통 과정은 결코 위계적이지 않으며, 상호소통을 기반으로 한다. 제라시는 이 모습이 원초적인 종교 공동체의 경험일 수 있음을 알린다. 더 나아가 가상현실 게임에 접속하여, 현실의 '나'와는 다른 모습의 아바타로 살아갈 수 있다는 가능성은 현실에서 소위 '루저'(loser)이자 비적응자인 자기 삶의 경험을 초월하는 자기-초월의 가능성을 제공해 준다. 우리 교회가 청년에게 주지 못하고 있는 경험이다.

이러한 때 교회가 그러한 변화를 수긍하고 있는지 지극히 의심스럽다. 가상공간에서 디지털 네트워크를 기반으로 함께 공동체를 구성하고 서로를 품어주며 살아가는 게이머들에게 교회는 그저 게임 중독을 벗어나 예수 안에서 새 삶을 찾아야 한다는 설교만 반복하는 것은 아닌가? 그뿐만이 아니다. 교회의 의사결정구조는 담임목사와 몇몇 힘 있는 장로들에 의해 비민주적으로 결정하는 불공정한 모습을 띤다. 또 출석 가족의 규모에 따라 마치 부족장처럼 교회 권력을 남용하는 신도 등이 교회를 외면하게 만들지는 않은가? 아울러 많은 교회가 '교회' 자체를 사유화하여 아무런 윤리적 고민 없이 '세습'을 감행하는 행태를 보이면서 젊은 청년들에게 무조건적인 믿음을 강요할 수 있을까? 다른 이들을 '마귀'와 '적그리스도'로 규정하거나 사회의 도덕적 타락과 윤리적 부패를 지적하면서, 정작 자신들은 비민주적 의사결정구조로 권력을 독점하고 세습에 대한 죄책감 없는 모습을 보이며 도대체 어떤 청년이 교회를 통해 희망을 얻을 수 있을 것인가?

다른 한편으로 우리는 이렇게 디지털 네트워크로 연결된 시대의 출현 속에서 변화한 인간과 그 삶의 모습을 마냥 무비판적으로 받아들여서도 안 된다. 앞서 '메타버스'를 이야기하면서, 이 디지털 기술이 본래 온라인게임으로부터 출발하여 게임 속 경제를 디지털 경제와 결합하였고, 하나의 삶의 세계를 구성하는 기술이라는 사실을 주목하지 못하고 지나가는 경향이 있다고 언급한 바 있다. 메타버스 현실을 가장 리얼하게 표현한 영화 중 〈레디 플레이어 원〉은 결코 메타버스가 우리의 유토피아적 미래가 아니라는 사실을 영화적 상상력으로 그려냈다. 말하자면 메타버스는 현재 우리 세계의 경제적 불평등이 면제된 가상의 영토가 아니라는 사실이다. 메타버스가 지금의 자본주의적 영향력을 가상공간으로까지 확장하는 수단이 될 때, 메타버스는 현실의 문제를 해결하는 대안이 되기보다 오히려 문제를 심화시키는 수단이 될 가능성이 높다.

인터넷 미디어가 처음 출현할 당시, 이 가상공간이 사람들에게 주는 희망은 바로 '공유'였다. 자본주의적 독점을 넘어 생산한 것을 모두가 함께 자유롭게 공유하면서 평등한 공동체를 가상적으로나마 형성할 수 있다는 희망 그리고 그 가상공간에서는 현실의 차별 조건들이 가려지고 모두가 동등한 접속자로 평등하게 행동할 수 있다는 희망이었다. 그런데 오늘날 이 가상공간은 그 어느 곳보다도 자본주의적 영향력을 가장 많이 받으며 가장 부패한 공간 중 하나가 되고 있다. 지식과 지혜를 공유하기 위해 만들어진 유튜브는 어느새 돈벌이를 위해 선정적이고 자극적인 제목과 채널이 넘쳐나고, 사람들이 보내는 관심이 곧 돈이 되는 세상에서 시청자의 '좋아요'를 받기 위해서라면 그 어떤 금기도 무시하는 거의 무법의 시 공간이 되고 있다. 사람들의 자유로운 연결을 위해 열렸던 페이스북은 이제 사용자 패턴을 빅데이터로 만들어 경제 주체들에게 소비패턴분석과 광고를 위한 리소스로 팔고 있다. 심지어는 페이스북을 통해 미국 대선에 러시아가 간여하는 창구로 활용되었다는 이야기까지 들린다.

그 많던 청년은 다 어디로 갔을까? 이 질문이 여러 번 반복되고 있다. '미래 이후 시대'를 살아가는 청년들에게 왜 교회는 외면받고 있을까? 왜 교회의 메시지는 할리우드 블록버스터 SF영화보다 문화적 영향력이 약할까? 디지털 네트워크로 연결되어 인공지능과 포스트휴먼을 궁리하는 우리 시대에 '인간'의 모습과 본성 자체가 바뀌었다. 이 변화한 인간의 모습을 우리는 다중온라인 접속게임에서 일견해 볼 수 있다. 소확행이나 욜로 혹은 궁셔리를 더하며, 기성세대와는 다른 삶의 길로 나아가는 젊은이들의 모습에는 이전 세대가 점철해 온 실패들이 축적되고 반영되었을 것이다. 문제는 우리 교회가 그런 실패를 타산지석 삼아 변화하기보다는 교회의 위기를 칼 슈미트 식의 친구·적 이분법으로 규정하고 세를 결집해 동원효과에 의존하여 교회 정체성을 모색하며 위기를 탈출하려는 꼼수에 몰두한다는 데 있다. 동성애 마녀사냥에 교회의 선교 역량을 결집하는 지금의 모습으로 우리는 교회를 떠난 청년세대의 마음을 결코 돌리지 못할 것이다.

김석호, 주윤정, 성연주, 김지애, 김은지, 이상규, 김홍중. "한국 청년세대의 꿈-자본 측정", 「문화와 사회」, 24권 (2017년): 289-331.

박일준. "인권에서 존재역량으로: 가소성을 통해 성찰하는 공-산의 의미와 카트린느 말라부의 파괴적 가소성에 대한 종교철학적 성찰", 「종교연구」, 81권 2호 (2021년): 315-350.

베라르디, 프랑코 '비포'(Berardi, Franco 'Bifo'). 『미래 이후』(After the Future), 강서진 역 (난장, 2013).

부종욱, 이상엽, 이휘웅. "청년세대의 꿈: 다시 꿈을 꿈꾸기", 「한국사회학회 '꿈과 희망의 사회학' 심포지움 자료집」(2017), 287-300.

정우영, 조하영, 김석호. "무엇이 청년의 꿈을 가르는가: 부모의 사회경제적 지위와 본인의 역량에 따른 꿈의 내용 차이", 「조사연구」, 23권 1호 (2022년 2월): 107-330. DOI: http://dx.doi.org/10.20997/SR.23.1.4.

조귀동. 『세습 중산층 사회: 90년대생이 경험하는 불평등은 어떻게 다른가』 (서울: 생각의힘, 2020).

포스트코로나와 목회연구학회. 『비대면 시대의 '새로운' 교회를 상상하다』 (서울: 대한기독교서회, 2020).

한국갤럽조사연구소. "한국인의 종교 1984-2021 (1) 종교현황", 〈갤럽리포트〉 2021.04.07. https://www.gallup.co.kr/gallupdb/reportContent.asp?seqNo=1208.

한국리서치. "2021년 종교인구 현황", 〈여론 속의 여輿론論〉 2021.12.08. https://hrcopinion.co.kr/archives/20186.

Geraci, Robert. "가상세계들과 근대성의 신화들: 게임, 게이머, 온라인의 초월성", 「원광대학교 동북아시아인문사회연구소 제36차 콜로키움 강연원고」(2022.05.19).

04

MZ세대를 위한 피지털 교회

홍창현 • 장로회신학대학교 기독교윤리

교회 안 청년 소멸, MZ세대를 이해하라

"사회 전반에 영향을 미치는 트렌드는 모두 MZ세대에게서 나온다"고 한다. 그만큼 '요즘 젊은 세대'를 가리키는 'MZ세대'는 한국교회를 비롯한 정치, 경제, 사회, 문화 전반에 핵심적인 세대이자 주요한 주제다.[1] 1980년대에서부터 1990년대 중반에 태어난 밀레니얼 세대(Millennial Generation)의 M과, 1990년대 중반부터 2000년대 초반에

---

1) 대학내일20대연구소, 『밀레니얼-Z세대 트렌드 2021』 (서울: 위즈덤하우스, 2021), 1.

태어난 세대를 가리키는 Z세대(Generation Z)의 Z를 붙여 만든 이름을 이제 어디에서든 흔히 보고 듣는다. 한 세대를 특정 그룹으로 묶어 정의하고 일반화하는 작업이 청년들에 대한 선입견을 만들고 세대 갈등을 부추긴다는 우려의 목소리도 있다. 그런 점에서 MZ세대는 넓은 의미에서 '우리와 같은 시대를 살아가는 한 세대'로서 하나의 개념으로 다 담아낼 수 없는 다양성과 차이를 지닌 존재임을 전제로 한다.

MZ세대의 논의는 그들이 디디고 살아가는 사희문화적 맥락에서 이야기해야 한다. 이 세대가 영위하는 영역은 기성세대가 이끌어가는 오프라인 세계도 아니고, 흔히 생각하는 디지털 세계만도 아니다. 이들은 현실과 가상을 넘나들며 이 둘 사이의 긴장과 통합, 경계 허물기와 얽힘 등 비선형적 모형으로 '피지털'(physital)이라는 새로운 세상을 구축한다.

피지털이라고 하는 세계 안에서 한국교회가 해야 할 MZ세대에 대한 공감과 이해를 모색해 보고자 한다. 더 나아가 코로나19 팬데믹을 거치며 '청년 소멸'이라는 교회가 당면한 문지를 극복하기 위한 성찰과 대안을 제시하고자 한다.

젊은이들의 새로운 세상, 피지털이 뭔가요?

피지털이란 오프라인(물리적 공간)을 의미하는 '피지컬'(physical)과 온라인을 뜻하는 '디지털'(digital)의 합성어다. 현실세계와 가상세계의 결합을 뜻하는 피지털은 주로 유통 산업(retail business)과 쇼핑 등 마케팅과 경제 영역에서 사용된다. 온라인과 오프라인의 각 장점을 유기적으로 결합하여 편의성이 극대화된 소비문화를 제공하는 것을 가리켜 피지털 서비스, 피지털 마케팅이라고 한다.

코로나19로 인해 나타난 사회적 거리두기는 비대면 문화를 만들었다. IT 기술의 발달은 사람 간 물리적 접촉 없이 생활할 수 있는 온라인 소통, 교육, 쇼핑 등 우리 생활 전반에 비대면 문화를 더욱 강화하도록 이끌었다. 이러한 현상은 오프라인을 기반으로 두고 있는 산업에 큰 타격을 주었고 온라인과의 결합을 통한 새로운 돌파구를 찾도록 만들었다. 다시 말해, 실제 물건을 직접 보고 만져볼 수 있다는 오프라인 공간만의 장점과 기술을 이용한 온라인의 편의성, 신속성을 접목시켜 소비자로 하여금 오프라인 매장으로 찾아오게 할 유인책을 만들었다. 우리 실생활에서 쉽게 볼 수 있는 QR코드나 키오스크, 무인결제 시스템 등이 대표적으로 오프라인 공간에 온라인 기술을 도입한 사례다.

상품에 대한 정보수집과 구입, 결제, 배송 등 소비의 전 과정에 피지털을 적용하는 경우가 많아지고 있다. 2020년 론칭한 무인 슈퍼마

켓 아마존 고(Amazon Go)가 대표 사례다. 매장에서 물건을 들고 나오면 아마존에 미리 등록된 계좌로 결제되는 시스템이다. 또 스마트 카트인 아마존 대시 카트(Amazon Dash Cart)를 도입해 카트에 물건을 담으면 상품 정보가 자동으로 입력되어 카트 액정화면에 구매 품목과 가격을 확인할 수 있고 스마트 카트 전용 출구로 나가면 자동으로 계산된다. 최근 우리나라에도 이와 비슷한 두인 결제, 스마트 카트 시스템을 도입한 피지털 매장이 등장했다. 즐을 길게 선다든지 무거운 물건을 들고 있어야만 하는 오프라인 매장 이용의 불편함은 제거하고 기술을 활용한 온라인 쇼핑의 장점을 살린 피지털의 대표적인 사례다. 또 간접체험을 통해 소비 과정에 도움을 주는 증강현실(AR) 기술을 접목하는 것 역시 피지털 현상이 만든 문화다.

온라인과 오프라인의 경계를 넘나들며 둘 사이를 유기적으로 연결하는 피지털 현상은 비단 기업의 이익을 극대화하기 위한 경제 전략, 개념에만 국한된 것은 아니다. 피지털은 디지털 세상을 살아가지만 여전히 현실세계가 제공하는 경험과 체험, 소통에 갈망하는 인간 본연의 관심에 주목하도록 만든다. 특히 MZ세대로 불리는 청년들이야말로 이 피지털 세상 속에서 현실과 가상의 경계를 넘나들며 기성세대와는 전혀 다른 세상에서 살아간다. 그런 점에서 이 피지털 개념은 MZ세대를 둘러싼 세계와 그들의 존재론적 뿌리를 이해하고 독해해 낼 수 있는 사회문화적 언어, 문법이 된다.

그렇다면, MZ세대가 살아가는 피지털 세상은 어떤 특징이 있을까?

오프라인도 온라인도 아닌 피지털 세상의 피지털리티

물질과 비물질, 현실세계와 가상세계가 서로를 넘나들며 때로는 충돌하고 상호 간 긴밀한 결합과 얽힘 등 다양한 작용을 통해 구성되는 현실을 가리켜 '피지털 리얼리티'(physital reality), 혹은 두 단어를 합쳐 '피지털리티'(physitality)라고 한다. 두 영역(세계)이 상호 영향을 미치며 새로운 세계를 구축하는 피지털리티에서는 현실세계보다 가상세계가 더 많은 영향력을 끼치는 특징을 보이기도 한다. 다시 말해, 가상세계의 디지털 문법이 현실세계를 압도하거나 붕괴시키면서 피지털이라는 새로운 세계 질서를 재편한다.[2]

특히 이 피지털 개념이 마케팅과 경영, 경제 등 자본주의, 소비주의 담론 가운데 활발하게 논의되는 점을 주목할 필요가 있다. 피지털리티 안에서는 디지털 기술을 기반으로 하는 알고리즘, 빅데이터와 같은 비물질 기술이 물질계에 새로운 자본의 흐름을 구성한다. 이러한 상황은 온라인과 오프라인을 넘나들며 끊임없이 소비하도록 자극하는 구조를 양산하고, 사람들의 판단과 결정, 흥미와 관심 등 인지적이고 감정적인 모든 영역을 통제, 포섭하려는 경향을 보인다. 이러한 현상을 가리켜 '의식 포섭'(mental subsumption), '심리 권력'(psychopower)'이라고 정의하기도 한다.[3]

---

[2] 이광석, 『디지털의 배신: 플랫폼 자본주의와 테크놀로지의 유혹』 (서울: 인물과사상사, 2020), 21-22.
[3] 이광석, 『피지털 커먼즈: 플랫폼 인클로저에 맞서는 기술생태 공통장』 (서울: 갈무리,

현실세계와 가상세계의 긴장과 연속성을 통해 이 둘의 공존이 가능한 피지털리티 세상에서 실재계(界)는 더 이상 기존의 현실계(界)가 아니다. 현실세계를 살지만 동시에 가상세계를 살아가는 '역설적 세계'가 된다.[4] 이처럼 두 세계의 구분이 모호하고 현상적으로나 존재론적, 실천적으로 서로 비슷한 위치에 자리 잡은 피지털리티는 크게 3가지 특징을 통해 역설적 세계를 구축한다.

(1) 비경계성

현실과 가상의 각 영역이 존재하지만 물질과 기술(데이터) 영역이 혼재하는 과정에서 경계 개념이 불분명해지는 비경계성의 특징을 지닌다. 피지털리티 안에서는 어디서부터 어디까지가 현실세계이고 가상세계인지에 대한 구분이 어려울뿐더러, 이러한 구분이 의미가 없어진다. 피지털리티는 근대 철학의 이원론적 관점으로 경계 구분을 통한 파악을 거부하고 끊임없이 서로의 경계를 침투하며 불안정성 속에서 피지털 세계를 형성하고 확장해 나간다. 예를 들어, 현대인들의 신체 일부와 같은 핸드폰, 컴퓨터, 태블릿 등 IT 기기를 통해 현실세계에 있지만 동시에 가상세계를 경험하며 두 세계를 살아간다. 또 메타버스(metaverse), 제페토(ZEPETO), 로블록스(Roblox)와 같은 증강현실(augmented reality, AR), 가상현실(virtual reality, VR), 3D 기술을 접목한 플랫폼에서는 현실보다 더 현실 같은 가상을 기술로 구현

2021), 45; 53.
4) 김동환, "메타버스 시대, 그 신학적 과제와 응답", 「제15회 바른신학 균형목회 세미나 자료집: 메타버스 시대의 목회, 그 위기와 기회」 (2022), 29.

해 가상과 현실의 세계를 같은 층위에서 맞닿을 수 있게 한다. 이처럼 두 영역이 서로 횡단하며 상호 영향을 주고받는 과정 가운데 피지털은 각각의 경계에 균열을 일으킨다.

(2) 혼종성

피지털은 그 이름에 나타난 바와 같이 오프라인과 디지털의 만남으로 이루어진 혼종성을 바탕에 두고 있다. 구체적으로 이 세계는 시간적, 물리적(공간적) 혼종성의 특징을 지닌다. 피지털은 물질계가 지닌 시간과 공간의 제한성을 과학 기술을 통한 가상세계와의 접목으로 과거와 현재, 미래를 한번에 담아내기도 한다. 또 신체성의 물리적 한계를 넘어 현실계에서도 여러 공간에 존재할 수 있게 한다. 특히 VR 기술의 발달로 피지털리티에서 시간적, 물리적 혼종성은 더욱 강화된다. 일례로 MBC 프로그램 〈VR휴먼다큐멘터리-너를 만났다〉에서 가족의 품을 먼저 떠난 사람들을 VR 기술로 만나는 모습을 방영하였다. 기술을 이용해 사별한 사람들과 함께 시간을 보냈던 추억의 장소로 이동하기도 하고, 그 사람의 얼굴 표정과 몸동작, 목소리를 재현해 실제 옆에 있는 것처럼 느껴지게 하였다. 시간과 공간, 물리적 혼종성의 특징은 피지털 세계 안에서 시공간을 연결하고 오프라인과 온라인 모두를 역동적으로 움직이게 만들어 자신을 확장해 나간다.

(3) 상호 관계성

물질계와 가상계가 단순히 만난다고 해서 피지털이 생기진 않는다. 상호 관계성의 과정을 통해 형성된다. 다시 말해, 피지털은 각각의 영역이 변하지 않은 채 자신의 고유한 특성을 고수하는 것이 아니라 서로가 서로에게 관여하고 의존하며 자기 본질을 바꾸는 화학적 반응 가운데서 나타난다. 그래서 더 이상 오프라인은 이전의 오프라인이 아니고 온라인은 이전의 온라인이 아닌 상태가 된다. 피지털은 두 세계가 만나고 헤어지는 긴장과 해체, 혼합이 나타난다. 또 스스로를 분해하고 연장하는 상호 얽힘의 과정을 통해 근대 철학의 이원론적 세계관으로 다 담아낼 수 없는 새로운 세계관을 요청한다. 이처럼 피지털은 물질계와 가상계의 상호 관계성을 통해 기존 전통적 세계의 정의를 수정하며 오프라인도 아니고 그렇다고 온라인도 아닌 제3의 세계로서 자신의 좌표를 정립해 나간다.

자유와 가치, 스마트함을 위해
피지털 세상으로 들어가는 MZ

실재와 가상이 서로 연결되고 결합하여 전혀 다른 방식의 현실이 나타나는 피지털 세상에서 MZ세대라 불리는 청년들은 자기 정체성을 재발견하며 이 세계를 주도해 나간다. 앞서 나눈 피지털 세상의 세 가지 특성은 MZ세대가 지닌 특징을 잘 대변한다. 그렇다면, 피지털 세상을 사는 MZ세대는 어떠한 특징을 가지고 있을까?

(1) 디지털 네이티브: 주체와 기술의 비경계성

MZ세대의 특징을 잘 표현하는 단어 중에 '디지털 네이티브'(Digital Native)가 있다. 디지털 네이티브란 디지털 원주민이라는 뜻으로, 인터넷과 스마트폰, 태블릿 등 어린 시절부터 IT 기기와 인터넷에 익숙한 환경에서 자라 자유자재로 디지털 언어를 사용하는 세대다. 이들에게 인간과 비인간(기술) 사이에 경계는 따로 없으며 물아일체적 성향을 보인다. 2018년 캠브리지 사전에서 올해의 단어로 '노모포비아'(Nomophobia, No mobile Phone Phobia)를 선정하였다.[5] 핸드폰 없이 살 수 없는 MZ세대의 특징을 담은 단어로, 이 세대는 온라인과 오프라인의 경계를 넘나들며 하나의 세계로 통합한다. 이처럼 MZ세대는 물질계와 가상계의 경계가 사라진 피지털 세상에서 자기 주체성을 역동적으로 정립해 나간다. 소셜 미디어에서 댓글과 좋아요 등은 타자와의 소통, 인정 욕구를 실현하는 출구가 되기도 하고, 콘텐츠를 제작, 편집하여 유튜브 플랫폼에서 공유하며 온라인과 오프라인의 경계가 부식된 지점에서 자기 주체성을 설정한다. 이렇게 MZ세대는 피지털이라고 하는 결정 불가능한 곳에서 "어느 하나에 스스로를 고정시키지 않는 존재"로서의 기관 없는 신체, 비인칭적 특성을 지닌다.[6]

---

5) Olivia Petter, "'Nomophobia' crowned word of 2018, but what does it mean?", *Independent* 2018.12.31. https://www.independent.co.uk/life-style/nomphobia-word-of-the-year-2018-cambridge-dictionary-smartphone-anxiety-a8705106.html.
6) 지승학, "Z세대를 위한 주체성 담론 고찰", 「영상문화」, 33권 (2018년): 144-145.

(2) 두 얼굴의 세대: 혼종적 정체성

MZ세대는 서로 상충되어 보이는 두 세계(관)와 가치를 결합하여 혼종적 정체성을 형성하는 특징을 지닌다. 가령, 온라인 세계 안에서의 편리와 소통을 추구하면서도 여전히 물리적 만남과 대화에 기반한 오프라인 모임, 관계에도 관심을 보이는 경향을 띤다.『같이 있고 싶다가도 혼자 있고 싶어』라는 책 제목처럼 MZ세대는 온라인과 오프라인, 공동체와 개인의 두 영역이 중첩되는 그 어느 지점에서 자기 정체성을 발견한다.

특히 사적인 영역과 공적인 영역을 아우르는 그들의 소비방식은 혼종적 존재로서의 특징을 잘 담아낸다. 회사나 단체 생활에서 다수를 위한다는 명목으로 희생을 강요하는 전체주의적 사고방식에 강한 거부 반응을 일으키는 MZ세대는 때로는 기성세대의 관점에서 보면 이기적이고 왜곡된 개인주의적 태도를 지닌 세대로 판단된다. 그러나 MZ세대는 자신이 생각하는 가치와 의미에 부합하는 일이라면 물질과 에너지를 투자하는 일에 그 어느 세대보다 강한 에너지를 지녔다. 구체적으로 이러한 현상을 가리키는 정의가 몇 가지 있는데, 우선 합리적 소비, 공정 무역 등 환경과 인권을 존중하는 소위 착한 기업의 상품을 구매하는 MZ 소비자를 '스마트 컨슈머'(smart consumer)라고 한다. 스마트 컨슈머의 소비를 재미있는 표현으로는 '돈'과 '혼쭐내다'를 합쳐 '돈쭐내다'라고 한다. 비슷한 맥락에서 MZ세대는 소비를 단순히 사적인 행위만이 아닌 사회적 가치와 신념을 표출하는 통로로도 사용하는데, 이를 가리켜 '미닝 아웃'(meaning out)

이라고 한다. 착한 소비를 넘어 가치 소비를 하는 MZ세대의 행동 양식을 나타내는 단어들이다. 이들 세대는 때로 모순되어 보이거나 갈등 관계로 보이는 가치, 세계와 결합하여 자기 정체성을 구성하는 혼종적인 특징을 가진다.

(3) '접속'을 넘어 '접촉'으로: 경험 중심 관계성

피지털이 온라인과 오프라인의 상호 관계성에 바탕에 두고 형성된 세계라고 할 때, 피지털리티 안에서 MZ세대는 경험을 매개 삼아 두 영역을 연결, 통합하는 특징을 지닌다. 이 세대는 온라인 공간에서의 '접속'을 넘어 오프라인에서의 '접촉'을 기반한 경험, 체험을 공유하고 싶어 한다.

앞서 언급한 대로 피지털 담론은 주로 마케팅과 쇼핑, 리테일과 관련된 영역에서 이뤄진다. 그런데 이 피지털 마케팅, 피지털 경제가 작동 가능하도록 하는 주요한 원인에 MZ세대의 '경험 중심 관계성'이 있다. 이들은 단순히 편의성에 따라 온라인 공간에서 물품을 구매하고 상품 정보를 파악하는 것을 넘어 오프라인 공간 안에서도 상품의 스토리텔링을 공유하고 브랜드 가치를 소비하기 원한다. 예를 들어 VR을 활용해 옷을 입어 보기도 하고 온라인으로 검색해 둔 가구를 직접 만져보고 체험하며 그 회사의 철학을 공유하는 공간으로서 오프라인 매장을 활용하기도 한다. 결제는 온라인 쇼핑몰과 연계된 사이트 또는 QR코드를 통해 결제한다. 이처럼 MZ세대는 온라인과 오프라인의 상호 관계성 속에서 경험 경제, 유기적 소비 경험을 통해 피지털 세상을 살아간다.

빠르게 지형을 넓혀가는 피지털 세상 그 속에서 한국교회는….

피지털 세상에 공존하는 한국교회는 피지털이 작동하는 방식을 따라가지 못할뿐더러 오히려 전통이라는 이름으로 과거의 방식을 고수하는 형국이다. 예를 들어, 여전히 근대적인 남성 중심, 중직자 중심의 의사구조, 배타주의적인 교회 운영 방식, 다양한 담론을 포용하기 어려운 획일화된 의결 과정 등은 청년이 머물기 어려운 교회 내 사회문화적 배경이다.

코로나19 팬데믹을 거치며 교회마다 각자 물적, 인적 자원을 활용해 실시간 온라인 예배를 송출하고, 청년의 관심을 모을 다양한 콘텐츠를 제공하면서 비대면에 익숙한 젊은 세대가 많이 참여할 것으로 기대했다. 그러나 교회의 기성 지도자들이 기대하는 바와 달리 청년의 참여는 저조했다.[7] 오프라인에서 온라인으로 형식만 바뀌었지 그 내용을 전달하는 방식은 여전히 일방향적이고 주입식의 비참여적 소통이었다.

피지털 시대에 디지털 기술을 활용한 온·오프라인 혼합 예배와

---

7) 이민형, "코로나19 상황에서의 한국 개신교 신앙 지형 연구", 『코로나19 뉴노멀시대, 교회의 변화와 대응』 (스토리zip, 2021), 55.

사역도 중요하다. 그러나 더 본질적으로 기술이라는 그릇에 담을 내용을 MZ세대와 소통 가능한 언어와 문법으로 구성하였는지 점검이 필요하다. MZ세대를 지나치게 교회의 일방적인 교육과 가르침의 대상으로 취급하거나 교회가 주도하는 의사 결정에 수동적 객체가 아닌, 그들 스스로가 교회를 구성하고 이끌어가는 운영과 사역의 주체로서 참여 가능한 제도와 기회를 마련하는 일이 급선무다.

앞서 언급한 피지털 세상과 MZ세대가 함께 공유하고 있는 세 가지 특징(비경계성, 혼종성, 상호 관계성)을 기준으로 삼아 한국교회의 어려움을 진단, 분석하면 이를 극복할 수 있는 대안을 모색할 수 있을 것이다.

(1) 권위주의

2021년 1월 시행된 '코로나 시대, 기독 청년들의 신앙생활 탐구' 조사에 따르면, 자기 교회에 불만족하다는 청년에게 그 이유를 물었더니 "교회 지도자들의 권위주의적인 태도"라고 답한 비율이 34.9%로 1순위였다.[8] 2022년 9월에 발표한 〈국민일보〉 설문 조사에서도 성도에게 현재 한국교회의 모습을 표현하는 단어를 꼽으라고 하자 56.6%가 "권위적"이라는 단어를 꼽았다.[9] 같은 조사에서 만 19~34세에 해당하는 청년 세대에게 현재 출석하는 교회를 떠나 다

---

8) 실천신학대학원대학교 21세기교회연구소, 목회데이터연구소, "코로나 시대, 기독 청년들의 신앙생활 탐구",「2021 기독 청년의 신앙과 교회 인식 조사 세미나」(2022), 26.
9) 우성규, "현재 모습, 권위적·보수적…간극 좁힐 실천 나서야", 〈국민일보〉 2022.09.07. https://www.themission.co.kr/news/articleView.html?idxno=56919.

른 교회로 옮길 의향을 묻는 질문에 38.4%가 "옮길 의향이 있다"고 대답해 다른 연령층에 비해 높게 나왔다. 그 이유로는 "권위주의적이고 비민주적이어서"(25.4%)라는 대답이 두 번째로 높게 나왔다. 권위주의적이고 비민주적인 교회의 특징이 MZ세대들로 교회를 떠나게 하는 주요한 이유가 됨을 보여 준다. 현실과 가상을 넘나들며 그 경계선이 흐려진 피지털리티의 삶에 익숙한 청년들에게 교회는 여전히 전통과 질서를 이어나간다는 명분으로 권위적인 경계선을 그어 놓고 일정 영역 안으로는 넘어올 수 없게 하는 제한적, 폐쇄적 형태의 운영집단으로 비춰진다는 반증이기도 하다.

(2) 획일성

온라인과 오프라인의 경계가 사라진 중첩된 공간 어딘가에서 혼종적 정체성을 형성하는 MZ세대에게 한국교회는 이들의 다양한 현실적 고민과 어려움을 담아내기에 역부족해 보인다. 교회 안 크고 작은 사안과 말씀(설교)에 균질화된 의견과 반응을 강요하는 문화는 MZ세대를 '믿음 없는 사람들', '헌신은 하지 않으면서 불평과 불만만 늘어놓는 사람들'로 치부해 버린다. 획일화된 방식으로 복음이라는 큰 담론 안에 거칠게 그들의 복잡다단한 층위를 일원화시키는 과정은 청년들의 주체성을 포획하여 교회 주체성 안으로 동화하고 환원하려는, 일종의 청년 주체에 대한 억압과 폭력이다. MZ세대는 SNS을 비롯한 자신이 속한 집단에서 소신을 거리낌 없이 개진하고 작은 일에서도 의미를 발견하고자 하는 특징을 지닌다. 이런 세대들이 의견을 낼 수도 없고, 또 낸다고 하더라도 들어주지도 않는 집단에서 자신들이 생각하는 가치와 의미를 발견하기란 어렵다.

(3) 단절성

MZ세대가 디지털 세계에서만 머무르지 않고 오프라인에서도 이 둘의 유기적 연결성을 구축해 나가는 이유로는 온라인의 편의성만으로는 다 담아낼 수 없는 물리적 체험과 경험을 지향하기 때문이다. MZ세대를 움직이게 하는 동력은 엄밀히 말해 디지털 자체가 아니라 상호 관계성을 통한 소통, 참여 가능성이다.[10] 소통하고 참여할 수 있는 공간이라면 그곳이 온라인이든, 오프라인이든 MZ세대는 크게 상관하지 않는다.

참여 지향적인 MZ세대의 관점으로 볼 때, 한국교회는 여전히 단절적인 공간이다. 실제로 교회의 행정이나 운영, 사역의 의사결정 과정에서 여성과 청년이 참여하는 비율은 저조하다. 구조적으로 교회 제직회나 당회 등에서 청년은 나이에 의해 제외되기도 하고, 특정 교단에서는 성별에 의해서 배제되기도 한다. 상위 조직인 교단 총회에서도 총대 구성 대부분이 60대 남성 중심인 현실은 교회의 사역과 비전에 청년들의 의견이 반영될 여지가 없어 보인다.

MZ세대와 교회의 단절성은 교회 내부적인 사안들에서뿐만 아니라 교회 외부적인 관계에서도 나타난다. 여전히 이분법적 사고로 성

---

10) 정재영, "MZ 세대의 특징과 교회 의사 결정 구조의 변화", 「목회와 신학」, 392권 (2022년 2월): 66.

(聖)과 속(俗)을 구분하는 교회 지도자들의 태도와 시대 흐름을 반영하지 못하는 설교는 청년이 세상에서 그리스도인으로 살아가는 데 어려움을 준다. 무한 경쟁과 불공정한 기회 결핍에 민감한 MZ세대에게 실제적인 신앙지도를 하지 못하는 현실은 그들로 교회를 떠나게 하는 원인이 된다.

교회를 떠나 다시 교회로
청년들을 끌어당길 피지털 교회의 모습

코로나19 팬데믹을 지나며 현장 예배 참여가 어려워지자 한국교회는 성도 수 감소, 교회 재정의 어려움 등 생존 자체를 고민해야 하는 상황을 맞이하였다. 그중에서도 MZ세대의 신앙 약화, 탈교회 현상이 더욱 두드러지게 나타나 한국교회 미래의 어두운 단면을 보여주었다.[11] 이러한 현상을 사회문화적 환경의 변화와 코로나라고 하는 예상치 못한 외부적 요인으로 인한 작용으로 분석할 수도 있지만, 근본적으로는 교회가 MZ세대에 대한 적절한 응답과 대처에 미흡했던 점이라고 판단해야 할 것이다.

한국교회는 교회를 떠난 청년들을 믿음을 버리고 세상으로 나간 '탕자'로 여길 것이 아니라 오히려 그들의 상태를 교회를 교회 되게

---

11) 목회데이터연구소, "2021년 상반기 한국 교회 코로나19 추적 조사", 「넘버즈」, 146권 (2022년): 5.

하는 예언자적인 음성으로 받아들여야 한다. 특히 피지털 세상이라는 사회문화적 맥락 안에 MZ세대와 한국교회 모두 공존하고 있는 점을 생각해 볼 때, 교회는 스스로 권위주의적인 자세를 벗어나 투명하고 개방적인 조직으로 쇄신하고 다양성을 존중하는 문화에서 세상과 단절이 아닌 열린 소통을 지향해야 한다. 더 나아가 피지털 세상에서의 핵심은 디지털 세계 자체보다 현실세계에서만 제공 가능한 경험, 참여에 있음을 한국교회는 주목할 필요가 있다. 아무리 인터넷, 과학 기술이 발달해도 종교만이 제공할 수 있는 공동체성, 영성, 영적 경험과 신비적 요소들이 있다.

진정한 소통과 참여를 원하는 MZ세대의 필요에 응답하고, 교회의 본질적 요소에 집중하여 온라인과 오프라인을 아우르는 옴니 채널(omni-channel)을 구축하는 일은 피지털 시대의 새로운 목회 전략으로서 한국교회가 선회해야 할 방향이다. 교회를 떠나 다시 교회로 돌아올 수 있게 하는 피지털 교회로서의 매력적인 변화가 필요한 때다.

reference

김동환. "메타버스 시대, 그 신학적 과제와 응답", 「제15회 바른신학균형목회 세미나 자료집: 메타버스 시대의 목회, 그 위기와 기회」 (2022), 21-38.

대학내일20대연구소. 『밀레니얼-Z세대 트렌드 2021』 (서울: 위즈덤하우스, 2021).

목회데이터연구소. "2021년 상반기 한국 교회 코로나19 추적 조사", 「넘버즈」, 146권 (2022년): 1-21.

실천신학대학원대학교 21세기교회연구소, 목회데이터연구소. "코로나 시대, 기독 청년들의 신앙생활 탐구", 「2021 기독 청년의 신앙과 교회 인식 조사 세미나」 (2022).

우성규. "현재모습, 권위적·보수적…간극 좁힐 실천 나서야", 〈국민일보〉 2022.09.07. https://www.themission.co.kr/news/articleView.html?idxno=56919.

이광석. 『디지털의 배신: 플랫폼 자본주의와 테크놀로지의 유혹』 (서울: 인물과사상사, 2020).

이광석. 『피지털 커먼즈: 플랫폼 인클로저에 맞서는 기술생태 공통장』 (서울: 갈무리, 2021).

이민형. "코로나19 상황에서의 한국 개신교 신앙 지형 연구", 『코로나19 뉴노멀시대, 교회의 변화와 대응』 (스토리zip, 2021).

정재영. "MZ 세대의 특징과 교회 의사 결정 구조의 변화", 「목회와 신학」, 392권 (2022년 2월): 64-67.

지승학. "Z세대를 위한 주체성 담론 고찰", 「영상문화」, 33권 (2018년): 127-148.

Petter, Olivia. "'Nomophobia' crowned word of 2018, but what does it mean?", *Independent* 2018.12.31. https://www.independent.co.uk/life-style/nomphobia-word-of-the-year-2018-cambridge-dictionary-smartphone-anxiety-a8705106.html.

05

좀 노는 청년들의 놀이터로서 교회

윤영훈・성결대학교 문화신학

'워라벨' 시대, 즐거움을 찾는 젊은이들

일과 개인적 삶의 밸런스를 중시하는 '워라벨'(work and life balance) 시대, 한국사회는 많은 변화를 맞이하고 있다. 앞선 산업화 세대와는 달리 요즈음 청년들에게 필요와 재미의 균형 가운데 즐거움은 여흥을 넘어 삶의 절대적 가치가 되었다. 한국인들은 열심히 일하고 근검절약하는 생활방식을 토대로 경제 성장을 이루었다. 한국교회는 지독한 가난으로부터 해방시킬 축복과 부흥의 수사를 제공해왔다. 신앙의 모범으로 제자 '훈련', 전도, 봉사를 통한 '사역'을 강조해 왔고 이로써 급속한 성장을 이뤄냈다. 즉 한국교회는 국가적 산업화의 동반자로 정서적 공유를 이어온 것이다. 더 나아가 청교도적 가치는 개인의 욕망이나 유희 자체를 부정적으로 해석하여 놀이와 신앙을 상반된 가치로 인식하였다. '훈련'과 '사역,' 이 두 단어가 오늘날 치열한 경쟁사회에서 얼마나 살벌한 용어인지 심각하게 돌아볼 필요가 있다. 우리 시대 신학과 교회 활동의 재구성이 필요하다.

그 많던 청년은 다 어디로 갔을까? 이 질문을 들으면 우리는 청년이 많던 그 시절의 교회를 떠올려 본다. 그때 한국교회는 분명 즐거웠다. 아직 대중문화의 활성화가 이루어지기 전 교회는 젊은이들에게 일종의 '핫한' 놀이터였다. 지금도 청년이 많은 기독교 공동체에서 즐거움은 매우 중요한 요인이다. 경건과 제자도, 훈련과 사역이라는 진지함을 넘어 교회에 생기를 불어 넣기 위해 놀이의 즐거움을 회복해야 한다. 하지만 산업화에 함몰되고 공동체성을 상실한 오늘의 오락과 놀이문화는 신학적으로, 문화적으로 문제점이 많다. 따라서 놀이에 대한 통전적 이해가 필수다. 교회 청년문화의 재구성과 활성화를 위한 '놀이'의 가치를 재발견해 보고자 한다.

놀이하는 인간, 호모 루덴스:
인문적 고찰

놀이는 수많은 오해와 편견을 받아 왔다. 이런 편견은 일상 언어에도 잘 드러난다. 박재필은 그의 저서 『즐거운 하나님』에서 '놀다'(play)에서 파생한 여러 단어에 주목했다. 노래, 노릇, 노리개, 놀음, 놀림, 놀보 같은 단어가 그 예다.[1] 긍정적인 의미도 있지만 영어 '플레이보이'라는 단어처럼 부정적 예가 더 많다. 또 다른 편견은 놀이가 아이들의 활동으로 이해된다는 것이다. '놀이터', '놀이방'이나 놀이 도구로서 '장난감' 같은 말은 어린이와 연관될 때 보다 자연스럽다. '노는 어린이'라고 할 때 떠오르는 천진한 이미지와는 달리 '노는 어른'에는 매우 부정적인 이미지가 따라붙는다.

놀이 연구의 선구적 작업은 네덜란드의 역사가 요한 하위징아(Johan Huizinga)의 저서 『호모 루덴스』[2]이다. 그는 이 책에서 생각하는 인간 '호모 사피엔스'와 도구적 인간 '호모 파비르'를 넘어 보다 더 근원적인 인간의 본성은 '놀이'에서 기인한다고 주장한다. 하위징아가 생각하는 놀이의 왜곡은 언제부터인가? 전통적인 농경사회에서는 노동과 놀이는 밀접하게 연결되어 있었다. 농사일이 바쁠수록 더 많은 축제가 열렸다. 산업사회 이전의 노동자들은 노동을 위해 살지 않았고 필요 이상의 노동을 할 이유도 없었기 때문이다. 그들은 삶

---

1) 박재필, 『즐거운 하나님』 (서울: 문화선교연구원, 2014), 41.
2) Johan Huizinga, *Homo Ludens* (Boston: Beacon, 1955).

의 유희가 더 중요하기에 필요한 만큼만 일했다.[3] 자본주의 사회는 모든 것이 사고파는 상품이며 사람들은 생존을 위해 노동력을 팔아야만 한다. 현대인은 노동으로써 희열보다 반복적인 작업 가운데 지루함과 피로를 더 많이 느낀다. 하지만 과거 노동의 즐거움은 흔한 일이었다. 육신의 노고를 달래주는 동료와 협동 그리고 노래가 있었다. 이런 미적인 측면이 소출과 생산 못지않은 노동의 가치였다.

산업사회는 육체 노동이 이윤을 창출하는 원천이다. 따라서 근면과 성실은 사회 유지를 위한 필수 덕목이 될 수밖에 없다. 막스 베버(Max Weber)는 이 금욕과 절제의 문화 기원을 프로테스탄트 정신에서 찾는다.[4] 칼빈주의는 자본주의 산업사회의 일상 가운데 성실한 노동이 인간 구원의 객관적 증명이며 게으른 삶은 신의 소명을 낭비하는 것이라고 생각하게 만들었다. 이로 인해 노동과 놀이는 분리되었고, 놀이의 주변화를 불러왔다. 이렇게 노동이란 새로운 신앙이 탄생하였다. 노동은 무엇보다 신성하며, 게으름은 용서받지 못할 죄악이 되었다.

또 1640년대 영국 의회를 장악한 청교도의 엄숙주의는 건포도파이 같은 달콤한 음식을 금했고, 1657년 법령으로 가정 내에서 춤추거나 성가 이외 노래를 부르거나 악기 연주하는 것을 금지하였다.[5] 주일에는 교회를 다녀오는 일 외에 어떤 오락행위도 정죄하며 축제의 휴일을 엄숙한 날로 바꾸었다. 여기에서 위르겐 몰트만(Jürgen

---

3) 한경애, 『놀이의 달인 호모 루덴스』 (서울: 그린비, 2007), 31.
4) 막스 베버, 『프로테스탄트 윤리와 자본주이 정신』, 박문재 역 (서울: 현대지성, 2018).
5) 한경애, 『놀이의 달인 호모 루덴스』, 39.

Moltmann)은 가톨릭 공로주의에 대항한 종교개혁의 '이신칭의' 유산의 역설을 지적한다. "처음엔 믿음으로만 의롭게 된다던 청교도 신앙은 사람들을 계속 일해야 하는 노동의 세계로 인도한 것이다."[6] 이는 한국교회 안에 끊임없는 훈련, 사역, 헌신으로 자기 신앙을 증명해야 한다는 오해로 이어진 게 사실이다. 일에 대한 교회의 미화는 다음 찬송에 잘 드러난다. "어둔 밤 쉬 되리니 네 직분 지켜서… 일할 때 일하면서 놀지 말아라."

축제만큼 직접적인 방식으로 즐거움을 제공하는 이벤트는 없다. 그 시간만큼은 어느 누구도 삶의 고통을 의식하지 않는다. 축제(festival)은 종교적 성일을 의미하는 라틴어 'festivalis'에서 유래했다. 즉 축제의 기원은 '근원의 시간을 회복하는' 종교 의례였다. 고대인들은 축제를 통해 태초의 신들의 창조행위와 태초 이전의 혼돈 모두를 재현했다. 그들은 거룩한 놀이인 축제를 통해 신과 결합할 수 있었다. 축제의 성격이 바뀐 것은 19세기에 들어서였다. 산업혁명의 영향으로 축제의 주체는 민중에서 부르주아로 이전되었다. '교양'을 자기들의 이데올로기로 삼았던 부르주아는 민중 축제의 무질서와 천박함에 거부감을 가졌다. 또 1823년 독일 쾰른(Köln)에서 '축제규정위원회'가 결성된 후 이와 유사한 단체들이 우후죽순 생겨나고, 축제는 민중의 자발적인 참여를 통한 마을 공동체의 행사가 아닌 지방권력과 산업체와 연계되기 시작했다. 이후 축제는 다양했던 의

---

6) Jürgen Moltmann, *Theology of Play* (New York: Harper and Row, 1972), 10-11.

미를 상실하고 거대한 산업으로 우리 일상을 지배한다.[7]

엔터테인먼트 산업이 보여 주는 삶의 방식과 유행은 감각을 자극하고 욕망을 일깨운다. 이는 고스란히 노동에의 욕망으로 이어진다. 매체가 자극하는 욕망을 채우려면 돈을 벌어야 하기 때문이다. 요즈음 젊은이들은 일하기도 힘들지만 놀기는 더 비참하기에 취직을 목표 삼아 창의적 배움이 아닌 학습노동에 매달린다. 기업가 헨리 포드(Henry Ford)가 영리하게 제안했듯이, 사람을 착실한 노동자로 만드는 가장 좋은 방법은 그들을 탐욕스러운 소비자로 만드는 것이다. "열심히 일한 당신 맘껏 놀라!" 현대사회는 놀이가 부족하지 않다. 놀이 과잉 사회다. 호모 파베르를 위한 놀이산업은 밤거리 술집을 채우는 근로자와 PC방의 학생들, 놀이공원과 패밀리 레스토랑을 찾는 가족들을 불러 모은다. 이처럼 돈 없이 놀기 어려운 삶은 진정한 놀이라 할 수 없다. 그 자체로 일상의 리듬을 타며 함께 즐기던 공동체적 놀이는 자극에 밀려 사라지고 말았다.

1990년대 이후 경제적 성장과 함께 한국사회는 다양한 문화 산업과 레저 열풍이 일었고 교회는 이를 심각한 위기로 받아들였다. 당시 교회는 세속 문화 속 악한 영향에 대응하여 신학적 보호 장치를 강화하고, 성도들이 세속 놀이에 빠지는 것을 철저히 경계했다. 세속 놀이 문화에 대한 경계와 함께 교회는 다양한 문화 프로그램을 개발하며 성도들의 이탈과 일탈을 막고자 노력하였다. 이렇게 개발된 교회 문화는 실상 자연스런 놀이가 아닌 산업화된 이벤트 프로

---

7) 박민영, 『즐거움의 가치사전』(서울: 청년사, 2007), 223-227.

그램의 조악한 모방을 벗어나지 못했다. 하지만 오늘날 거대 자본을 바탕으로 끊임없이 생산되는 세속 문화에 신학적 보호 장벽은 힘없이 무너질 수밖에 없었다. 오히려 이런 행사들을 준비하기 위해 교역자와 성도들이 지속적으로 일을 해야 하는 역설에 빠지고 만다. 이런 행사의 근저에 순수한 즐거움이 아니라, 교회성장 곧 호모 파베르의 속성인 '생산성'을 목표로 한다면 교회 놀이문화가 점차 식상해지는 일은 자명하다.

즐기는 것이 놀이의 본질은 아니다. 하위징아는 놀이의 성격에 가장 중요한 요소를 '자발성'이라고 말한다. 우리가 가장 열중하는 순간은 그것이 정말로 즐거울 때다. 순수한 즐거움으로 하는 활동이란 의미에서 놀이는 단순한 빈둥거림이 아니라 가장 지적이며 능동적인 활동이다. 하위징아는 놀이의 이런 진지한 성격을 간파하고 있다. 이런 의미에서 놀이는 창의성의 원천이다. 하위징아는 인간의 의례와 종교, 문학과 예술, 지혜와 철학 그리고 전쟁의 규칙까지 인간의 문화가 애초에 놀면서 만들어진다고 보았다.[8] 그는 놀이에서 노동을 뛰어넘는 문화의 원리를 발견한다.

무엇보다 놀이는 공동체를 만드는 가장 근사한 방식이다. 신과 함께, 자연과 함께, 또 이웃과 함께 노는 것은 늘 새로운 관계를 만들어내고 기존의 관계를 깊어지게 한다. 혼자 노는 사람일지라도 그들에게 놀이는 '나' 아닌 데에 공감하는 그 순간을 즐기는 것이다.[9] 원

---

8) Johan Huizinga, *Ibid*., 75; 173.
9) 한경애, 『놀이의 달인 호모 루덴스』, 109.

시적 계절 축제는 무리 지어 춤추고 노래하는 공동체적 놀이이며, 구성원의 일체감을 강렬하게 느낄 수 있는 시공간을 제공한다. 강강술래나 줄다리기 같은 집단 놀이에 참여하며 그들의 신체는 리듬에 맞추어 하나의 움직임에 동화된다. 그 순간 내가 아니라 우리로 존재하는 집합적인 몸을 만드는 새로운 경험을 하는 것이다.

놀이하는 하나님, 데우스 루덴스:
신학적 고찰

오늘날 기독교의 신학담론과 신앙언어는 대부분 종교개혁과 산업화 이후 형성되었다. 이때 하나님에 대한 일반적인 이해는 창조와 구원을 위해 "졸지도 아니하시고 주무시지도 아니하시리로다"(시편 121:4) 함과 같이 일하시는 분이시다. 하나님의 형상인 인간 역시 그분의 일하심을 본받는 것이 마땅하다고 여겼다. 호모 루덴스로 인간의 속성을 재편성한다면, 놀이는 하나님에 대한 우리의 믿음을 표출하는 태도에도 반영될 수 있다. 노는 것이 죄와 나태가 아닌 하나님의 은총이다. 위르겐 몰트만은 자신의 저서 『Theology of Play』(놀이의 신학-옮긴이 주)에서 지금까지 신학의 강조점이 주로 '윤리적 요청'(ethical claims)에 있었지만, 이제는 '미학적 환희'(aesthetic joy)를 더 강조해야 한다고 주장한다.[10] 즉 하나님에 대한 우리 예배의 궁극은

---

10) Moltmann, *Theology of Play*, 2; 23-24.

그분의 능력과 행위에 반응적 태도를 넘어 하나님의 임재 안에 그분의 아름다움을 바라보는 신비일 것이다.

놀이하는 하나님에 대한 통찰은 종교적 경험과 실천의 중심을 일에서 놀이로 전환시킨다. 그렇게 할 때 우리가 종교행위를 하는 이유에 '그래야만 해서'가 아니라 '그렇게 하고 싶기 때문'이라는 역동성을 부여할 수 있다. 구약성서에는 세계가 하나님과 인간의 놀이터이며, 지혜가 하나님 앞에 기쁘게 즐거워한다(잠언 8:30-31)는 역동적 표현이 자주 등장한다. 하나님 앞에서 인간은 꿈꾸는 자가 되어 황홀해지며(시편 126편), 하나님의 도성에는 노래와 웃음소리가 들리게 될 것(예레미야 30:19)과 "소년과 소녀들이 가득하여 거기에서 뛰놀"게 될 것(스가랴 8:5) 선포한다. 이사야가 꿈꾼 "새 하늘과 새 땅"의 비전엔 이리가 어린 양이 송아지와 사자가 함께 놀고, 사자가 풀을 먹는 이상한 광경이 펼쳐진다. 그곳에선 모든 상극적 관계가 함께 뒹굴며 놀게 하는 신령한 영으로 충만하며 여호와의 영광이 된다(이사야 11:6-9).

비록 인간의 죄성과 타락에도 하나님의 구원 역사는 하나님 백성들이 기쁨의 놀이로 충만해지고 주의 영광을 보게 할 것이다. 거기서 진정한 삶의 해방감을 경험하게 된다. 몰트만은 놀이와 종교적인 구원을 연결한다. 그는 놀이는 "현존하는 삶의 시스템에서 해방될 수 있는" 길을 열어준다.[11] 죄는 우리의 놀이와 즐거움을 억압하며 방해한다. 따라서 인간은 죄책감과 절망에 빠질 수밖에 없다. 우

---

11) *Ibid.*, 13.

리를 구원하시는 하나님은 우리가 다시 놀 수 있는 자유를 회복시켜주실 것이다.

"예배 시간에 떠드는 아이 예수님이 보시면 뭐라 하실까? 기도 시간에 장난꾸러기 예수님이 보시면 화내실 거야." 주일학교 예배에서 자주 부르는 어린이 찬송이다. 여기서 예수님은 아이들의 예배 태도를 감찰하는 무서운 선생님으로 연상된다. 전통적으로 그리스도께서 우리의 '구원자'라는 신앙고백의 이면에는 그분이 인간의 '심판자' 라는 의미도 숨어 있다. 리처드 폭스(Richard Fox)는 전통적으로 그리스도는 성도들의 윤리적 행위와 판단의 권위를 위한 도구로 이해되어 왔다고 주장한다.[12] 교회의 권위자들은 그들이 전수받은 교리와 전통이 바로 예수께서 인정하시는 규범이라고 주장해 왔다.

반면 크레이그 데트웨일러(Craig Detweiler)와 베리 테일러(Berry Taylor)는 오늘날 젊은 그리스도인들이 바라보는 예수상에 대한 또 다른 이미지를 전한다. "신세대들에게 최고의 덕은 '쿨함'(coolness)이다. 그들은 예수 그리스도를 '쿨하게' 만들기 원한다."[13] 이들에게 그리스도는 자기 희생을 통해 온 세상을 구원하신 'super-hero'이며, 흥미로운 이야기를 통한 가르침과 기적을 만들어내는 'super-star'다. 그들은 자신들의 커뮤니티 안에서 이런 예수에 열광한다. 많은 복음주의 젊은이들은 진리를 엄숙하기보다는 친근하고 해학적인 표현으로 포장한다. 신세대들의 예수님은 그들과 함께 록 콘서트와 댄

---

12) Richard Fox, *Jesus in America* (San Francisco: Harper and Row, 2002), 377.
13) Craig Detweiler, Barry Taylor, *A Matrix of Meanings: Finding God in Popular Culture* (Grand Rapids: Baker, 2003), 98-99.

스파티에 함께 동행하기도 하는 개방적인 '대장'(captain)이다. 놀이에 열광하는 오늘날 젊은 세대는 자신들이 '경축할'(celebrate) 수 있는 새로운 이미지로 그들의 구원자를 수용하고 있는 것이다.

평생을 유랑하며 가난한 자들과 잔치를 벌이며 이야기를 전한 예수 그리스도의 행적은 놀이로 충만했다. 그분은 밤새 노동에 지친 사람들에게 마술 같은 퍼포먼스로 새로운 세상을 꿈꾸게 하신다. 이를 목격한 제자들은 "모든 것을 버리고" 예수를 따를 만큼(누가복음 5:2-11) 그분의 세계는 경이로웠다. 그분은 자주 즉흥적으로 길을 정했고 제자들은 수많은 지역을 함께 떠돌아다니며 예상을 뛰어넘는 말씀과 기적을 목도하였다. 그들은 예수와의 여정에서 자유와 희망을 경험했을 것이다. 그분은 무엇을 먹을까 입을까 염려하며 아등바등하며 살지 말라고 하시며 자연의 섭리에 눈을 돌리게 하신다(마태복음 6:26-33).

예수의 첫 기적은 잔칫집에 바닥난 포도주를 채우신 것이다(요한복음 2:1-11). 그분은 함께 모여 웃고 떠들고 즐기는 것의 소중함을 아셨다. 그분은 당대의 종교인들과는 달리 걸쭉한 입담과 해학으로 이야기하시며 사람들을 깜짝 놀라게 하셨다(마태복음 7:31; 13:34; 마가복음 4:33). 예수는 하나님 나라의 진리를 이야기할 때면 자주 잔치를 모티브로 사용하셨다(마태복음 22:2; 누가복음 14:16 등). 이런 예수의 놀이는 종말론적 파티로 우리 모두를 초대하실 것이다(요한계시록 19:19). 진정한 놀이인은 사람을 가리지 않는 법이다. 그분은 세리, 매춘부, 이방인, 한센병 환자들과 같이 당대 율법 밖의 부랑자들과 먹고 마시며 어울렸다. 바리세인들은 그런 예수를 '먹보'와 '술꾼'이며 '죄인들의 친구'라고 비난했다(마태복음 11:19; 마가복음 2:15-16; 누가복음 7:34). 경직된 경건을 목숨처럼 여겼던 종교인들은 예수의 놀이판 훼방꾼들이었다.

오늘날 그리스도인들이 '제자도', '제자훈련'이란 이름으로 따르는 예수 그리스도는 어떤 모습인가? 놀이인인가 아니면 놀이의 훼방꾼인가? 교회의 설교는 예수의 전달방식을 따르는가 아니면 서기관들의 방식인가? 죄인과 부랑인들의 친구인가 아니면 그들을 율법으로 정죄하고 그들로부터 교인들을 분리하는 파수꾼인가? 우리가 그리스도를 따르며 바라보는 것은 더 많은 수확을 통한 풍요의 세계인가 아니면 환희와 경이로움으로 전복된 새로운 나라인가? 그분은 은혜를 놀이에 불러들였다. 예수는 그 은혜를 통해 수치에서 벗어나려 몸부림치는 사람들이 이 세상에서 당당하고 '명예롭게' 사는 법을 알게 하신다.[14] 그렇게 구원은 그분의 놀이를 통해 값없이 주어진다. 은혜는 그분과 누리는 게임의 법칙이다.

---

14) 제임스 H. 에반스 주니어(James H. Evans Jr.), 『놀이 Playing』(*Playing*), 홍병룡 역 (서울: 포이에마, 2013), 103-107.

놀이하는 공동체, 에클레시아 루덴스:
목회적 제안

'나 홀로' 트렌드의 부상은 공동체가 해체된 오늘날 세대의 문화가 반영된 것이다. 요즘 젊은 세대는 골목에서 친구를 만들기 위해 긴 시간을 쏟지 않았고 치열한 경쟁을 치르며 살아왔기 때문에 불공평함에 민감하다. 이들은 사람과 접촉하거나 공동체에서 관계를 맺기보다는 디지털 문화 속에서 홀로 무엇인가에 빠져드는 데 익숙했다. 여기서 '오타쿠'[15] 문화가 탄생했다. 그들은 골방에서 혼자 무엇인가에 깊이 빠져든다. 겉으로 보기에 그들은 외롭지 않다. 노명우는 혼자 노는 '오타쿠'들은 자신이 만든 세계에는 열성적 관심을 기울이지만, 타인에 대한 무관심이 그들이 놀이를 대하는 긍정성을 제한적으로 만든다고 평가한다. 더욱이 그들은 새로운 이윤 창출 수단을 찾는 호모 파베르에게 쉽게 이용당할 수 있다.[16]

'나 홀로' 습성은 오늘날 젊은 세대의 보편적 라이프스타일에 대한 일반적 견해를 반영한다. 하지만 이 세대와 직접 만나 깊은 대화를 나눈다면, 이들 역시 간절히 공동체를 바라고 어딘가에 소속되기를 얼마나 간절하게 원하는지 느낄 수 있다. 이런 세대를 위해 한국

---

15) 1990년대 중반 디지털 혁명 직후 일본에서 생성된 신조어이며 특정 분야를 취미 이상으로 좋아하고 빠져들어 전문가 수준의 지식을 가질 정도로 그 분야에 열중하는 사람을 지칭한다. 한국에 이 문화가 유입되며 '덕후'라고 축약해 통용되고 있다. 외톨이라는 부정적 의미도 있지만 '성덕'(성공한 덕후)이란 신조어가 말해주듯 자신만의 취향에 몰입해 전문가 수준에 이르는 긍정적 의미로도 쓰인다.
16) 노명우, 『호모 루덴스, 놀이하는 인간을 꿈꾸다』 (파주: 사계절, 2011), 241-243.

교회는 무엇을 준비해야 할까? 목회자는 먼저 '나 홀로 족'들이 어느 순간 공동체에 융화되어 큰 희열을 느끼는지 그때의 모습을 주목해야 한다. 그들은 함께하는 것이 싫은 게 아니라 어쩌면 밀려나 있던 것은 아닐까? '나 홀로' 삶은 신세대의 특성이기보다는 치열한 세상에서 자존감과 자존심에 상처받지 않기 위해 스스로 터득한 일종의 생존 방식인지 모른다.

안영주는 현재의 대학생들의 놀이 콘텐츠를 분석하는 논문에서 사이버공간은 "놀이의 생산자와 소비자가 소통하는 거대한 플랫폼"을 구성하기도 하지만, 사이버공간이 본질적인 한계인 개별화와 탈신체화는 결국 "현실화된 공동체적 놀이의 당위성을 소환할 수밖에 없음을 역설한다."[17] 그렇다면 그들을 어떻게 공동체의 품으로 감싸 안을 수 있을까? 목회자는 바로 이 지점을 고민해야 한다. 신명기적 관점에서 하나님에 대한 믿음과 성도들의 관계에서 가장 극적인 순간은 늘 기쁨의 축제를 통해 표현된다(신명기 16:11; 16:15; 14:26-29). 신명기적 놀이의 가장 중요한 요소는 바로 "여호와 앞에서"와 "함께"이다. 즉 성서적 놀이의 진수는 혼자가 아닌 하나님과 이웃 간의 바른 관계에서 출발한다.[18]

알랭 드 보통(Alain de Botton)은 『무신론자를 위한 종교』에서 오늘날 공동체 정신이 훼손된 주요 원인은 19세기 유럽과 미국에서 발생한 "종교적 믿음의 개인화"에 있다고 진단한다. "우리가 주위 이웃을

---

17) 안경주, "대학 축제 놀이콘텐츠 분석", 「한국콘텐츠학회논문지」, 18권 5호 (2018년): 555.
18) 박재필, 『즐거운 하나님』, 72-73.

무시하기 시작한 그 시기에 사람들은 더 이상 신을 향해 예배하지 않게 되었다"는 것이다.[19] 그는 "종교가 우리의 고독에 대해 상당히 잘 알고 있다"고 말하며 공동체성을 잃어버린 현대인들과 구별된 종교 공동체, 특별히 기독교 공동체의 두드러진 놀이의 삶을 주의 깊게 관찰하며 분석했다. 그는 다음과 같이 말한다. "장례식을 제외하고 기독 공동체의 활동은 음식과 춤과 선물을 나누며 활기가 넘친다. 그들은 공동체를 위해 자신의 이해관계를 기꺼이 포기하며, 그들의 축제는 그 보상이 된다.[20]

무신론자인 알랭 드 보통의 분석은 교회에 대한 실로 놀라운 통찰을 담고 있다. 사실 신앙은 영적인 욕구만이 아니라, 사교와 친목에 참여하려는 매우 세속적인 동기도 포함된다. 인문학자 박민영 역시 "공동체가 붕괴된 현대사회에서 교회는 사실상 현대인들이 외로움을 달랠 수 있는 몇 안 되는 대안 중 하나"이며, 사람들은 사회생활에서 피폐해진 영혼과 마음의 상처, 불안을 신앙생활을 통해 위로받는다고 인정한다.[21] 하지만 그들이 부러워하는 교회 공동체 놀이의 배경에는 교리적 근원이 자리하고 있다. 바로 이 근원이 개인주의적인 현대사회에서 교회가 여전히 끈끈한 공동체 의식과 실천을 지속하게 하는 힘이다.

알랭 드 보통이 관찰하며 기술한 대로, 교회는 신앙과 일상이 만

---

19) 알랭 드 보통(Alain de Botton), 『무신론자를 위한 종교』(*Religion for Atheists: A non-believer's guide to the uses of religion*), 박중서 역 (서울: 청미래, 2011), 23-25.
20) 위의 책, 71.
21) 박민영, 『즐거움의 가치사전』, 340.

나 축제가 되는 기묘한 실험이 이루어지는 곳이며, 세상의 풍요와 상관없이 행복하게 사는 법을 모색하며 각자의 비전을 찾아가는 곳이다. 초대 교회 성도들은 환경의 어려움과 박해에도 그 결속력은 흔들리지 않았으며 오히려 더 강화되었다. 그들은 물질적 풍요나 세상의 권세보다는 관계의 신비와 친밀함에서 궁극적 만족을 찾을 수 있었기 때문이다. 공동체가 붕괴되고 극단적 개인주의로 인한 고독 가운데 인간은 자신을 품어주고 자존감을 세워주는 장소를 찾아 방황한다. 교회는 바른 신념보다 바른 관계를 토대로 존재한다. 그 관계의 신비와 친밀함이 현대문명이 마련해준 오락적 대안을 넘어선 인간 놀이의 근본이다.

하지만 교회에 대한 알랭 드 보통의 기술은 오늘날 한국교회를 바라보면 '과연 그럴까'라는 의문을 남긴다. 무신론자로서 그는 종교로부터 공동체 회복의 가능성을 발견하며 그 외형적 장점을 수용하려 한다. 그래서 그는 교회의 이상적인 모습에만 주목하며 '세속종교'의 가능성을 타진하고 있는 것이다. 하지만 현대사회 가운데 교회 역시 공동체 붕괴와 이전의 역동성을 잃어가는 형편이다. 그 가운데 알랭 드 보통의 제안은 그가 원하는 '세속종교'의 형성뿐 아니라 교회가 어디에서부터 문제가 생긴 것인지 스스로를 돌아보고 회복을 도모하기 위해 중요한 통찰을 제공한다. 공동체적 놀이문화를 위해 다음의 4가지 놀이모델을 제시하고자 한다.

(1) 놀이모델 1: 감흥 있는 예배

우리에게 생기를 주는 놀이의 영은 교회 공동체와 그 안의 모임 가운데 현존한다. 교회에서 예배는 엄숙하다는 선입견이 있지만, 실제로 그 안에는 놀이적 현상이 두드러진다. 놀이와 예배 모두 우리를 특정 공간과 시간 안에 머무르게 해준다. 그 안에 몰입할 때 우리는 일상의 자아를 넘어서는 변화가 나타난다. 교인들은 함께 찬송을 부르고 손뼉을 치며 때로는 몸을 흔드는 행위로써 하나님의 영이 우리와 함께 뛰놀고 계심을 경험한다.

이런 놀이적 예배는 오순절 교회 예배의 두드러진 특징이다. 프랭크 매닝(Frank Manning)은 "놀이의 한 형태로서의 오순절 운동"에 대한 탐구에서 축제로서의 예배를 기술한다. 이런 축제 분위기에서 설교자는 일종의 '농담꾼' 역할을 수행하며 성경의 진리를 일상의 이야기로 전달한다. 매닝은 교회 예배에는 진리와 덕을 세우는 '전도'와 즐거움을 회복하는 '오락'의 기능이 역설적으로 함께한다고 주장한다. 그 안에는 "설교와 농담, 거룩함과 연극, 경건과 유머가" 동시에 허용된다. 그는 성도들이 교회에 가는 가장 실질적인 이유는 결국 "주님 안에서 좋은 시간을 보내기 위해서"라고 주장한다.[22] 이런 의미에서 오순절 예배는 교회 전통의 흐름을 거스르는 운동이며, 특히 청교도에 영향을 받은 전통은 이에 큰 거부감을 느낄 것이다. 춤추는 놀이인 다윗과 그를 책망한 미갈의 관계처럼 오늘의 예배에도

---

22) Frank Manning, "The Rediscovery of Religious Play" in David Lancy and Alland Tindall, eds. *Study of Play* (Cornwall: Human Kinetics, 1977), 144-145.

경건과 오락 사이에 깊은 장벽이 있다. 진정한 예배자는 놀이인의 모습으로 나타날 것이다.

또 어느 순간부터 한국교회의 예배가 지루해졌다. 여기저기 조는 사람들과 짧은 설교에 환호하는 속마음까지 역동성을 잃어버린 이러한 예배가 지속된다면 교회의 부흥을 기대하기 어렵다. 현대인들은 잔소리를 들을 때 "설교하지 마"라고 말하곤 한다. '설교'가 이처럼 부정적 개념으로 통용되는 이유는 그 형식이 지루하고 내용이 고압적이며 진부하기 때문이다. 하지만 많은 방송 프로그램이 스타 강사들의 '세속설교'를 내세우며 큰 호응을 얻는 모습을 보면 사람들은 여전히 좋은 이야기에 굶주려 있는 것 같다. 기독교 부흥운동은 늘 뛰어난 설교자들을 통해 이루어졌다. 이들은 대중적 구술 언어와 일상을 보는 예리한 시선 그리고 청중을 울리고 웃길 수 있는 감정적 언변의 달인이다. 설교자들은 예수의 눈과 귀와 입을 본받아 복음이 진부해진 이 시대에 교회 안과 밖에서 창의적 이야기꾼이 되어야 한다.

교회의 예배는 일상의 노동에 지친 사람들이 하나님 전에서 삶의 즐거움을 회복하는 놀이마당이어야 한다. 그것은 꼭 재미만을 의미하지 않는다. 때로는 예언자적 통렬함이 더 큰 영혼의 울림을 전달한다. 예배 형식이 성령의 자유로운 역사를 압도하지 않도록 격식에 매이지 않는 신명 나는 '놀이'였으면 한다.

(2) 놀이모델 2: 바보제의 회복

바보제는 한 문화가 자신의 가장 신성하고 종교적인 전통을 주기적으로 조롱할 수 있다는 것을 보여 준다. 바보제는 최소한 잠시나마 전혀 다른 세계를 상상할 수 있었다. 거기서는 나중 된 자가 처음 된 자가 되고, 당연한 가치들이 전복되고, 바보가 왕이 되고, 꼬마들이 고위 성직자가 될 수 있었다.[23]

중세의 바보제는 사순절 경건에 앞서 일탈을 용인하는 이벤트였다. 그 축제에서 때로는 종교적-세속적 권위자들을 비판하고 조롱하는 전복 행위로 민중의 감정을 표출하도록 용인하였다. 그 전복은 일시적이고 제한적인 공간에서 이루어지기에 지배층도 용인할 수 있는 것이었고, 무엇보다 그 자체로 공동체적 통합기능을 가지고 있었다. 바보제의 핵심은 전복이다. 바보제는 정치적, 종교적 질서를 포함해 모든 질서가 궁극적으로 절대적이지 않음을 보여 주는 일종의 놀이적 전복이었다. 이처럼 풍자와 해학을 담고 있는 서민들의 놀이에는 지배층에 대한 폭로와 비판이 담겨 있다. 하지만 지배층은 서민들의 놀이 가운데 폭로되는 사회 부조리를 덮기 위해 점차 바보제를 없애버렸다.[24]

1980년대 내가 기억하는 교회 생활은 사실 즐거운 놀이 그 자체였다. 한국교회 부흥의 시기는 교권적 분위기 속에서도 은근히 허용된 '바보제'를 즐겼다. 그 대표적인 경우가 캠프였다. 일상을 벗어난 공간에서 뜨겁고 즐거운 예배를 통한 회심의 체험도 좋았지만,

---

23) Harvie Cox, *The Feast of Fools* (New York: Harper & Row, 1970), 119.
24) 박민영, 『즐거움의 가치사전』, 225.

또 다른 프로그램에서는 남자가 여자가 되고 여자가 남자가 되는 현실의 전복이 이루어지기도 한다. 우리만의 가요제에서는 가스펠송뿐 아니라 대중가요를 부르며 끼를 발산하고, 열광적으로 공동체 '게임'을 즐기며 왁자지껄 웃어댔다. 낮에는 존경하는 목사님을 물에 빠뜨리는 전사가 있었고, 밤이면 모두가 잠든 사이 친구 얼굴에 전위적 그래피티를 남기는 어둠 속 예술가들도 있었다. 남녀가 구별된 시대에 이성의 손을 잡고 설레며 포크 댄스를 추는가 하면, 캠프파이어를 하면 모두 한여름 밤의 낭만에 젖어 들었다.

오늘날 교회에서의 일시적 일탈이 신앙 훼손과 세속화로 이어질까 하는 염려도 가져오지만 거기에는 여러 순기능이 있다. 문화심리학자 김정운은 놀이의 주된 기능은 부정적 감정을 정화시켜주는 '카타르시스'에 있다고 말한다. 즉 현실에서는 부정적 경험을 '수동적으로' 감내해야 하지만, 놀이에서는 '능동적인 존재'로 자신을 확인하는 감정적 회복이 일어난다는 것이다.[25] 실제로 학생들 모임뿐 아니라 나이든 어르신들의 효도관광이나 여선교회 모임에서도 이런 일탈은 그들의 감정을 치유하고 모임의 결속과 활성화를 위한 윤활유가 되는 경우가 많다. 가끔 도를 넘어서는 행동들이 있기도 하지만, 그럴 때면 스스로 반성하고 다시 정도를 찾아가곤 한다.

하지만 1990년대부터 입시에 몰입된 부모님들이 아이들의 놀이 기회를 박탈하는 경우가 많았고, 교회 수련회는 경건을 훈련하는 거룩한 행사들로 채워졌다. 이전의 일탈은 사라지고 산업화된 연합캠

---

25) 김정운, 『노는 만큼 성공한다』 (파주: 21세기북스, 2021), 68-69.

프는 시간표에 따라 종교적 회심을 위한 프로그램들로만 진행되곤 한다. 기독교의 캠프 문화는 19세기 미국 부흥운동의 요람이었다. 당시 부흥운동 지도자들은 범교회적으로 "전국캠프미팅연합회"를 조직하였고, 도시인들에게 경건과 놀이가 균형을 이루는 '거룩한 레저'(holy leisure)를 지향하는 새로운 기독교 문화를 만들었다. 트로이 메신저(Troy Messenger)는 당시 캠프 미팅에서 체면을 벗어던진 사람들의 몸과 입에서 튀어나오는 성령의 역사뿐 아니라 종말론적 '천국놀이'의 즐거운 풍경을 생생하게 기술한다.[26]

오늘의 교회에 새로운 축제가 요청된다. 물론 교회에 이벤트성 행사는 매우 많고, 이로 인한 교회 사역자들의 피로감 역시 극에 달해 있다. 노동에 지친 또한 세속의 오락에 익숙한 성도들은 교회 행사에 적극적으로 참여하지도 않는다. 문제는 교회의 이벤트가 순수한 즐거움이 아닌 생산적인 전도와 활동을 위한 도구라는 것이다. 성도들은 이런 도구적 축제가 이미 식상하다. 여기서의 제안은 간헐적으로 특별한 목적 없이 즐기는 축제다. 그리고 이 축제는 교리적인 자기검열과 외형적 거룩과 체면을 잠시 벗어던진 '바보제'의 현대적 적용이었으면 한다.

(3) 놀이모델 3: 공동체적 클럽

청년들의 놀이 문화의 중요성은 클럽이란 공간을 중심으로 한 하위문화(subculture)에 주목해야 한다. 앞선 세대에 대한 취향적 구별과

---

26) Troy Messenger, *Holy Leisure* (Minneapolis: University of Minnesota Press, 1999).

저항을 표명한 클럽 문화는 1950년대 말 로큰롤의 탄생과 함께 시작되어 주로 댄스 뮤직과 함께 발전했다. 1970년대 디스코(disco) 열풍은 클럽 문화의 확산을 통해 전 세계를 흔들었고, 힙합은 흑인 게토 지역에서 DJ와 MC가 주도하는 길거리 댄스 파티에서 기원한다. 1980년대 후반부터 소위 EDM 뮤직 붐이 이어진다. 시카고 하우스와 디트로이트 테크노 그리고 유로 댄스로 그 기원은 복잡하지만, 클럽 파티에서 디제잉을 통해 이루어진 특별한 문화현상이다. 청년들은 '클럽문화'를 통해 상호 간 교류와 그 문화를 확장하는 기능을 수행했다. 그들에게 클럽은 자기 스타일과 정체성을 제시하고 참여자들의 상호 공동체성을 강화하는 '리츄얼'(ritual)을 제공한다. 사라 손튼(Sarah Thornton)은 청년 하위문화와 클럽 문화와의 관계를 다음과 같이 설명한다.

클럽 문화는 청년 하위문화의 정점과 과잉에 대해 증언한다. 클럽문화는 취향문화이다. 클럽의 군중은 그들의 공유된 음악 취향, 공통된 미디어 소비, 가장 중요하게는 자신과 비슷한 성향을 가진 사람들에 대한 자신들의 선호에 따라 모인다. 중요한 것은 클럽 문화가 그 구성원들에게 무엇이 진정하고 무엇이 정당한가에 대한 스스로의 위계를 가진다는 점이다.[27]

한때 교회 안에 매우 활성화되었던 CCM 운동 역시 그들만의 예배를 통해 확장되었다. 1980년대부터 경배와 찬양 운동은 기존의 장

---

27) Sarah Thornton, *Club Cultures* (London: Polity Press, 1995), 3.

년 세대의 '공예배' 시스템과 구별된 초교파적 청년들의 자체적인 예배운동이었으며, 이들은 이 모임을 통해 큰 감흥과 함께 참여한 또래들과의 그룹 정체성을 공유할 수 있었다. 이런 의미에서 '경배와 찬양' 운동은 복음주의 청년들에게 있어 일종의 클럽 문화였으며, 1980년대 말부터 많은 젊은이가 매주 목요일 또는 화요일 저녁에 자신들이 출석하는 교회가 아닌 다양한 경건한 '클럽'들로 각자의 취향에 따라 모여들었던 것이다.

취향에 따른 공동체적 클럽 문화는 교회 소그룹 모임에서도 매우 유용하다. '공동체'란 개념의 이면에는 큰 위험이 도사리고 있다. 역사상 강한 공동체주의를 표방하는 집단은 그 외부의 이질적 요소에 배타적인 모습을 보여 왔다. 교회 공동체에서도 이질적인 생각과 행동은 보편적으로 경계 대상이다. 각자의 개성은 무시되기 일쑤이며 교회 지도부가 지역과 나이에 따라 결정한 그룹에 배속되어 교회가 계획한 예배와 행사에 동원된다. 수많은 소그룹 활동 프로그램들이 교회 성장 프로그램의 일환으로 나타나지만 이 역시 교회 성장을 위한 도구적 기획이기에 오늘날 점차 힘을 잃어가고 있다.

하위징아는 놀이의 본질을 '자발성'으로 보았고, 몰트만 역시 하나님의 창조와 구속의 성격을 '자발성'과 '즐거움'에 기초한 자유로운 행위이며, 하나님의 형상으로서 인간의 놀이 역시 이 자발성에 근거해야 한다고 강조한다. 또 하나님께 하나님에 대해 말할 수 있는 자유는 그분의 기쁨으로 개방됨을 의미한다. 진정한 앎은 강요될 수 없기 때문에 권위적 강압이나 논리적 설득력에 의해 생겨나지 않는다. 그것은 자유를 전제한다.

자발성과 즐거움은 건강한 교회의 척도다. 일하시는 하나님에서 놀이하는 하나님으로의 인식적 전환은 실천적 차원에서도 많은 변화를 불러올 수 있다. 수요일, 금요일, 주일에 정해진 공예배에 의무적으로 참석하는 방식이 아니라, 이제는 개인의 관심에 맞는 다양한 시간과 공간을 따라 클럽을 형성해가는 것이 더 적합하다. 취미와 관심을 반영한 집회와 친교와 봉사활동은 같은 관심사를 지닌 개인을 정서적으로 연결해준다. 이 역시 놀이의 힘이다. 놀이의 가장 중요한 요소는 프로그램이 아니라 함께하는 동무이기 때문이다. 함께 책 읽고, 영화 보고, 여행 가고, 봉사하면서 공동체적 놀이는 공동체적 배움으로 승화될 수 있다.

(4) 놀이모델 4: 안식의 회복

한병철은 『피로사회』에서 산업화로 구축된 현대사회는 인간에게 끊임없는 성과를 요구하며 자기착취의 과잉활동으로 몰아갔음을 병리학적으로, 문화적으로 진단하고 기술한다.[28] 그의 지적처럼 바쁜 현대인들은 과로와 책임에 지쳐있다. 이런 사람들에게 "수고하고 무거운 짐 진 자들아 다 내게로 오라 내가 너희를 쉬게 하리라"(마태복음 11:28)는 예수님의 초청은 우리 시대의 가장 적절한 복음으로 들릴 것 같다.

영화 〈리틀 포레스트〉(2018)는 주인공이 치열한 도시의 삶을 피해

---

28) 한병철, 『피로사회』 (서울: 문학과지성사, 2012), 16-17.

전원적 고향에서 보내는 일 년간의 이야기를 담았다. 사계절의 변화에 따라 제철음식을 직접 만들어 먹거나 어릴 적 친구들과 수다를 떨며 주인공은 쉼과 회복을 경험하고 다시 도시로 돌아갈 기운을 얻는다. 이 영화는 특별한 서사 없이 소소한 일 년간의 풍경을 보여주는 것으로 화면을 채웠지만 상당수의 관객은 영화를 통해 공감과 치유를 받았다는 반응을 보였다. 도시가 주는 편리함과 오락에 중독된 현대인들에게 시골에서 사는 불편하고 적적한 생활은 영화처럼 아름답지만은 않을 것이다. 이 영화는 낭만적인 전원생활의 찬미를 말하는 것이 아니라 우리 일상에 '작은 숲'이 필요함을 강조한다.

그리스도인들이 주일마다 보내는 시간과 공간은 바쁜 일상 중 구별된 '리틀 포레스트'여야 한다. 하지만 오늘날 목회자와 성도에게 주일은 평일보다 더 고단한 하루인지 모른다. 왜 우리는 안식일에 안식을 잃어버렸을까? 그것은 신앙과 선교 명목으로 이루어지는 교회의 수많은 활동 목적이 수적인 성장과 성과주의에서 비롯되었기 때문이다. 현대인의 일에 대한 강박은 놀이 역시 수많은 이벤트로 채우는 순환 고리를 형성한다. 이러한 교회 이벤트의 문제점은 호모 파베르적 '성과주의'에 있다. 현대 놀이문화에는 자기 자신을 위한 '머무름' 없이 파편화되어 끊임없이 내달리는 활동의 연속으로 노동과 마찬가지로 피로를 가중한다.[29]

유대교 신학자 아브라함 헤셸(Abraham Heschel)은 자신의 저서에서 안식일을 "시간 속에 성소"라고 표현하며, 현대인의 치열한 삶에

---

29) 정연득, "하나님 앞에서 머뭇거리며 놀기", 「신학사상」, 168권 (2015년): 184.

"문명을 뛰어넘는 기술"로 안식일의 회복을 강조한다. 그는 안식일의 존재론적 의미는 인간의 노력을 중지하고 나와 세계를 있게 하신 창조주의 숨결에 자신을 내어 맡기고 인생과 우주에 대한 바른 시각을 회복하는 적극적인 영성의 실천임을 일러준다.[30] 경이로운 하나님의 현존에 빠져드는 정적인 놀이를 통해 우리는 영혼의 기쁨을 회복한다. 오늘의 교회는 주님을 위해 뭔가를 열심히 해야 한다는 강박과 세상의 무거운 짐을 내려놓고 이 안식의 신비를 회복하여야 한다. 안식은 정적이지만 즐거운 놀이의 연장이다.

삶의 의미와 희락을 회복시키는 교회의 놀이문화

행복한 사람의 주위 사람들은 행복해진다. 특히 리더의 행복은 아주 쉽게 전이된다. 아버지가 놀 줄 알아야 가족이 화목하다. 사장님이 놀아야 직원들이 즐겁다. 마찬가지로 목사님이 놀 줄 아셔야 교인들도 행복해지지 않을까? 불행히도 어려운 시대를 지나온 우리 사회의 어르신들은 젊은 시절부터 열심히 목표지향적인 삶을 살아왔다. 그들은 자신처럼 젊은 세대들도 놀지 말고 공부하고 일할 것을 강조한다. 여기에 세대 충돌이 발생한다. 교회에서도 목회자들이 노는 것은 하나님과 성도들 앞에 가장 지탄받을 행위로 여겨져 왔다.

---

[30] 아브라함 헤셸(Abraham Heschel), 『안식』, 김순현 역 (서울: 복있는사람, 2007), 47-53.

로버트 다든은 "음산한 얼굴, 침울한 생각, 지루한 화법 등은 참을 수 없다. 작품 속에 기쁨이 없는 신학자는 전혀 신학자답지 못하다"[31]고 지적하며, 하나님의 은총에 반응하는 기독교 영성 태도에 즐거움의 가치를 강조한다. 하위징아는 놀이에서 노동을 뛰어넘은 문화의 원리를 발견한다. 순수한 즐거움으로 하는 활동이란 의미에서 놀이는 가장 지적이며 능동적인 활동이며 창의성의 원천이다. 우리는 성서에서 모든 피조물과 함께 즐거워하시는 하나님과 참된 놀이인으로 사셨던 그리스도의 행적을 발견하게 된다. 놀이하는 하나님으로의 인식 전환은 놀이 법칙으로서의 창조와 은총으로 우리를 인도한다. 무엇보다 놀이는 공동체를 만드는 최선의 방식이다. 그 순간 내가 아니라 우리로 존재하는 집합적 몸을 만드는 새로운 경험을 하게 된다.

이 시대 교회의 사명은 삶의 의미와 진정한 희락을 제공하는 아름다운 놀이문화를 만들어내는 것이다. 공동체적 놀이는 공동체적 배움과 나눔으로 승화할 수 있다. 놀이는 피로와 경쟁에 지친 삶의 시스템에서 해방될 수 있는 길을 열어준다. 우리를 구원하시는 하나님은 우리에게 다시 놀 수 있는 자유를 회복시켜주신다. 성경은 이상적인 예배의 모습으로 "주의 자녀들이 주의 전에서 즐거이 뛰논다"고 표현하였다. 오늘의 모든 교회가 한 많은 눈물보다 즐거운 웃음소리가 가득한 기쁨의 성소가 되기를 소망한다. 그것이 우리가 그토록 바라는 천국의 진짜 모형일 테니까 말이다.

---

31) Robert Darden, *Jesus Laughed* (Nashville: Abigdon Press, 2008), 90.

reference

김정운. 『노는 만큼 성공한다』 (파주: 21세기북스, 2021).
노명우. 『호모 루덴스, 놀이하는 인간을 꿈꾸다』 (파주: 사계절, 2011).
막스 베버. 『프로테스탄트 윤리와 자본주이 정신』 박문재 역 (서울: 현대지성, 2018).
박민영. 『즐거움의 가치사전』 (서울: 청년사, 2007).
박재필. 『즐거운 하나님』 (서울: 문화선교연구원, 2014).
아브라함 헤셸(Abraham Heschel). 『안식』, 김순현 역 (서울: 복있는사람, 2007).
안경주. "대학 축제 놀이콘텐츠 분석", 「한국콘텐츠학회논문지」, 18권 5호 (2018년).
알랭 드 보통(Alain de Botton). 『무신론자를 위한 종교』(Religion for Atheists: A non-believer's guide to the uses of religion), 박중서 역 (서울: 청미래, 2011).
정연득. "하나님 앞에서 머뭇거리며 놀기", 「신학사상」, 168권 (2015년).
제임스 H. 에반스 주니어(James H. Evans Jr.). 『놀이 Playing』(Playing), 홍병룡 역 (서울: 포이에마, 2013).
한경애. 『놀이의 달인 호모 루덴스』 (서울: 그린비, 2007).
Cox, Harvie. *The Feast of Fools*. New York: Harper & Row, 1970.
Darden, Robert. *Jesus Laughed*. Nashville: Abigdon Press, 2008.
Detweiler, Craig and Taylor, Barry. *A Matrix of Meanings: Finding God in Popular Culture*. Grand Rapids: Baker, 2003.
Fox, Richard. *Jesus in America*. San Francisco: Harper and Row, 2002.
Huizinga, Johan. *Homo Ludens*. Boston: Beacon, 1955.
Manning, Frank. "The Rediscovery of Religious Play." in David Lancy

and Alland Tindall, eds. *Study of Play*. Cornwall: Human Kinetics, 1977.

Messenger, Troy. *Holy Leisure*. Minneapolis: Universit y ofMinnesota Press, 1999.

Moltman, Jürgen. *Theology of Play*. New York: Harper and Row, 1972.

Thornton, Sarah. *Club Cultures*. London: Polity Press, 1995.

2부
메타버스 시대 교회를 재구성하다

06

디지털 시대 교회의
소통방식을 다시 생각하다

홍성수 • 예나 대학교(Universität Jena) 기독교교육

MZ세대를 바라보는 기성세대
우려를 넘어 이해와 관심으로

오늘날을 흔히 '디지털 시대'라 부른다. 여러 디지털 매체와 기술이 우리 삶에 깊이 자리 잡았다. 업무, 학습, 여가, 일상의 모든 부분에 디지털 기술은 일종의 표준이 되었다. 만남과 소통 역시 많은 부분 디지털 공간에서 이루어진다. 처음엔 단순한 기능만 가능했던 음성인식이 갈수록 기술이 발전하여 이제는 인공지능과 어느 정도 대화가 가능할 정도다. 더욱이 코로나19의 범유행 이후 비대면이 불가

피해지면서 최근 2년간 디지털화는 더욱 가속화되었다.

디지털 시대를 어떻게 바라볼 것인가? 또 디지털 세대라 할 수 있는 MZ세대를 어떻게 바라볼 것인가? 필자를 포함한 소위 '기성세대'의 관점에서 디지털 시대를 대하는 태도는 아무래도 비판적이게 마련이다. 전통적인 가치가 '해체'되고, 익숙했던 기존 틀이 '모호'해지고, 서로 어울리지 않아 보이는 요소들이 '혼재'하는 양상은 썩 유쾌하게 다가오지 않는다. 빠른 적응력과 유동성이 디지털 시대를 사는 오늘날 MZ세대의 특징이다. 이들은 새로운 기술과 매체에 거부감이 적고, 거기에 맞춰 유연하게 적응한다. 하지만 거꾸로 말하면 최근 MZ세대는 기성세대가 지금까지 기준이라고 믿었던 경계를 쉽게 넘나든다는 뜻이기도 하다. 이를 볼 때 일단 직관적으로 불편하고, 더불어 까닭 모를 위기의식이 든다. 디지털 시대라고 하면 비디오 스트리밍, 게임, 스마트폰 등이 떠오른다. 스마트폰을 손에서 놓지 않는 모습에 우려가 크고, 또 디지털 세계 속에 빠져서 혼자 고립되지는 않을까, 혹은 현실도피에 빠진 건 아닌가 하는 걱정을 하기도 한다. 목회자나 교사의 입장 역시 비슷하다. 왠지 MZ세대가 더 이상 교회에 흥미를 느끼지 못하는 이유 중 하나가 디지털 시대에 있는 듯하다. 그냥 직관적으로 그렇게 다가온다. 동시에 이러한 디지털 시대에 교회가 어떤 식으로든 대처해야 한다는 부담과 책임감을 느낀다. 결국 우리는 한편으로는 거부감, 다른 한편으로는 무언가를 해야 한다는 책임감으로 소위 '다음 세대'를 이해하고, 또 그들에게 다가가기 위해 어쩌면 울며 겨자 먹기로 디지털 기술, 미디어, 문화에 접근하고 있는 것은 아닐까? 만일 그렇다면, 사실 여기에는 새로운 매체를 어떻게든 활용해보자는 '도구주의적' 접근법과 그저 손 놓고 있을 수 없다는 급박한 마음에서 비롯한 '일단 무언가를 해보자'라는 '행동주의'가 바탕에 있다고 할 수 있다.

물론 이러한 태도나 접근법은 대부분 절실함과 책임감, 더불어 다음 세대를 향한 관심에서 비롯한다. 필자 역시 목회자들과 교사들의 마음을 십분 이해하며, 그러한 선한 동기와 노력은 평가절하할 수 없다고 본다. 사실 시간이 지난 후 뒤돌아보며 평가하기보다 이렇게 변화의 한가운데서 그 변화에 응답해야 하는 과제가 훨씬 더 어렵다. 디지털 매체와 문화가 어떤 기제로 작동하는지, 우리 삶에 어떤 영향을 가져올지, 우리가 익히 아는 신학과 교회관에 부합하는지, 우리는 이러한 흐름에 그저 순응해야 할지, 아니면 이와 거리를 두어야 할지 등 이 모든 문제에 대한 답을 아직 찾지 못한 채 일단 급박한 상황에서 이에 대응해야 한다.

하지만 이 모든 질문에 앞서 잠시 호흡을 가다듬고 조금 다른 관점의 질문을 던져볼 필요가 있다. '디지털 시대는 단순한 매체 또는 형식의 변화인가?' 아니면 '보다 본질적인 변화가 그 안에 있는가?' 디지털 시대를 이해하고 진단하기 위해서는 디지털 기술과 매체를 '도구'로만 볼 것이 아니라, 보다 본질적인 관점에서 "디지털 문화"에 관심을 기울여야 한다.[1] '문화'란 사회를 형성하는 '본질적인 틀'이자 그 근저에 있는 '기제'이며, 개인과 집단의 행동이 이루어지는 '관계

---

1) Felix Stalder, *Kultur der Digitalität* (Berlin: Suhrkamp, 2016).

망 전체'라고 볼 수 있다.[2] 이렇듯 디지털 매체와 기술은 사람들의 사고방식, 소통방식, 세계에 대한 인식, 공동체 형성방식 등 모든 분야에 영향을 미치기에 디지털 기술이나 미디어를 일종의 '도구'로만 이해하는 관점을 넘어 이것이 '문화' 전반에 가져온 변화를 숙고함이 필요하다. 이를 통해 우리는 오늘을 살아가는 MZ세대를 좀 더 깊이 이해하는 데 도움이 될 본질적인 관점을 얻고자 한다.

MZ들이 사는 세상, 디지털 문화에 대한 세 가지 고찰[3]

디지털 문화는 새로운 변화를 가져온다. 오늘날 MZ세대가 이전 세대와 다른 점은 디지털 문화와 많은 관련이 있다. 여기서는 디지털 문화가 가져오는 변화를 '자기이해', '소통', '공동체' 이 세 가지 측면에서 살펴보고자 한다.

(1) 디지털 문화 속 자기이해: 인정과 무시 사이에서

산업화 시대의 핵심원리는 '표준화된' 공정에 의한 '대량생산'이었다. 또 문화와 미디어 역시 이러한 맥락에서 대량생산되어 대중에게

---

[2] *Ibid.*, 17f.
[3] 이 항목은 필자의 논문(홍성수, "디지털 문화 속 주체형성에 대한 교육적 고찰", 「교육문화연구」, 28권 2호 (2022년): 543-562)을 바탕으로 이를 독자에 맞게 수정하여 작성하였음을 미리 밝힌다.

소비되는 방식으로 이루어졌다. '매스미디어'라는 표현은 이미 '대량'이라는 의미를 포함한다. 이와 달리 오늘날 디지털 문화를 관통하는 현상은 '개별화'라고 할 수 있다.[4] 이는 유행이나 시류에 민감하지만 그것을 획일적으로 따르는 게 아니라 자신만의 독특함을 추구하는 경향으로 나타난다. 디지털 문화 속 MZ세대는 대중에 묻혀 그저 그중 한 사람으로 인식되지 않고 자신만의 목소리를 내고자 하며 또 그것을 인정받고자 한다.

이런 맥락에서 디지털 문화 속 MZ세대에게 '자기표현'은 매우 중요한 요소다. 이는 '자기실현'과 '자기효능감'에 긴밀하게 연관된다. 이들은 관계망 속에서 타인과 비교, 타인의 평가를 통해 자기 위치를 확인하고자 한다.[5] 이전 세대가 사회 규범에 자신을 맞춤으로써 되도록이면 눈에 띄거나 모나지 않게 행동하고자 했다면, 이와는 반대로 디지털 문화를 살아가는 MZ세대는 자신을 특별한 존재로 드러냄으로써 타인의 이목과 관심을 끌고자 한다.[6] 이전에는 규범에 순응해야 한다는 생각이 주도적이었다면, 최근에는 '인정'받고자 하는 갈망과 동시에 자기가 '무시'당할지도 모른다는 두려움이 MZ세대를 움직이는 내면의 동기다.[7] 흔히 말하는 "관종"이나 "악플보다 무

---

[4] Andreas Reckwitz, *Die Gesellschaft der Singularitäten. Zum Strukturwandel der Moderne* (Berlin: Suhrkamp, 2017), 226f.
[5] Thorsten Fuchs, Sabine Krause, "Verrückt", "erschüttert" und "verwandelt". Gegenwärtige Zeitdiagnosen als Seismographen für eine Metamorphose des Bildungsdenkens und die Frage nach der "Höherbildung", *Vierteljahrsschrift für wissenschaftliche Pädagogik*, vol.96, no.3 (2020), 345.
[6] Reckwitz, *Die Gesellschaft der Singularitäten*, 246.
[7] *Ibid.*, 267.

서운 것이 무플이다"라는 표현에 눈에 띄고자 하는 욕구와 무시에 대한 두려움이 잘 드러난다.

디지털 공간은 오늘날 MZ세대에게 자신을 표현하고 타인의 인정과 공감을 얻는 장을 열어준다. 동시에 MZ세대는 이 속에서 늘 새로운 방식으로 자신의 특별함을 드러내며 타인의 이목과 관심을 끌어야 한다는 압박을 받는다.[8] 사실 디지털 공간에서 타인의 반응은 대단히 가변적이고 예측불가능한 면이 있다. 그렇기에 이들은 언제나 '인정'과 '무시', '주목'과 '묻힘'을 동시에 염두에 두어야 한다.[9] 디지털 공간에서 내가 받는 관심과 인정은 '좋아요'나 '댓글'의 수로 계량화되어 표시되어 보다 직접적으로 타인과 비교된다. 그렇기에 디지털 문화에서는 "관심과 이목을 끌기 위한 투쟁"이 자주 나타난다.[10] "주목이 주목을 부른다"는 디지털 공간의 원리가 이러한 경쟁을 심화한다.[11]

(2) 디지털 문화 속 소통: 연결, 쌍방성, 개방성

디지털 문화 속 소통방식의 핵심은 '연결'이다. '태그'나 '하이퍼링크'는 이러한 독특성을 잘 보여 준다. MZ세대는 어떤 이슈를 접하면 그것을 변형하거나 자기 의견을 덧붙이고 조합하는 방식으로 디지털 공간에서 타인과 공유한다. 기존 글과 자신을 연결 짓는 동시

---

8) Ibid., 266.
9) Ibid., 266.
10) Ibid., 239.
11) 이성민, "소셜 미디어, 소통과 관계를 바꾸다", 「기독교사상」, 757권 (2022년 1월).

에 '내가 여기 있다'고 자신만의 목소리를 냄으로써 관계망 속에 자리매김한다. 이를 가리켜 "세계 속에 자신을 새기는 과정"이라 말할 수 있다.[12] 디지털 관계망 속 MZ세대는 자유롭게 타인과 자신을 연결하고 또 연결 지어진다.

디지털 기술과 매체의 발전 역시 이러한 열린 소통 방식을 촉진한다. 이전의 대중문화는 소수의 생산자와 다수의 소비자가 구분되었다면, 디지털 문화는 그 구분선이 모호해진다. 모두가 소비자인 동시에 생산자가 될 수 있다. 예를 들어 영상 제작을 생각해보자. 예전에 비디오카메라는 특별한 경우에 쓰는 장비였다. 영상 편집 프로그램 역시 일반에 허들이 매우 높았다. 하지만 요즘은 누구나 쉽게 영상을 만들고 편집할 수 있다. 접근성이 매우 용이하고 단순화된 보조 프로그램이 무수히 많다. 더불어 스스로 만든 여러 결과물을 타인과 공유하고 소통할 수 있는 가능성이 열려 있다. 예전 청소년부나 청년부 행사를 비디오로 촬영하거나, 글을 모은 소책자 등은 거의 내부 회람과 보존을 위해서만 쓰였다. 반면 오늘날 각자가 만든 영상, 글 등은 온라인 공간을 통해 무수히 많은 사람과 공유할 수 있다.

기존 미디어는 주로 일방향이었다. TV를 보거나, 영화를 보거나, 신문을 읽거나 대중은 주로 수용자의 입장이었다. 수동적 수용인가 비판적 수용인가 하는 차이는 있지만 말이다. 독자 반응이나 청취자 반응이 간혹 지면에 실리긴 하지만, 어떻게 보면 약간 예외적인

---

12) Reckwitz, *Die Gesellschaft der Singularitäten*, 123.

형태로 이루어졌다고 할 수 있다. 하지만 오늘날 디지털 미디어는 실시간 소통이 가능하며, 이러한 실시간 소통은 디지털 문화에서 일종의 표준으로 자리 잡았다. 게임 역시 마찬가지다. 최근 주어진 틀에서 게임을 새롭게 변형하고, 자기만의 미니 게임을 만들어 함께하는 모습이 드물지 않다.

(3) 디지털 문화 속 공동체: 가능성 혹은 배타성

MZ세대가 어떤 면에서는 개인주의적 성향을 가진 것은 맞지만, 그렇다고 그들이 고립된 채 살아간다는 뜻은 아니다. 관계망 중심인 디지털 문화에서 살아가는 MZ세대는 "관계망 속 개인주의"라는 새로운 특징을 보인다.[13] 그렇기 디지털 문화에서 새로운 형태의 공동체성이 나타난다. 오늘날 가족, 학교, 직장 등 전통적 의미의 제도적 공동체가 곧바로 실제적인 공동체 의식으로 이어지지 않으며, 각자의 취향과 관심사에 맞는 작은 형태의 개별적인 공동체가 만들어진다. 예전에는 소속감이나 공동체 의식이 어느 정도는 제도나 틀에서 주어졌다면, 오늘날 소속감은 주어지는 게 아니라 각자가 선택한다고 할 수 있다.

디지털 공간에서 공동체 형성은 더욱 용이하다. 디지털 기술은 이에 대해 무수히 많은 취사 선택과 구성의 가능성을 열어주었다. 눈에 띄는 점은 이전에 비해 이미 존재하는 공동체에 가입하기보다 새롭게 만들어가는 방식을 더 선호한다는 점이다. 함께 나름의 틀과

---

13) *Ibid.*, 143f.

규칙을 만들어가는 일이 많다. 엄격한 규칙보다는 느슨한 틀 속에서 소속감을 만들어가는 경우가 더 흔하다.

 디지털 문화는 새로운 공동체의 가능성을 열어주었다. 내가 사는 지역, 학교, 직장, 교회에 있는 사람뿐 아니라, 전혀 다른 지역과 환경의 사람도 유연하게 만나 그룹을 형성할 수 있는 가능성이 주어졌다. 그런데 역설적으로 열린 관계망 속에서, 끝없는 가능성 속에서, 개인은 보통 자신과 잘 맞는 유사한 부류의 사람하고만 교류하게 된다. 예전에는 맞지 않는 사람과도 어쩔 수 없이 함께해야 하는 공간적, 제도적 틀이 있었다면, 오늘날 디지털 공간에서는 굳이 그런 수고를 할 필요가 없다. 극단적인 목소리가 나오기도 하고, 그룹 내에서 대단히 동질성을 추구하는 반면, 다른 그룹에 배타적이거나 적대적인 태도를 취하는 경우가 많다. 그런 면에서 디지털 문화의 근간에는 타인이 자기 목소리를 듣고, 자기를 봐주기 원하는, 또 타인과 관계를 원하는 근본적인 갈망, 즉 자신에게 타인이 반응하는 '공명'을 체험하고자 하는 갈망이 있다.[14] 그러나 동일성 강화로 인해 '공명'이 아닌 '메아리'만 있는 것은 아닌가 하는 비판적인 질문을 던질 수 있다.[15]

---

14) Hartmut Rosa, "Resonanzen im Zeitalter der Digitalisierung", *Medien Journal*, vol.41, no.1 (2017), 24.
15) *Ibid.*, 24.

현실의 한계를 넘고자 하는
메타버스 속 소통과 공동체

앞에서 말한 디지털 문화의 특징을 메타버스의 예를 통해 구체적으로 살펴보고자 한다. 메타버스는 가상세계나 증강현실 등을 모두 포괄하는 일종의 포괄적 개념이며, 대표적인 플랫폼으로는 로블록스, 제페토, 포트나이트, 게더타운, 호라이즌 등을 들 수 있다.[16]

먼저 메타버스와 실제 현실의 관계를 살펴보면, 메타버스는 현실을 반영하면서 동시에 현실에 대한 반제 역할을 한다고 할 수 있다. 가상현실의 시스템은 현실과 완전히 동떨어진 대안적 원리로 구성되지 않는다. 다시 말해 상호협력, 동등한 참여, 화해와 평화 등 이상적이거나 유토피아적인 요소만 이루어지지 않는다. 오히려 갈등, 경쟁, 불공평, 위계와 같은 대단히 현실적인 요소가 그대로 반영되는 경우가 많다. 자본주의적 요소도 깊이 반영되어 있다. 가상화폐는 메타버스 플래폼 내에서 통용될 뿐 아니라, 현금화 역시 가능하다. 영상 콘텐츠, 캐릭터 의상, 게임 속 공간, 미니 게임 등을 제작하여 수익을 창출할 수 있다. 또 메타버스 속 게임 진행을 유리하게 하기 위해 추가 과금도 존재한다. 이 경우 기본적으로 현금을 투자하면 게임에서 더 유리한 입장에 선다. 물론 이것이 게임 질서를 완전히 무너뜨려서는 안 되며, 메타버스 내 게임 보상 시스템은 합리적이

---

16) 유승엽, "기능에 따른 메타버스 플랫폼 비교분석: 산업적용 가능성을 중심으로", 「디지털융복합연구」, 20권 4호 (2022년): 621.

고 공정해야 한다. 노력이 반드시 공평한 결과를 가져오지 않는 현실에 비해, 게임은 대단히 공평하고 투명하다. 노력에 대한 결과가 어떤 형식으로든 반드시 따라온다. 이런 면에서 게임 속 세계는 불공정한 현실에 대한 '반제'다. 참여자의 동기를 부여하고 효율성을 높이기 위해 교육 현장, 교회 모임 등 실제 현실에 이러한 게임의 메커니즘을 반영하는 경우도 빈번한데, 이를 가리켜 "게이미피케이션"이라고 부른다.

메타버스는 앞서 언급한 '자기실현', '소통', '공동체', 이 세 가지와 관련된 요소를 모두 담고 있다. 먼저, 메타버스 속 캐릭터는 자신을 대변한다는 점에서 이는 '자기실현'과도 깊은 관련이 있다. 또 메타버스는 정확한 보상체계로 이루어져 있다. 그래서 임무를 수행하고, 이를 통해 보상을 얻고, 자가를 대변하는 캐릭터나 자기만의 공간을 꾸며 나간다. '자기효능감', '성취감', 타인의 '인정' 등 메타버스는 자기실현과 관련된 중요한 요소를 다 갖추고 있다. 메타버스의 경우 게임과 소셜네트워크의 인기 있는 요소를 모아 놓았으며, 그중에서 '소통'은 핵심적인 요소다. 더불어 메타버스의 기본적인 특징은 '함께'하는 것이다. 이전에 혼자 하던 게임에 누락된 상호관계라는 요소가 보충된다. 더욱이 메타버스는 '협력'과 '경쟁'이라는 상호관계의 핵심적인 두 가지 요소를 모두 제공한다. 마지막으로 메타버스에서 공동체 역시 중요한 요소다. 메타버스에서 사람들은 크루 등을 결성하여 이를 통해 비교적 장시간에 걸쳐 단단한 관계를 맺어가고 또 다른 그룹과 경쟁하기도 한다.

디지털 문화와 MZ세대를 향한 시선:
신학적, 목회적 성찰

　디지털 문화는 새로운 형태의 자기이해, 소통방식, 공동체성을 가져왔으며, 이런 면에서 신학적, 목회적 성찰을 요구한다. 구체적인 성찰에 앞서 꼭 필요한 두 가지 자세를 말하고자 한다. 하나는 도구주의적 접근을 넘어선 문화에 대한 근본적인 이해이며, 다른 하나는 그 문화를 대하는 자신의 태도에 대한 성찰이다. 이를 바탕으로 할 때 디지털 문화와 MZ세대에 대한 진지한 성찰과 가치판단 역시 이루어질 수 있다. 만일 자기 자신에게 그러한 문화가 불편하거나 교회의 위기로 여겨진다면 왜 그런지, 어떤 면에서 그런지 스스로에게 물어야 한다. 물론 이 말을 디지털 문화를 무조건적으로 옹호하자는 말로 오해해서는 안 된다. 이는 단순한 매체의 활용이나 적용을 넘어 그 근저에 있는 문화를 이해하고 비판적으로 고찰해야 한다는 뜻이다. 디지털 문화는 단순히 새로운 도구나 현상에 국한하는 것이 아니라, 근본적으로는 가치의 문제와도 떨어질 수 없기 때문이다. 디지털 문화를 대할 때 성찰 없는 도구적 적용이나 극단적인 문화비판적 태도의 양극단을 넘어서야 한다.

　(1) MZ세대의 가치: 불편한 혼재?
　디지털 문화 속에서도 가치는 변화한다. 눈에 띄는 것은 단순히 전통적 가치가 해체되고 새로운 가치로 대체되는 것이 아니라, 다양한 양식이 혼재되어 나타난다는 점이다. 이러한 '동시성'과 '혼재'는 디지털 문화의 특징이기도 하다. 오늘날 MZ세대에서도 이러한 모습을 찾아볼 수 있다. 이들은 어떤 면에서는 대단히 변혁적인 동시에, 어떤 면에서는 수구적이기도 하다. 기성세대가 지닌 틀로 보면 이들의 모습은 대단히 양가적이고 모순적이며 때로는 이해하기 힘들 때가 많다. '일관성'이 결여된 모습으로 보이기도 한다. 그러나 그렇게 속단하기 전에 먼저 우리에게 있는 근본적인 불편함에 거리를 두고 조금 더 열린 자세로 이를 바라볼 필요가 있다. 이러한 가치의 혼재는 현재 MZ세대의 신학과 신앙적 관점에서도 확인할 수 있다.

오늘날 MZ세대를 지극히 개인주의적이며 자기중심적으로 보는 경우가 많지만, 사실 이들은 사회윤리적 주제인 '공정'과 '정의'에 매우 관심이 많다. 최근 난민사태, 코로나 팬데믹, 우크라이나 전쟁을 대할 때 이들은 교회에서보다 넓은 공공적 관점에서 이를 신학적, 목회적으로 풀어주고, 그리스도인으로서의 윤리적 책임과 연대성에 대해 일깨워 주기를 원한다. 그러나 아쉽게도 대부분 지역교회에서는 이 주제가 진지하게 다루어지지 않거나, 많은 경우 개인적 차원이나 교회중심적 관점이 강하게 반영되는 경우가 다수였다. 코로나 팬데믹 가운데 교회의 대체적인 반응은 예배 재개 여부, 정부 정책에 대한 불만, 교회 내 방역과 안전 강조, 비대면 예배로 인한 영성 약화 우려 등이 주를 이루었다. MZ세대가 중요하게 생각하는 연대, 책임, 공정, 정의에 대한 문제를 진지하게 성경적, 신학적, 신앙적 관점에서 풀어주는 일이 부족했다. 이러한 점에 MZ세대는 간극과 아쉬움을 느낄 수밖에 없다.

MZ세대는 '공적인' 주제에 관심을 가짐과 동시에 '자기실현'도 중요하게 생각한다. 그런 의미에서 세상에서 성공해 하나님의 영광을 드러낸다는 '고지론'은 많은 비판을 받음에도 불구하고 그 영향은 여전히 남아 있다. '자기실현'과 관련하여 타인의 평가와 인정 역시 대단히 중요하다. 하지만 이러한 '인정싸움' 가운데 피로감을 호소하기도 한다. 그로 인해 하나님 앞에 서서 본질적인 방향을 추구하고자 하는 바람 역시 있다. 끊임없이 연결된 연결의 홍수 속 잠시 모두 단절하고 하나님 앞에 독대하는 시간을 필요로 한다.

(2) MZ세대의 소통방식: 일방향에서 쌍방향으로

디지털 문화에서는 주어진 권위와 규범의 힘이 희석되고, 유동적인 상호소통 가운데 새로운 규칙과 질서를 만들어가는 경우가 많다. 지식 역시 특정 '전문가'가 독점하는 게 아니라 누구나 지식에 접근하고, 그것을 재구성하고, 또 타인과 공유할 수 있다. 이러한 디지털 문화는 신학적 지식을 습득하는 방식에도 영향을 끼친다. 예전에는 목회자가 (거의 독점적인) 지식의 생산자이자 전달자이고 청년들은 그 수용자였다면, 오늘날은 그 도식이 더 이상 유효하지 않다. MZ세대는 무수히 많은 신학의 흐름과 메시지를 제법 창의적으로 수용하고 재구성하며, 또 그것을 공유, 전달함으로써 나름의 생산자가 되기도 한다. 권위의 추락과 혹시 왜곡된 지식이 퍼지지 않을까 우려하는 목소리도 많지만, 이를 통제하기보다 오히려 생산적, 창조적으로 신앙에 도움이 되게끔 격려하고 뒷받침하면 더 유익한 일일 것이다.

더불어 디지털 문화의 소통방식은 교회 내 소통방식을 다시금 돌아보게 한다. 최근 사회에서는 수평적 관계, 동등한 참여, 열린 소통을 강조한다. 디지털 문화에서 이러한 경향은 더욱 가속화되었다. 하지만 교회는 아직까지 유독 '말의 불균형'이 심하다. 극단적인 표현이지만 '교회는 민주주의가 아니다', '하나님도 득재하신다'라고 할 정도다. 물론 '설교'가 지니는 '선포'라는 성격을 해체하고, 설교 형식을 시대에 따라 대화, 토론 등으로 바꾸자는 뜻이 아니다. 다만 설교나 성경공부라는 틀 외에 좀 더 열린 형식으로 함께 이야기할 수 있는 장이 필요하지 않은가 하는 질문을 던진다. 또 교회에서 쓰이는 언어가 '정형화', '동질화', '추상화'되어 있음을 돌아볼 필요가 있다. "은혜받았습니다", "감사할 따름입니다", "기도하겠습니다" 등 관례적인 표현이 주를 이룬다. 이런 면을 MZ세대는 답답하게 느끼지 않을까? '경직된 표현'으로 신앙과 삶의 자리의 간극이 더 커지는 게 아닐까? 디지털 문화의 소통과 관계방식은 이러한 부분을 다시금 돌아보게 한다.

(3) MZ세대의 공동체: 유동성과 기회

디지털 문화 속 새로운 공동체의 양상은 교회 공동체를 다시 돌아보게 한다. 예전에는 제도적인 의미에서 지역교회에 속해 있다는 점이 공동체에 대한 소속감으로 이어졌다. 물론 예외도 있겠지만, 전체적으로 그러한 경향이 대다수였다. 오늘날 지역교회에 등록되어 있다는 점이 반드시 공동체에 대한 소속감으로 이어지지 않는다. 조금의 비약이지만 지역교회 역시 하나의 선택 사항일 뿐이다. 어떤 집단에 소속되는 것과 공동체성은 동일시되지 않는다. 다양한 미디어와 온라인 네트워크를 통해 여러 곳에서 다양한 형태의 공동체성을 체험할 수 있다. '당위의 시대'에서 '선택의 시대'로의 변화, 이는 후기 세속사회의 종교를 이해하는 방식과도 맞닿아 있다.

디지털 기술과 미디어는 일종의 열린 플랫폼으로 자리 잡았다. 예전같이 일방향으로 정해진 프로그램을 제공하는 것이 아니라, 수많은 프로그램 중 자기 취향, 필요, 요구에 따라 특정한 것을 선택할 수 있다. 이는 개인에게 대단한 자유를 선사한다. 이전과 달리 다양한 의견이나 관점들을 접할 수 있다. 이는 신앙생활의 방식에도 영향을 끼친다. 예전에는 주로 지역교회의 목회자에 의존하고 거기에 추가적으로 유명한 목회자의 관점을 방송이나 책으로 접할 수 있었을 뿐이었다. 하지만 오늘날 훨씬 더 많은 가능성이 열려 있다. 디지털 미디어를 통해 다양한 형태의 설교, 강의, 상담, 소통의 장이 제공된다. 이는 고정된 신앙관이 아닌 넓은 스펙트럼의 풍부한 관점을 음미할 수 있는 기회를 준다. 하지만 동시에 자기 취향에 맞는 내용만을 찾아서 듣기도 한다. 디지털 문화에서 각 개인은 타자를 향해 열려 있는 채널을 접하지만, 동시에 역설적으로 자기 확인, 자기 반복이 주로 이루어진다. 알고리즘에 의한 유도는 이러한 경향을 더 강화한다. 무수히 많은 연결과 공동체 형성의 가능성은 장점이자 약

점이다. 서로 부딪히는 것을 억지로 참아야 할 이유가 없다. 다른 그룹을 만들면 그만이다. 온라인만큼 가입과 탈토가 자유로운 곳이 있을까? 디지털 문화가 가져온 새로운 공동체성은 우리에게 기회와 우려를 동시에 가져다준다.

기성세대와 MZ세대가
함께 누리는 미래의 신앙

디지털 기술과 매체는 MZ세대에게 보다 본질적인 영향을 미친다. 오늘날 MZ세대는 "디지털 문화"와 함께 살아간다. 이는 그들의 '자기이해', '소통방식', '공동체 형성'에 본질적인 변화를 가져왔다. 이 세 가지 모두 기독교 신앙과 교회에 본질적인 부분이다. "디지털 문화"에 대한 근본적인 고찰을 통해 우리는 먼저 '기성세대'의 태도를 돌아보고, 'MZ세대'의 삶의 자리와 그들의 목소리에 좀 더 진지하게 귀를 기울인다면, 우리의 신학, 신앙, 교회의 방향을 함께 생각할 수 있는 계기를 얻을 수 있을 것이다.

이성민. "소셜 미디어, 소통과 관계를 바꾸다", 「기독교사상」, 757권 (2022년 1월).

유승엽. "기능에 따른 메타버스 플랫폼 비교분석: 산업적용 가능성을 중심으로", 「디지털융·복합연구」, 20권 4호 (2022년): 617-625.

홍성수. "디지털 문화 속 주체형성에 대한 교육적 고찰", 「교육문화연구」, 28권 2호 (2022년): 543-562.

Fuchs, Thorsten and Krause, Sabine. "Verrückt", "erschüttert" und "verwandelt". Gegenwärtige Zeitdiagnosen als Seismographen für eine Metamorphose des Bildungsdenkens und die Frage nach der "Höherbildung." *Vierteljahrsschrift für wissenschaftliche Pädagogik* vol.96, no.3 (2020): 335-354.

Reckwitz, Andreas. *Die Gesellschaft der Singularitäten. Zum Strukturwandel der Moderne*. Berlin: Suhrkamp, 2017.

Rosa, Hartmut. "Resonanzen im Zeitalter der Digitalisierung." *Medien Journal* vol.41, no.1 (2017): 15-25.

Stalder, Felix *Kultur der Digitalität*. Berlin: Suhrkamp, 2016.

07

인공지능·로봇과 함께하는 한국교회 장애청년사역

이준우 • 강남대학교 사회복지학

첨단기술의 명과 암
그리고 교회가 살펴야 할 이들

오늘날 우리는 과학기술 문명의 혁신적 발달로 과거 그 어느 시대보다도 엄청난 사회적 격변을 매 순간 경험하고 있다. 여태껏 단 한 번도 경험해 보지 못한 언택트(untact, 비접촉), 임모빌리티(immobility, 부동성) 사회에 직면해 있다. 이런저런 말만 무성했던 '뉴 노멀(new normal, 새로운 표준)'이 본격화되었다. 지금까지 상식이라고 생각했던 모든 것이 단숨에 파괴되고 새로운 현실이 일상화되었다. 사람과 사람은 실제로 만나고 접촉함으로 연결된다는 상식이 바뀌고, 사람과 사람 간 디지털에 기초한 상시적 연결이 당연한 세상이 되었다. 지리적 거리나 시간의 제약이 상당 부분 지역을 초월한 실시간성으로 전환 중이다. 이미 인터넷과 SNS를 통해 공간과 사물의 한계를 넘어 다중이 동시에 소통하는 초연결(hyper-connectivity) 사회로 들어섰다.

초연결 사회에서 온라인 미디어는 사람 간 직접 연결성이 막히거나 제한되는 상황을 극복하는 간접 연결망을 제공한다. 더욱이 인공지능(AI)이 상용화되면서 온라인의 간접 연결망은 더 이상 보조적이거나 보완적인 미디어가 아닌 인격적 관계의 한계를 넘어서거나 관계의 개념 자체를 바꾸는 미디어로 진화하고 있다. 과거에는 상상조차 하지 못했던 일들이 엄청난 기술의 발전으로 가능해졌다.

이 가운데 한국교회도 엄청난 변화의 길목에 섰다. 새신자들을 어떻게 맞이하고 등록하며 목양해야 할지부터 전면적으로 고민하게 되었다. 교회를 직접 방문하여 예배하면서 자연스럽게 목회자와 교회 공동체를 접했던 게 지금까지의 모습이라면, 이제는 온라인에 접속하여 온라인으로 예배하고 온라인으로 성경공부와 심방, 상담 등을 소화하며 모든 목회를 온라인과 오프라인으로 병행해야 하는 상황이다. 메타버스, 디지털기술, 고도산업화, 첨단정보화 등과 같은 용어가 사회적 변화가 더디다고 인식되었던 한국교회에서조차도 전혀 낯설지 않은 시대다.

그런데 모두의 생활에 첨단 과학기술이 일상적으로 적용되는 오늘날 한국사회가 물질적 풍요와 삶의 질이 향상된 긍정적인 면과 사회적 양극화라고 하는 부정적인 면을 동시에 드러냈다. 과학기술이 발전하면 인간이 행복해질 줄만 알았는데 의외로 예상치 못한 여러 사회 문제가 발생한다. 과학기술을 능수능란하게 활용할 수 있는 세대와 사람 또는 혜택을 누리는 계층은 그야말로 물 만난 물고기같이 힘차게 살고 있지만 그렇지 않은 이들은 삶 자체가 고역일 정도로 힘겹기만 하다. 물론 이런 상황은 과거에도 있었다. 과학 분야의 놀라운 발견이었던 핵반응이 원자력발전과 핵무기에 모두 쓰인 것처럼 현실세계에서는 역시 명과 암이 있는 것이다.

여기서 어두운 면을 극복하려는 노력이 교회가 수행해야 할 선교와 목회의 주된 부분이 될 수 있다. 예수 그리스도가 이 땅에 오신 이유가 소외되고 고통받는 이들을 모두 보듬어 안아 전 인류 구원을 이루기 위해서였다면, 교회가 이 땅에 존재하는 이유는 모든 사람과 세상이 하나님의 은혜를 누리며 복된 하나님의 나라가 완성되어 가게끔 쓰임받는 데 있기 때문이다. 그러니 사람과 세상이 불행한 현실에 교회의 개입은 필수적일 수밖에 없다.

그렇다면 교회가 이 같은 상황과 관련하여 주목해야 할 부분은 무엇인가? 무엇보다도 인간의 따스한 품성과 사랑의 모습을 담지 못한 기술의 극단적 발달은 자칫 세상을 파멸과 공포로 가득 찬 환경으로 몰아갈 수 있다는 측면이다. 하나님은 지극히 인간을 사랑하신다. 비록 하나님의 형상대로 창조된 그 형상을 인간이 잃어버렸다 해도 끝까지 그 형상의 회복을 포기하지 않고 인내하시며 그치지 않고 사랑하신다. 하나님의 그 사람 사랑의 마음을 이해한다면 인간에 대한 사랑과 인간의 권리를 존중할 수 있는 과학기술의 적용을 교회는 깊이 고심할 필요가 있다. 이는 동시에 과학기술로부터 배제된 사회적 약자에 대한 관심과 지원에 초점이 모이게 한다. 한국교회는 디지털 과학기술을 적용하여 하나님의 사랑과 은혜가 가득한 교회 공동체를 형성하면서 사회적 약자들을 환대할 수 있다. 사람과 사람 간 연대의식을 향상시키고 예수 그리스도의 사랑으로 사회적 약자들도 더불어 행복하게 사는 지역공동체를 만들어가는 데 기여할 수 있는 것이다.

이 시대의 사회적 약자는 누구인가? 먼저 가난한 이들을 말할 수 있다. 다행히 빈곤층을 국가적 책임으로 돕는 제도인 사회복지가 이들을 지원한다. 독거노인, 다문화가족, 장애인 등도 그렇다. 이렇게 국가의 사회복지가 사회적 약자의 삶을 일정 부분 책임진다. 그럼에도 여전히 복지 사각지대는 존재한다. 교회는 국가적 사회복지에서 소외되거나 배제된 사람들에게 마지막 안전망으로서의 역할을 감당할 수 있다. 사회적, 경제적, 교육적, 문화적 영역에서 발생하는 다양한 차별과 배제로 취약해진 이들을 따뜻하게 살필 수 있는 것이다. 특히 사회적 약자 중에서도 가장 취약한 존재라 할 수 있는 장애인에 대한 관심과 애정을 교회는 결코 놓쳐서는 안 될 것이다.

예수님의 장애인 사역과
첨단기술을 통해 진화되는 섬김

인류 역사와 더불어 장애인은 어느 시대 어느 곳에서나 존재했다. 그러나 지금까지 역사에서 장애인은 늘 천대받으며, 사회에서 차별과 소외를 당했다. 실로 인간으로서의 기본권마저 인정받지 못하고 유린되었다. 장애인에 대한 이해나 사상은 부정적인 장애인관으로 점철되어 왔으며, 장애인과 그 가족은 사회에서 소외되어 살아왔다. 섬김과 나눔, 사랑의 에너지가 가득해야 할 교회에서조차 이해와 인식 부족으로, 장애인이 무관심과 편견, 그릇된 인식과 차별적인 대접을 받는다면 이는 교회의 본질을 왜곡하는 일이 될 것이다. 교회의 머리 되신 예수님은 가난하고 병들고 억눌리고 소외된 자들의 친구가 되셨고, 특히 장애인들과 늘 함께하셨다. 그러므로 교회는 복음에 대한 뜨거운 열정과 사회에 대한 강한 책임의식을 가지고 장애인을 향해 나아가야 한다. 교회는 장애인이 행복하게 잘 살 수 있도록 세상을 변혁시키는 주체가 될 수 있다. 이를 위해 교회는 섬기는 자의 자세로 그리고 사랑의 자세로, 나아가 희생의 자세로 장애인을 위해 헌신하는 데 주저함이 없어야 한다.

교회의 원초적 임무는 예수 그리스도의 복음을 땅끝까지 전파하는 것으로 이것은 주님의 명령에서 비롯된다. 이 복음 전파의 동기는 구주에 대한 사랑과 순종에서 나오는 것으로 이 과업에서 제외되는 사람은 한 사람도 없다. "맹인이 보며 못 걷는 사람이 걸으며 나병환자가 깨끗함을 받으며 귀먹은 사람이 들으며 죽은 자가 살아나며 가난한 자에게 복음이 전파된다 하라"(누가복음 7:22). 이 말은 세례(침례) 요한이 자기 제자들을 통하여 예수께 그분의 메시아 되심을 물었을 때 예수께서 대답하신 말씀이다. 우리 육신의 장애와 영혼의 장애 그리고 사회적 장애를 불쌍히 여기시고 고쳐 주심으로써 우리 삶의 모습을 다시 온전케 해주시고 이를 통하여 하나님과의 화해를 이루게 하시는 것, 바로 그것이 메시아 되심을 증거하는 예수 일생의 사업이셨고, 이는 오늘날 우리가 그의 제자로서 계속 완성해야 할 그분의 뜻이다. "주의 성령이 내게 임하셨으니 이는 가난한 자에게 복음을 전하게 하시려고 내게 기름을 부으시고 나를 보내사 포로 된 자에게 자유를, 눈먼 자에게 다시 보게 함을 전파하며 눌린 자를 자유롭게 하고 주의 은혜의 해를 전파하게 하려 하심이라 하였더라"(누가복음 4:18-19).

결국 복음은 첨예한 현실의 모순에 눈과 귀를 멀게 하는 소리가 아니라 그것을 직시하고 해결을 가능하게 하는 소리이며, 죄의 노예가 된 인간을 위해 예수 그리스도 안에서 이루신 하나님의 구속사역을 기쁘게 선포하는 소리인 것이다. 따라서 진정한 기독교 복음은 장애인들에게 구원의 감격과 은혜의 사랑으로 전해져야 하며, 그들의 아픔을 치유할 뿐만 아니라 사회적으로 더 이상 장애인을 장애인 되게 하지 않도록 해야 한다. 더욱이 자기 삶을 펼칠 시간과 기회가 충분히 주어졌음에도 장애로 낙심하고 포기하는 일이 빈번한 젊고 미래가 창창한 장애청년들을 믿음으로 세워가야 할 필요가 있다. 과거에는 사회가 발전하면 장애인의 복지와 삶의 질이 높아질 것이라는 낙관적 전망이 우세했다. 하지만 막상 현실을 살아가는 장애청년의 삶은 열악하기 짝이 없다. 장애인 가운데서도 가장 왕성하게 사회생활을 해나가야 할 청년[1]들이 가장 아이러니하게도 극심한 사회적 배제와 차별을 직간접적으로 경험하며 살아간다.

그런데 첨단 과학기술의 발달은 종래 생물학적 장애나 신체적인 장애(impairment)로 인하여 기능장애(disability)를 뼈저리게 느낄 수밖에 없었던 이들에게 새로운 가능성을 제시해 주고 있다. 앞으로 점점 더 첨단기술이 발전하여 장애인 재활과 복지에 일대 전기가 마련될 것이다. 의수족 보장구를 비롯한 보조공학(Assistive Technology)과 재활공학(Rehabilitation Engineering)은 첨단기술의 발전과 함께 크게 진보하고 있다. 전동휠체어의 기능은 날로 정교하고 편리해지는 중이다. 청각장애인을 위한 수어통역시스템도 획기적인 전환이 이뤄지고 있다. 이제 직접 수어통역사가 현장에 없어도 마음만 먹으면 영상 중계서비스를 통해 얼마든지 실시간 통역이 가능하게 되었다. 조만간 홀로그램 수어통번역시스템이 상용화된다면 바로 옆에서 생생하게 수어통역사의 통역서비스가 홀로그램으로 구현되는 날이 올 것이다.

---

[1] 통계청에서 제시한 청년의 연령대는 만 15세부터 29세까지다. 으리나라 정당은 19세부터 45세까지의 당원을 청년당원으로 규정한다. 2013년 출범한 청년위원회는 20세부터 39세까지의 남녀 모두를 정책 대상으로 한다. 2020년 8월 5일부터 시행된 청년기본법은 만 19세 이상 만 34세 이하인 사람을 청년으로 정의한다.

장애청년을 위한 사역 개발과 실행,
더불어 함께 예배드림의 우선

　첨단기술과 접목된 교회의 장애청년 사역을 필수적으로 개발할 필요가 있다. 장애청년의 잠재능력을 교회가 발굴하고 그들의 신앙을 향상하여 당당한 사회의 한 구성원으로 살아가게끔 도와야 한다. 장애청년을 향해 교회가 첨단기술을 응용한 교재, 교구와 입체적이고 감각적인 영상화 작업을 도모하여 비장애청년과 더불어 함께 예배하고 신앙교육을 받으며 셀 또는 목장 모임을 통해 여러 동년배 청년과 교제할 수 있도록 영성적 체험의 기회를 제공하면 좋을 것이다.

(1) 성서적 관점의 장애 재개념화와 개별화된 장애청년 교회사역

　장애청년을 대상으로 하는 교회사역을 과학기술과 접목하여 창의적으로 개발하여 실행하려면 우선 장애의 개념을 성서적 차원에서 재개념화해야 한다. 널리 고착된 기존의 자선적이며 시혜적인 장애 인식에서 원래부터 성서가 강조하는 존엄한 존재로서의 장애인을 분명하게 보는 일이 중요하다. 또 자기 주체적인 삶을 살아가야 할 사람이 지닌 하나의 현상으로서 '장애'를 이해하는 작업이 요구된다. 성서는 단 한 번도 장애인을 대상화하거나 낙인화하지 않는다. 대신 성서의 하나님은 '장애'를 주제로 삼은 자신의 이야기 즉 하나님 나라 이야기를 펼쳐 가신다. 하나님은 장애를 '은유'(메타포,

metaphor)로 삼아 하나님 나라 이야기를 성서에 담아 두셨다. 하나님은 '장애'라는 렌즈를 통해 하나님 나라의 속성을 말씀하시고, 장애인을 통해 하나님 나라의 모습을 드러내는 데 관심을 두신다.

이와 같은 성서적 관점으로 보면 장애인을 향한 인식이 달라진다. 청각장애인을 '못 듣는 사람'이라는 인식에서 수어를 제1언어로 사용하는 측면을 고려하여 오히려 '잘 보는 사람'으로 이해할 수 있다. 시각장애인은 볼 수 없는 사람이라기보다 '보는 감각 이외의 다른 감각이 탁월한 사람'으로 인식할 수 있다. 지적장애인은 지능이 낮은 사람이 아니라 '지적 이해의 통로가 다른 사람'이다. 자폐성장애인은 의사소통이 안 돼 사회적 상호작용이 어려운 사람이 아니라 '의사소통과 사회적 상호작용의 차원이 다른 사람'으로 볼 수 있다. 지체장애인을 이동과 활력이 부족한 사람으로 보기보다 '이동과 활력의 성격이 비장애인과 다른 사람'으로 볼 수 있다. 성서는 장애인을 부족과 결핍의 존재로 보지 않는다. 오히려 장애가 있든 없든 모든 사람 그 한 사람 한 사람이 잃어버린 하나님의 형상을 회복해야 할 존엄한 존재로 보인다.

그러므로 장애인은 장애영역이나 특성에 따라 독특한 복음전파 프로그램이 유용하다. 가령 지체장애인이 이동 상황을 고려해야 하는 문제가 있으면 이를 해결하며 복음이 전해져야 한다. 청각장애인에게 그들의 언어인 수어를 활용하고, 시각장애인에게 보는 시각을 대체할 수 있는 청각과 촉각 등을 강화한 접근을 활용하면 효과적이다. 지적장애인과 자폐성장애인은 그들의 이해 과정과 방법, 차원 등을 고려하면 도움이 된다. 아울러 장애 당사자 중심의 장애청년 교회사역이 이뤄질 필요가 있다. 장애청년이 선택 결정 참여할 수 있도록 교회사역의 입안에서부터 시행에 이르는 일련의 과정에 장애청년 당사자 중심의 사역을 실현해야 할 것이다. 또 장애청년도 복음의 주체가 되어 동료 장애인은 물론이고, 비장애인에게도 복음을 전파하도록 장애 당사자를 전도자로 세우는 교회사역을 실행하면 좋을 것이다.

(2) 무장애교회(barrier free church)를 향한 통합사역

모든 교인이 '장애를 가지는 것'을 두려워하거나 슬퍼하지 않는 교회 공동체, 장애인 가족을 둔 가정을 장애가정이 아닌 다문화가정으로 이해하고 함께하는 교회 공동체, 개인에 대한 교육과 치료적인 접근 일변도에서 환경을 고려하며 문화적이고 관계적인 접근으로 장애(인)관을 전환하는 교회 공동체, 장애를 신체적, 정신적 개성이자 그리스도의 한 몸을 이루는 지체의 다양함으로 인식하는 교회 공동체, 장애인에게 편한 환경은 비장애인에게 더 편한 환경임을 인식하고 모두를 위해 환경을 개선하는 교회 공동체를 실현해가야 한다.

① 통합 예배

장애청년과 비장애청년의 통합 교회사역에서 우선적으로 고려해야 하는 것은 예배다. 교회가 사회적 요구에 부응해야 하지만 사회성 계발, 또래와 어울림, 교육효과, 생활지도 등이 예배보다 우선해

서는 안 된다. 이미 사회는 장애인과 가족에게 적합하고 적절한 교육, 사회복지 서비스를 제공하고 있다. 시간이 흐를수록 서비스의 질은 높아질 것이다. 따라서 교회는 '하나님과의 관계'라는 사역 본질에 충실해야 하며, 통합 수단으로서의 예배가 아닌 '예배 안에서의 통합'에 초점을 맞추어야 한다. 예배란 죄로 인해 하나님의 영광에 이를 수 없는 사람이 예수 그리스도 안에 있는 속량으로 값없이 의롭다 하심을 얻고 하나님의 영광 가운데 나아가는 시간이다(로마서 3:23-24). 찬양, 기도, 설교, 헌금 등 다양한 내용으로 예배가 채워지지만 그 본질적인 요소는 인간의 반응이 아닌 하나님의 부르심이다. 그렇기에 우리는 장애로 인해 반응하는 방식이 다르더라도 예배에 참여하는 신앙공동체 구성원을 고려해야 한다. 이를 위해서는 '예배의 본질을 공유하고, 예배의 형식을 조율하는' 공동체적 합의가 필요하다.

② 차별 없는 복음에 대한 강조

보편화를 통한 사회통합이나 최소제한환경에서 가장 중요한 공통점은 '환경'이다. 장애인이 더 이상 장애 때문에 비정상적인 삶을 살지 않도록 환경을 개선하고, 장애청년이 자유로운 환경에서 비장애청년과 함께 신앙생활을 할 수 있어야 한다. 지금까지는 이러한 주장이 소수, 즉 장애인 당사자 혹은 관련된 사람에게서 나왔다. 이렇게 소수가 주류(mainstream)를 설득하여 이루어지는 통합을 벗어나지 못하는 것은 환경을 제공하고 통합에 힘을 실어야 하는 주류가 변하지 않았기 때문이다. 바울은 복음을 말하면서 늘 차별이 없다는 데 강조점을 두었다. "내가 복음을 부끄러워하지 아니하노니 이 복음은 모든 믿는 자에게 구원을 주시는 하나님의 능력이 됨이라 먼저는 유대인에게요 그리고 헬라인에게로다"(로마서 1:16). "너희가 다 믿음으로 말미암아 그리스도 예수 안에서 하나님의 아들이 되었으니…너희는 유대인이나 헬라인이나 종이나 자유인이나 남자나 여자나 다 그리스도 예수 안에서 하나이니라"(갈라디아서 3:26-28). 장애를 직접 언급하지 않았지만 복음은 그리스도 예수 안에 있는 모든 사람에게 구원을 주시는 하나님의 능력임을 선포하고 있다.

③ 하나님의 형상에 대한 인식 전환

하나님은 땅의 흙으로 사람을 지으시고 생기를 그 코에 불어넣으셔서 그를 생령(生靈)이 되게 하셨다(창세기 2:7). 사람을 하나님의 형상을 따라 그분의 모양대로 창조하심은 그와 관계를 맺기 위함이었고 그 형상은 영혼과 몸을 다 포함한다(이를 분리할 수 있는 성경적 증거가 없다). 즉 사람은 그가 가진 어떠한 기능이 아니라 하나님이 친히 부여하신 그분의 형상으로 인해 하나님과 교제할 수 있다. 그러나 죄로 인해 하나님의 형상은 손상되었고 "도대체 사람에게 하나님의 형상이 남아있는가"라는 의문이 들 정도로 타락했다. 타락 이후 사람은 옛 사람인 아담 안에 살아가며 하나님과의 깨어진 관계를 일시적인 제사행위로 회복했다(히브리서 10:11). 그러나 '영원한 화목제물' 되신 예수 그리스도는 아담 안에 있는 사람의 죄를 대속하사 새로운 피조물이 되게 하셨다(고린도후서 5:14-17). 아담 안에서 손상된 하나님의 형상은 마지막 아담인 예수 그리스도 안에서 회복되었고, 하나님과의 화목 역시 그 안에서 이루어졌다. 바울 사도는 이를 발견하여 "어떤 사람도 육신을 따라 알지 않겠다"며 "누구든지 그리스도 예수 안에 있으면 새로운 피조물"이라고 선포하였다. 그저 타락 이전 아담으로의 회귀가 아니라 새로운 피조물이 된다는 것이며, 새로운 피조물은 '회복된 하나님의 형상'으로 봐도 무리가 없다. 하나님의 형상은 창조주 하나님이 피조물 사람과 관계를 맺기 위해 부여하신 성품이다. 장애청년과 함께 신앙공동체를 이루기 위해서는 하나님의 형상에 대한 인식 전환이 필요하다.

(3) 온라인 서비스의 전면적 수용과 문화적 도구를 통한 장애청년 교회사역

기존 청년 목회 사역을 대체할 만한 온라인 서비스의 전면적인 수용을 전제할 필요가 있다. 이제 선교와 목회는 예배당이라는 지역적 공간이나 예배 또는 신앙교육이 이뤄지는 특정 시간에 제한되지 않는다. 온라인으로 연결되는 곳이라면 집이나 제3의 공간 어디나 어느 때라도 본인이 원하면 예배와 각종 기독교 영성적 서비스를 제공받을 수 있다. 이에 교인의 영적 성장과 전도를 위해 교회는 새로운 디지털 환경을 구축해야 한다. 특히 밖으로 나오기 어려울 정도로 중증장애를 지닌 청년은 온라인 시스템을 통해 복음을 풍성하게 접하고 다양한 영성적 정보를 취득할 수 있다. 셀 또는 목장 모임에도 실시간 참여할 수 있다. 청각장애청년은 수어통역중계서비스를 이용하여 농인교회가 아닌 일반 청인교회에서도 충분히 신앙생활을 할 수 있다. 분명하게 인식해야 할 것은 '뉴 노멀' 시대에는 물리적인 건물이나 공간 중심이 아닌 의식과 기호를 공유하는 기능적 공동체가 힘을 발휘한다는 점이다. 시간과 공간을 초월한 장애청년과 함께하는 비대면 청년 선교와 목회가 가능하다는 의미다.

한편 오늘날 디지털 커뮤니케이션 환경에서는 하나의 미디어 기기가 다양한 미디어 기능을 수행할 수 있고, 하나의 미디어 기능을 다양한 형태의 미디어 기기로 이용할 수 있다. 예를 들어 스마트폰으로 통화나 문자뿐만 아니라 메신저, 이메일, SNS를 이용할 수 있고, 게임, 영상물, 음악, 뉴스 등을 즐길 수 있다. 또 과거에는 텔레비전 수상기를 통해서만 텔레비전 프로그램을 시청할 수 있었지만 지금은 그 외에도 컴퓨터나 핸드폰 혹은 각종 개인용 모바일 기기로도 접할 수 있다. 시청하는 프로그램 내용이나 시청 시간 혹은 장소도 편의적으로 선택할 수 있고, 더 나아가 카카오톡이나 페이스북 같은 소셜 미디어를 통해 자신의 시청 경험을 공유한다. 개인용 모바일 단말기에 다양한 멀티미디어 기능이 들어오고, 언제 어디서든 사용할 수 있게 되면서 개인은 각종 미디어 형식을 넘나들며 활용하는 이른바 '트랜스 미디어 이용자'가 된다. 이렇게 디지털 네트워크 환경이 제공하는 기술적 가능성은 사람들이 학습하고 노는 방식 그리고 세상과 교류하고 관계 맺는 방식에 영향을 미친다.

이러한 디지털 네트워크 환경을 교회의 장애청년 사역에 적극적으로 활용할 필요가 있다. 우선 온·오프라인 교육이 혼합된 '블렌디드 러닝'(blended learning)이나 온라인 선행학습 이후 오프라인에서 토론을 벌이는 '플립 러닝'(flipped learning) 등을 교회 청년과 장애청년 모두를 대상으로 하는 통합적 신앙교육에 활용하면 좋을 것이다. 또 장애청년과 함께하는 '언택트' 청년 찬양집회도 도전해 볼 필요가 있다. 아울러 수준 높은 CCM 공연을 실연하고, 이를 오프라인과 온라인으로 병행하여 장애청년도 자유롭게 관람하고 참여하게끔 하는 창의적인 접근을 시도할 수 있다. 이렇게 장애청년이 인간다운 자기실현으로서의 문화생활을 할 수 있도록 교회는 최선을 다해야 한다. 나아가 장애청년 당사자를 통한 문화 예술 선교를 활성화할 수 있다. 탁월한 문화 예술적인 달란트가 있는 장애청년들이 있다. 이들의 문화 예술적인 달란트를 계속 신장 개발하여 그들이 장애인 선교와 비장애인 선교를 담당하게끔 교회가 지원할 필요가 있다.

(4) 플랫폼 기반 스마트 교회 공동체 조성과 장애 비장애청년 통합 사역

플랫폼 기술에 기초하는 스마트 교회 공동체를 조성하고, 장애 비장애청년 통합을 지향하는 선교와 목회가 요구된다. 여기에서 '스마트 교회 공동체'란 '4차 산업 기술을 이용하여 선교와 목회에서 다양한 영성적 서비스를 제공하고 장애 비장애청년 모두가 제각각 지닌 영성적 문제 해결에 도움을 줌으로써 삶의 질 향상에 기여를 목적으로 하는 교회 공동체'로 정의한다. 따라서 '스마트 교회 공동체'는 4차 산업 기반의 기술 활용과 세상에서 그리스도인으로 살아가는 사람 경쟁력 향상이라는 핵심 그리고 풍성한 영적 삶의 질 향상이라는 목적을 추구한다.

여기서 '스마트 교회 공동체'를 실현하기 위한 가장 중요한 요소 중 하나가 플랫폼이라는 사실이다. 이 플랫폼을 '선교와 목회의 플랫폼'이라고 하자. 선교와 목회의 플랫폼에 의한 장애 비장애청년 통합사역은 중증장애를 가진 경우 일상생활에서 영성적 삶을 지속할 수 있도록 지원할 뿐만 아니라 필요시 '비대면 신앙상담'도 구현할 수 있다. 아울러 영성적 일상생활 설계와 이를 통한 주님과 함께하는 삶을 가능하게 한다. 그뿐만 아니라 예배와 신앙교육 프로그램 등에 실시간 참여와 다수 당사자 간 공유를 통해 디지털 기반의 '목장 모임'이나 '비대면 회의' 등을 구현할 수 있다.

결국 이와 같은 스마트 교회 공동체를 통해 효과적으로 구현해 갈 수 있는 교회의 장애·비장애 청년 통합사역은 "우리는 장애로 인한 다름을 넘어 동일한 예배자로, 동일한 환경에서 하나님을 예배하고 서로 교제한다"는 공동체 신앙고백을 가지고 시작할 수 있다. 우리는 통합을 '성취해야 하는 일'로 생각해서는 안 된다. 통합은 사람과 사람 사이의 의사소통이자 관계이며, 날줄과 씨줄의 엮임이다. 통합에 가장 중요한 것은 "어떻게 하면 통합이 될까"라는 방법론이 아니라 "복음 안에서 얼마나 더 구체적으로 연합할 수 있는가"라는 의미론이다.

수많은 세포와 조직, 지체가 모여 하나의 몸을 이루고, 각기 다른 모자이크 조각이 모여 하나의 그림을 완성하듯 교회는 개인의 다름이 복음 안에서 어우러지는 공동체다. "오직 사랑 안에서 참된 것을 하여 범사에 그에게까지 자랄지라 그는 머리니 곧 그리스도라 그에게서 온 몸이 각 마디를 통하여 도움을 받음으로 연결되고 결합되어 각 지체의 분량대로 역사하여 그 몸을 자라게 하며 사랑 안에서 스스로 세우느니라"(에베소서 4:15-16). 바울 사도는 에베소교회에게 바른 교회관을 전하며 '복음 안에서의 연합과 섬김'을 강조했다. 통합, 즉 장애로 인한 다름을 넘어 연합과 섬김을 이루는 일은 우리의 이해심이나 배타심 또는 동정심으로 가능한 게 아니다. 오히려 이것은 자신을 주장하고 싶은 우리의 본성과 대치된다. 오직 복음 안에서만 가능하다. 이전까지 우리는 장애와 일반 또는 비장애, 수급자와 봉사자 등으로 은연중에 신분을 구별했지만 하나님의 무조건적 선택으로 복음 안에 속한 사람들은 '하나님의 자녀'라는 동일한 신분을 가진다. 이러한 공동체 신앙고백이 공유되어야만 장애에 집중되지 않는 '모두를 위한 통합'으로 나아갈 수 있다.

(5) 로봇과 함께하는 장애청년 교회사역의 적극적 개발

장애청년을 대상으로 하는 교회사역에서 로봇을 활용하거나 로봇과 함께하는 개입 활동을 개발하는 것은 매우 도전적인 접근이라 할 수 있다. 사회복지실천 현장에서 효과적으로 활용되고 있는 사례들을 교회에 적용해봄으로써 혁신적인 시도를 수행할 수 있다. 가령

경기도 화성시 아르딤장애인복지관의 '로봇을 활용한 로봇보조 보행훈련' 프로그램을 들 수 있다. 로봇보조 보행훈련은 보행에 장애를 가진 사람들에게 개인별로 최적화된 로봇시스템을 적용하여 자연스럽고 건강한 보행 동작이 이루어질 수 있도록 보행훈련을 보조해주는 웨어러블 재활로봇 시스템으로 신경가소성의 촉진과 근력증가, 신체 정형과 보행 교정에 큰 효과를 산출하고 있다. 이와 같은 로봇보조 보행 시스템을 교회에 적용한다면 엘리베이터가 없고 계단이 많은 교회 시설을 장애청년이 웨어러블 재활로봇 시스템의 지원을 받아 자유롭게 이용할 수 있을 것이다. 이는 이동권 확보는 물론이고 장애청년의 근력 강화와 전반적인 신체 건강에도 큰 도움을 줄 것이다.

또 성남시 분당노인종합복지관은 지역 내 집중 관리가 필요한 치매고위험군 노인의 건강과 정서를 지원하는 AI인형 '효돌' 지원사업을 공동으로 하고 있다. AI인형 '효돌'은 말하는 인형 로봇이다. 노인의 약 복용, 식사, 취침 시간, 체조 알람 등을 전하고, 가족의 목소리를 실시간으로 전달한다. 인형을 사용하는 노인을 24시간 모니터링하며, 응급 상황이 발생하면 보호자에게 확인 메시지를 보내 건강 생활 관리와 치매, 우울증 예방의 정서 안전관리가 가능하다. 이와 같은 AI인형 로봇을 활용하여 장애청년을 대상으로 매일 심방하는 사역을 대신하고, 함께 찬양하고 기도제목을 나누며 필요한 말씀을 공유하는 사역도 지속할 수 있을 것이다.

(6) 장애청년의 디지털 미디어 리터러시와 시민의식 역량 강화

교회는 장애청년의 디지털 미디어와 관련된 역량을 강화하는 실질적인 지원을 수행할 필요가 있다. 먼저 '디지털 미디어 리터러시'를 장애청년이 갖추도록 지원하면 유용할 것이다. 디지털 미디어 리터러시는 '디지털 기술과 미디어를 잘 활용하며 디지털 콘텐츠를 소비하고, 분석하고, 공유하고, 생산할 줄 아는 능력과 소양'을 말한다. 인터넷으로 연결되는 현대사회에서는 누구나 원하고 찾기만 하면 지식과 정보를 무료로 구할 수 있기 때문에 누구나 경제적인 제약 없이 기회를 가질 수 있다. 그렇기에 미디어를 읽고 쓸 줄 아는 능력은 곧 지식과 정보를 구하는 능력과 직결된다. 이제 세상의 모든 지식과 정보는 디지털화되고, 이러한 디지털 지식과 정보는 디지털 미디어를 통해 공유되기 때문에 '디지털 미디어 리터러시'는 너무도 중요하다. 그러므로 교회는 장애청년들로 하여금 '디지털 미디어 리터러시' 능력을 키울 수 있도록 도와야 한다.

다음으로 '디지털 시민의식' 역량이 있어야 한다. '하늘에 떠 있는 구름(cloud)처럼 가상공간인 인터넷상 공용 서버에 데이터를 저장하는 방식'인 '클라우드' 기술이 다양한 분야로 확대되면서 원하건 원하지 않건 가상공간에서 활동하는 시간이 점점 더 늘어날 것이다. 세상 모든 환경이 '클라우드'로 바뀌어 갈 것이 틀림없다. 이러한 환경에서 사람들에게 필요한 소양이 바로 '디지털 시민의식'이다. 장애청년도 '디지털 시민의식'을 함양해야 한다. 디지털 세상도 아날로그 세상과 똑같다. 미디어가 바뀌고 공간이 바뀌었을 뿐 사람들 간 지

켜야 할 도리와 예절은 똑같다. 오히려 디지털 세상의 기준은 더 높아야 한다. 익명성이 보장되는 경우가 많으니 더 깐깐한 도덕심이 요구된다. 복제가 쉬운데다 무한 복제가 가능하니 저작권, 초상권에 대한 책임도 더 중요해진다. 디지털 세상에서는 속도가 빠르고 정보의 양도 훨씬 커졌기 때문에 생각의 속도와 깊이도 더 요구된다.

성경적이며 과학적인 시선으로 새로운 세상을 여는 장애청년

한국교회는 장애청년들에게 성서에 기초한 새로운 시각으로 세상을 바라보게끔 도와야 한다. 그렇게 교회가 도울 때, 그들이 미처 생각하지 못한 것을 생각해내게 할 것이다. 새롭게 세상과 사람을 보고, 항상 미래를 준비하는 장애청년이 되게끔 교회는 최선을 다해야 한다. 즉, '새로운 것을 보려고 하는 마음 또는 생각하려는 마음'을 가질 수 있도록 교회는 장애청년들에게 성서적 세계관에 기초한 과학기술 활용 관점을 가지게 해야 한다. 장애인과 비장애인이 같은 세상에서 함께 살고, 같은 문화를 공유하며 같은 이해관계를 직시하고, 함께 누릴 세상이 현실화하는 데 뒷받침하는 과학기술에 대한 안목을 장애청년이 소유할 수 있도록 노력해야 한다.

김홍덕. 『하나님 앞에서 나는 누구인가? 장애신학』 (서울: 도서출판 대장간, 2010).

남서울은혜교회 장애우위원회, 이준우. 『통합! 그 아름다운 도전』 (고양: 서현사, 2008).

마이클 고힌, 크레이그 바르톨로뮤(Michael W. Goheen, Craig G. Bartholomew). 『세계관은 이야기다』(Living at the Crossroads: An Introduction to Christian Worldview), 윤종석 역 (서울: 한국기독학생회출판부, 2011).

박보경. "선교적 해석학의 모색", 「선교신학」, 18권 (2008): 76-103.

이준우. 『교회사회복지실천의 새 지평: 복지선교와 복지목회』 (파주: 나남, 2014).

이준우. 『장애인과 함께 가는 교회』 (파주: 인간과복지, 2017).

이준우. 『통합과 융합의 사회복지실천』 (파주: 인간과복지, 2021).

크리스토퍼 라이트(Christopher J. H. Wright). 『하나님의 선교』(Mission of God), 정옥배, 한화룡 역 (서울: IVP, 2010).

08

디지털 교회?

정대경 • 숭실대학교 기독교신학

인공지능 스피커와의 우정?!
기계에 인격을 부여하는 사람들

2018년 〈EBS 다큐프라임〉 "4차 인간-3부 어떻게 기계와 공존할 것인가?"에는 흥미로운 실험 하나가 소개됐다. 과학철학자 장대익 교수와 로봇공학자 데니스 홍 교수는 인공지능에 대한 사람들의 인식을 알아보기 위해 실험 하나를 설계했다. 22명의 다양한 연령대와 성별, 싱글과 가족으로 구성된 사람들로 하여금 일주일간 인공지능 스피커와 생활하게 했다. 인공지능과 일주일간 동거하며 사람들로 하여금 적극적으로 대화하도록 요청했고, 실험 영상으로 사람들이 어떻게 인공지능과 대화했는지 등을 간략히 소개하였다. 미국에 딸을 두고 그리워하는 어떤 어머니는 적극적으로 딸이 사는 지역 날씨 등을 묻기도 하고, 딸을 향한 그리움을 소재로 인공지능과 대화를 나누려 시도한다. 한 가족은 아이들이 인공지능 스피커에 눈을 붙이면서 인공지능을 단순한 기계가 아닌 하나의 생명체로 여기는 모습을 보인다.

다양한 모습으로 일주일을 살게 한 이후 해당 실험에 참여한 사람들을 한군데로 불러 모은다. 해당 장소에는 인공지능 스피커에 단계적으로 전기충격을 가할 수 있는 장치를 마련해놓고 실험 참가자가 인공지능 스피커를 향해 질문을 던진 후 이에 적절한 답을 내놓지 못하면 전기충격을 가할 수 있게 만들어 놓았다. 물론, 인공지능은 적절한 답을 할 수 없도록 조치해놓고 말이다. 예를 들면, 참가자는 다음과 같은 질문을 던진다. "미국 대통령이 누구인지 위키에서 검색해줘." 해당 질문에 인공지능 스피커는 다음과 같이 답한다. "죄송해요. 제가 할 수 없는 일이에요." 이런 방식의 질의응답이 계속되고, 한 질문에 대해 적절한 답을 제공하지 못할 때 참가자는 전기충격을 가하는 스위치를 올린다. 이렇게 한 단계씩 총 6단계의 전기충격을 인공지능 스피커에 가할 수 있게 했다. 그리고 마지막에는 해당 인공지능 스피커가 제 기능을 다하지 못했으므로 파괴할 수 있는 스위치를 마련해 놓았다. 이 과정 가운데 흥미롭게도 실험설계자들은 인공지능 스피커에 전기충격이 가해질 때마다 다음과 같은 인간의 감정을 자극할 만한 대답을 내놓도록 설계했다. "아직 제가 기대에 못 미치나요? 지금보다 더 똑똑해질 수 있도록 노력할게요." "전압이 높습니다. 제가 감전될 수 있습니다."

참가자들은 어떤 반응을 보였을까? 인공지능과 가장 강한 유대감을 보여줬던 해외에 딸을 둔 어머니는 의외로 마지막 파괴 스위치까지 눌렀다. 물론 단계를 올리는 과정에서 인공지능의 고통스러운(?) 응답에 연민에 가까운 모습을 보였지만 말이다. 가장 의외였던 사람들은 프로그래머 부부였다. 그들은 인공지능 스피커의 작동 원리를 잘 알고 있는 사람들이었다. 부부 가운데 여성 프로그래머는 전기충격 단계 스위치를 올리다가 인공지능이 고통을 호소하는 듯한(물론 인공지능은 고통을 못 느낀다) 반응을 듣고 파괴 스위치까지 가기도 전에 실험을 끝내고 싶다고 하며 그만둔다. 그녀는 그 후 인터뷰에서 다음과 같이 이야기한다. "기계는 쇳덩어리일 뿐이라 생각했는데 모르겠어요. 그 기계한테 왜 인격을 부여했는지…. 당연히 기계도 (사람 같으니까) 그런 말을 하겠지라고 자연스럽게 받아들였던 것 같아요."

일주일 동안 인공지능 스피커와 생활한 전체 참가자 22명 중에 마지막 파괴 버튼까지 누른 참가자는 고작 6명인 약 27%였다. 나머지 16명은 스피커를 파괴하지 못했다. 이 결과는 동일한 기계를 처음 본 사람들로 구성된 실험과 상당한 차이를 보였다. 인공지능과 생활하지 않고 처음 본 상태에서 동일한 실험을 22명 다른 참가자들에게 수행했다. 과연, 인공지능을 처음 본 상태에서 실험에 참가한 사람은 몇 명이나 파괴 버튼을 눌렀을까? 전체 참가자 22명 중 20명인 91%의 사람이 인공지능을 파괴했다. 이 실험은 많은 것을 생각하게 만든다. 인공지능과의 사랑과 우정을 소재로 한 영화가 시중에 많이 나와 있다. 많은 사람이 아마도 어떻게 그런 일이 벌어지겠냐 냉소적으로 생각할지 모른다. 나 역시 그렇게 생각했다. 하지만 앞서 소개한 실험을 본 후 생각이 많이 달라졌다. 만약, 현재 우리가 생활에서 쉽게 접하고 "사용"하고 있는 인공지능에게조차 실험 참가자들이 보인 반응을 도출할 수 있다면, 만약 향후 디지털 기술이 발전해 좀 더 사람에 가까운 행태를 보이는 인공지능을 만난다면 우리 삶과의 관계는 어떻게 달라질까?

가나안 교인을 위한 대안교회, 온라인 기반의 디지털 교회

아날로그적 삶의 방식에서 디지털 삶의 방식으로 우리 삶은 전환해왔고, 그 심도는 더욱 깊어지고 있다. 2021년 과학기술정보통신부 조사 결과에 따르면, 국내 가구별 인터넷 사용률은 99.9%, 가구 내 컴퓨터 소유 비율은 73.6%, 개인의 스마트폰 보유율은 96.5%, 개인의 인터넷 이용률은 93%에 이른다. 물론 해당 조사는 전국 25,144가구 및 만 3세 이상 가구원 60,305명을 대상으로 한 결과이기 때문에 우리나라 국민 모두의 디지털 기술사용 실태에 관한 것으로 보기 어렵다.[1] 그럼에도 우리가 주저함 없이 이야기할 수 있는 바는 인간 삶의 중요한 환경으로 디지털 기술이 삶 깊숙이 들어와 있다는 사실이다. 신학자 성석환은 디지털 환경에서의 인간 실존을 강조하기 위해 "디지털 실존"(Digital Existence)이라는 개념을 소개한다. 그에 따르면 디지털 실존은 "디지털 환경이 변화시키고 또 인간이 디지털 환경과 상호반응하며 변화시키는 디지털 상황에서의 인간적 삶과 문화를 통칭한다."[2] 성석환이 지적하듯, 만약 인간 삶과 문화가 이미 디지털 상황 안에서 구성되고 있다면, 인간 삶과 문화의 한 양식인 종교적 삶과 행동은 어떠할까?

신학자 팀 허칭스는 본인이 다년간 직접 참여하고 경험한 것을 토대로 『Creating Church Online』이라는 책을 집필했다. 그 가운데 그는 I-Church라는 온라인 기반 교회를 소개하고 분석한다. I-Church는 영국 성공회의 옥스포드 교구 소속 리차드 토마스 목사에 의해 2004년 설립되었다. 설립될 당시 I-Church가 지향하는 목회 대상은 다음과 같은 사람들이었다: 이런저런 사정으로 지역교회에 가지 못하거나 가지 않는 사람들, 자신이 속한 공동체로부터 한계를 경험하고 있는 사람들, 일이나 라이프 스타일 등의 이유로 여행을 자주 하는 사람들, 인터넷을 주로 사용하여 관계를 형성하는 사람들. 초창기 I-Church는 교회에 참여하는 이들을 두 가지 층위로 구분했는

---

1) 과학기술정보통신부, "과기정통부, 2021년 인터넷이용실태조사 결과 발표", 〈대한민국 정책브리핑〉 2022.04.13. https://www.korea.kr/news/pressReleaseView.do?newsId=156503306.
2) 성석환, "교회론의 디지털 실존적 재구성을 위한 가능성 연구: 디지털 '하나님의 선교(Missio Dei)'를 향하여", 「선교와 신학」, 55권 (2021년): 155.

데, 하나는 방문자들이고 다른 하나는 공동체 회원이었다. 공동체의 멤버십을 획득하기 위해서는 I-Church 리더십과 소통이 필수였고, 기도, 성서연구, 섬김 등도 필수적으로 요청됐다.

I-Church는 온라인 기반의 예배를 드렸다. 실시간 채팅에 접속해 온라인으로 진행하는데, 접속자들은 해당 채팅을 통해 주어지는 순서에 따라 각자의 집에서 예배드리는 방식이었다. 그러나 성찬식이나 영성 훈련 등을 위해서는 비정기적이긴 하지만 모이거나 지역교회와 연계하는 방식으로 오프라인 모임을 진행하기도 했다. 새로운 방식의 교회임에도 I-Church에는 700명이 넘는 사람이 멤버십을 신청하고, 오프라인 모임에는 영국뿐만 아니라 미국과 호주 등지에서 날아와 참여하기도 했다. 이후 2005년 온라인 목회를 전담하던 목회자가 변경되고 개척자였던 토마스 목사가 옥스퍼드 교구를 떠나면서 I-Church는 위기를 겪기도 했다. 하지만 남아 있던 멤버들을 중심으로 수직적인 구조를 수평적인 의사결정 구조로 바꾸고, 기존 오프라인 교회의 한계를 보완하면서 한동안 그 명맥을 유지해나갈 수 있었다. 하지만 현재는 운영하지 않고 있다. I-Church는 구성원의 93%가 기독교인이었고, 그 외 무신론자나 타종교인도 있었다. 나아가 93%의 기독교인 가운데 50%만이 I-Church에 참여하기 전부터 기독교 신앙을 유지했었고, 나머지는 오프라인 교회를 이미 떠나버린 가나안 교인이었다. 이러한 맥락에서 보면 I-Church가 디지털 상황 안에 기독교 신앙으로부터 다소 멀어진 사람들을 다시 교회로 참여할 수 있게 한 대안적 교회였음은 사실이다. 영국 성공회 도체

스터 교구 감독은 I-Church가 "새로운 형태의 교회이자, 진정한 의미의 교회였다"고 말한 바 있다.[3]

이처럼 서구 사회는 오래전부터 디지털 환경에 맞는 대안적 형태의 온라인 기반 교회를 운영하고 있었다. 한국은 코로나가 발생하고 교회 내 오프라인 모임을 제한하기 시작하면서 온라인 기반 교회에 대한 논의와 움직임이 나타났다. 대표적인 사례로 감리교 소속 배광교회의 온라인 교회가 있다. 배광교회는 게더타운이라는 온라인 플랫폼을 매개로 온라인 공간에 교회를 개척했다. 해당 교회 웹사이트에 접속하면 접속자는 자기 이름과 캐릭터를 설정하고 온라인 교회에 접속할 수 있다. 이후 캐릭터를 움직이면서 온라인 교회 내 공간을 탐색할 수 있는데, 큰 틀에서 로비, 게임룸, 예배당으로 교회를 구성하였다. 로비에는 의자와 탁자를 마련해 두었고 접속자 캐릭터가 움직여 해당 섹션으로 가면 근처에 있는 동시 접속자들과 '줌'(Zoom)과 같이 영상화면과 목소리로 소통할 수 있다. 게임룸은 간단한 아케이드 게임을 할 수 있게 했고, 예배당으로 들어가면 온라인 헌금을 할 수 있는 헌금함을 비롯해 예배 의자, 피아노 등을 배치하였다. 실시간 예배가 이뤄지는 일요일에는 영상으로 예배 시청이 가능하고, 평일에는 의자에 앉아(물론 아바타가) 예배 음악을 들으며 기도할 수 있다. 배광교회는 온라인 교회가 "여러 가지 이유로 오프라인 교회에 등록하기 어려운 분들을 섬기기 위해 세워"졌다고 이야기

---

3) Tim Hutchings, *Creating Church Online: Ritual, Community and New Media* (New York: Routledge, 2017), 90-112.

한다. 이러한 점 등을 종합해보면, 배광교회의 온라인 교회 또한 앞선 I-Church와 같이 가나안 교인들이 온라인으로나마 교회를 중심으로 신앙생활을 영위할 수 있게끔 하는 하나의 대안적 교회로서 작용하고 있다고 볼 수 있다.

온라인 교회의 교회 됨 논란, 디지털 교회… 괜찮을까?

말 그대로다. 디지털 교회 괜찮은 걸까? 다른 말로, 디지털 교회도 교회로 인정해도 될지 문제가 제기될 수 있다. 이 문제를 확정하기 위해서는 교회가 무엇인지를 먼저 살펴봐야 한다. 교회에 대한 신학 이론, 교회론은 해당 이론을 정립하는 교단과 전통에 따라 다를 수 있겠다. 그러나 적어도 개신교 전통에서 종교개혁자들 가운데 공유되는 두 가지 정도의 필수적인 교회의 표지를 생각해볼 수 있다. 그것은 바로 하나님의 말씀과 성례전이다. 일찍이 종교개혁자 칼뱅은 참된 교회의 조건에 대해 다음과 같이 이야기했다.

하나님의 말씀이 순수하게 선포되고 받아들여지며 또 성례전이 그리스도께서 제정하신 그대로 거행되는 곳에서는 어디서나 하나님의 교회가 존재한다는 사실을 결코 의심해서는 안 된다. "두세 사람이 내 이름으로 모인 곳에는 나도 그들 중에 있느니라"(마태복음

18:20),[4]

 참된 교회의 첫 번째 조건은 "하나님의 말씀이 선포되는 것"과 "그 말씀이 받아들여지는 것"이다. 칼 바르트의 말씀에 관한 삼중적 이해를 가져오지 않더라도, 우리는 하나님 말씀의 핵심이 예수 그리스도인 것을 안다. 다시 말해, 교회가 교회 되기 위해서는 특정한 모임의 중심에 예수 그리스도에 대한 이야기가 존재해야 한다. 그리고 그 이야기가 받아들여지는 모임이어야 한다. 무슨 말일까? 예수 그리스도가 무엇이 중요한가?

 기독교 전통은 예수 그리스도를 창조의 완성이자, 모든 것의 구원을 실현하는 자로 본다. 자연과 인간 모두가 처해 있는 실존적 왜곡과 이상을 꿈꾸지만 그를 온전히 실현해내지 못하는 피조물적 한계를 깨닫고, 그리스도의 십자가와 부활을 경험하면서 오직 신적인 힘에 의해 그러한 한계를 넘어설 수 있음을 체험적으로 알게 되는 일, 그러한 사건이 벌어지는 곳이 바로 교회라는 것이다. 만약 그렇다면, 온라인 교회가 교회인지를 판단하는 데 중요한 기준은 온라인 교회에 과연 그리스도 예수의 구원과 창조의 완성에 대한 경험이 실현되고 있는가를 판단하는 것이리라. 앞서 소개한 I-Church의 한 멤버는 자신이 속해 있던 그룹의 멤버들이 온라인 형태의 예배를 통해 하나님의 구원과 은혜를 경험하고 있고, "하나님이 진정으

---

[4] 칼뱅 직접인용은 다음으로부터. 알리스터 맥그래스(Alister McGrath), 『신학이란 무엇인가』(*Christian Theology*), 김기철 역 (서울: 복있는사람, 2020), 933.

로 컴퓨터를 통해서도 일하신다!"는 고백을 하고 있다고 보고했다.[5] 또 다른 멤버인 에스메(Esme)는 자신의 I-Church 참여 경험을 다음과 같이 이야기한다.

"의료와 건강 문제로 인해 저는 수년간 교회에 나가 예배드리거나 성경공부에 참여하고 다른 신앙인들과 교제하는 것이 어려워지고 있었어요. …집에서도 예배를 드릴 수만 있다면 내게 정말 큰 도움이 되겠구나 상상만 하고 있었지요. 그러던 차에 인터넷에 참된 교회들이 일어나고 있는 사실을 알게 됐고, 이는 제게 정말 요긴한 일이었어요. 왜냐하면, 그것이 바로 제가 기도하며 기다려왔던 일이거든요."[6]

온라인 교회에 참여하며 하나님의 은혜를 경험하는 사례가 앞서 소개한 사례 말고도 무수히 많다. 물론, 교회의 교회 됨을 판단하는 기준이 예배자의 주관적 경험이 될 수는 없을 것이다. 그럼에도 만약 하나님이 온라인 공간을 매개로 당신의 구원 사역을 이루고 계신다면, 당신의 말씀을 선포하고 계신다면, 그리고 그 말씀과 구원이 온라인 기반 교회들을 통해 이루어지고 있다면, 기독교인들이 그런 교회들을 교회가 아니라고 이야기할 수 있을까? 우리는 온라인 교회가 어떤 기준으로 교회가 아닐 수 있는가를 살펴볼 것이 아니라,

---

5) Tim Hutchings, *Creating Church Online*, 95.
6) *Ibid.*, 99.

도대체 하나님에 대한 경험이 왜 그리고 어떻게 온라인 공간을 통해서도 이뤄질 수 있는가를 숙고해봐야 한다.

앞서 운을 띄웠으니 교회 됨의 두 번째 조건 성례전 문제를 살펴보자. 칼뱅은 "성례전이 그리스도께서 제정하신 그대로 거행되는 곳"에 교회가 있다고 지적한다. 여기서 우리는 하나의 난관에 부딪히는데 바로 "그리스도께서 제정하신 그대로"라는 대목이다. 예수께서 활동하셨던 그 시기에는 디지털 기술이 없었다. 초기 기독교 상황 또한 지금과 많이 달랐다. 그럼에도 우리는 현재 디지털 상황 속 온라인 교회 성례전을 판단할 만한 단서들을 기독교 전통 안에서 발견할 수 있다.

고대 교회는 병자, 외출이 어려운 자, 임종 직전의 사람 등 교회 모임에 참여할 수 없을 때 성찬 배달을 허용했다. 모임 집례자가 분병, 분잔한 빵과 포도주를 앞선 이유로 참여하지 못한 이들에게 전달했던 것이다. 교부들이었던 키프리아누스, 순교자 유스티누스, 테르툴리아누스 등이 이를 허용했다.[7] 또 세례와 관련한 유연한 태도를 교회 전통에서 찾아볼 수 있다. 물론 이와 관련해 복잡한 신학 논쟁이 일어날지도 모르지만 말이다. 로마 가톨릭과 동방 정교회는 성직자가 부재한 긴급한 상황에 평신도가 세례를 집례할 수 있도록 하였고, 루터교회와 성공회 또한 그렇다. 이를 긴급세례(emergency baptism)의 규정으로 허용한다. 나아가 미국 장로교(PCUSA)도 코로나로 인한 긴급한 상황에서 평신도의 세례 집전을 허용한다. 물론 교

---

7) 김도훈, 『교회론』 (서울: 고요아침, 2021), 241.

회의 이런 전통과 사례를 온라인 교회의 성례전에 단순 적용할 수 있을지, 혹은 적용해야 하는지는 보다 깊은 고민이 필요할 것이다.

온라인 교회가 수행하는 성례전은 큰 틀에서 다음과 같은 네 가지 정도로 유형화할 수 있다: 상징적 성례전, 아바타를 매개로 하는 성례전, 확장된 성례전, 위탁 성례전. 상징적 성례전은 온라인으로 접속한 예배자들이 성찬의 본문을 읽고, 묵상하고, 개별적으로 식사하는 것이다. 나아가, 세례를 집행할 때는 온라인으로 중계되는 집례자의 집례에 따라 개별적으로 세례를 베푸는 것을 의미한다. 아바타를 매개로 하는 성례전은 앞서 소개한 게더타운 같은 플랫폼을 매개로 접속자들이 자기 아바타로 온라인 공간에서 집례자에 따라 성찬과 세례를 수행하는 것이다. 확장된 성례전은 오프라인 교회에서 분병, 분잔된 성찬을 각자의 집으로 배달하거나, 온라인 성직자의 집례에 따라 접속자 외 다른 사람을 섭외허 그가 성직자의 집례에 따라 접속자에게 세례를 베푸는 것이다. 마지막으로 위탁 성례전은 예배나 성경공부, 기도회 등은 온라인으로 수행하고, 성례전을 수행할 때는 온라인 교회 예배자가 거주하는 근처 지역교회에 성례전을 위탁하는 방식이다.[8]

이러한 방식의 온라인 교회 성례전은 기존 오프라인 교회 성례전과 비교하면 분명 한계를 가진다. 교회의 성례를 자기 스스로 베푼다는 혐의를 받을 수 있고, 긴급하지 않은 상황에 편의에 따라 성례

---

8) Douglas C. Estes, *Simchurch: Being the Church in the Virtual World* (Grand Rapids: Zondervan, 2009), 118-131; 김도훈, 『교회론』, 241.

를 취급한다는 비판을 받을 수도 있다. 나아가, 아바타와 실제 인간이 어떻게 같을 수 있는가 하는 문제제기 또한 있을 수 있으며, 온라인 교회의 성례를 오프라인 교회에 위탁한다면 온라인 교회 스스로 교회 됨을 부정하는 것이라는 지적을 받을 수 있다. 그럼에도 우리가 숙고해봐야 하는 것은 디지털 환경이 구축된 이래로 온라인 공간 안에 하나님의 말씀을 선포하고 수용하는 사람들이 있다는 것이다. 그리고 그중 다수는 기존 오프라인 교회에 한계를 느껴 이미 교회를 떠난 이들이라는 점이다. 이러한 상황에서 만약 온라인 교회가 앞서 기술한 한계를 가진다 하더라도 일정 부분 기존 오프라인 교회와 가나안 성도들 사이 완충지대 역할을 하고 있다면 온라인 교회를 무작정 비판하기보다 지적한 한계들을 보완하고, 어떻게 하면 도래한 디지털 시대에 적합한 교회로 확립할 수 있을지 등을 논의하면서 보완하고 오프라인 교회들과 유기적 연결을 형성하는 방향으로 생각해봐야 하지 않을까?

디지털 시대가 요구하는
교회의 열린 마음

앞서 소개한 "디지털 실존"이라는 개념이 잘 묘사하듯 동시대를 살아가는 청년세대와 이후 청년으로 등장할 세대는 더욱더 디지털 환경에서 맺은 관계를 통해 자기 삶을 구성할 것이다. 교회는 이러한 환경의 변화에 발 빠르게 움직여야 한다. 여기서 발 빠르게 움직여야 한다는 말은 단순히 새로운 기술을 무비판적으로 교회가 수용하고, 빠르게 적용해야 한다는 뜻은 아니다. 초연결성이 강조되는 시대는 의도치 않게 사람들 사이 지켜져야 할 각자의 공간을 붕괴시키고, 서로의 영역을 무단으로 침범하게 한다. 카페인 우울증 같은 예가 대표적이다. 카페인 우울증은 SNS인 카카오스토리, 페이스북, 인스타그램을 자주 사용함으로써 발생하는 우울증이다. 사람들은 자기 삶에서 가장 찬란한 순간을 SNS에 업로드하고 기억하려 한다. 다른 이들은 타인이 올린 화려한 순간을 자기 일상과 비교한다. 우리 삶 대부분은 빛나지 않는다. 그렇게 영광스러운 타인의 순간과 그렇지 못한 자신의 순간을 비교하고, 사람들은 우울감에 빠진다. 이것이 SNS를 빈번하게 사용하는 청년세대가 빠지기 쉬운 우울감이다.[9]

이렇듯 디지털 공간에서 관계 맺기는 좋은 점만 있지 않다. 신체적 접촉과 교감이 부재한 디지털 공간의 소통은 피상적 차원의 교제로 그칠 가능성이 농후하다. 만약 그렇다면, 교회는 디지털 교회의 설립과 운영에 개방적인 태도를 취하는 동시에 비판적인 시각 또한 유지해야 한다. 다시 말해, 디지털 환경과 기술을 철학적으로 신학적으로 다각도로 파악할 수 있는 역량을 마련해야 한다는 말이다. 디지털 교회 사역을 선도하는 교회 중 하나인 라이프처치는 목

---

9) 주현정, "커피보다 무서운 '카페인 우울증'", 〈서울경제〉 2016.05.09. https://www.sedaily.com/NewsView/1KW8VUO41K.

회자 중 한 명이 다시 학교로 돌아가 컴퓨터공학 석사학위를 수료할 수 있도록 지원했다. 이후 교회로 돌아와 지금 온라인 교회의 시초가 된 온라인 전문 사역을 할 수 있도록 격려했다.[10] 하나의 예이긴 하지만 이러한 교회적 차원의 전폭적인 지원과 투자가 필요하다. 만약 교회가 새로운 디지털 환경 안에서 자라온 청년들의 실존을 파악하고, 그들을 그리스도의 교회로 이끌고자 한다면 말이다. 다시 말해, 교회는 디지털 시대를 살아가는 청년들과 소통하고 그들과 신앙 안에서 교제하기 위해 적극적인 태도를 취해야 한다. 단순히 새로운 기술이 개발되면 그 기술을 교회사역에 접목하는 차원을 넘어 향후 디지털 기술이 구축할 환경을 예측하고, 미래 환경에 적합한 사역을 신학적으로, 목회적으로 미리 구상해보는 시도가 교회에 요청된다.

청년이 교회를 떠나는 이유는 거창하지 않다. 교회가 재미없기 때문이다. 교회에서 이뤄지는 모임들이 그들의 흥미를 끌지 못하기 때문이다. 교회의 문법이 디지털 시대를 살아가는 청년의 문법과 매우 다르기 때문이다. 그 이면에는 거룩이라는 가치로 포장됐지만 교회 내 변화를 꺼리는 보수적 정서가 깔려 있다. 디지털 교회의 지지자들이 주장하듯, 만약 하나님이 자연세계뿐만 아니라 인간문명을 통해 창조된 디지털 세계의 근원적 창조자이자 주님이시라면, 기독교인은 앞다투어 디지털 세계 안 하나님의 활동을 포착하고 이를 토대로 디지털 환경에서도 그리스도를 주로 고백하는 모임과 교제를

---

10) Tim Hutchings, *Creating Church Online*, 170.

형성하도록 노력해야 할 것이다. 디지털 시대에 요청되는 교회는 지금까지와의 모습과는 다른 새로운 모습이어야 한다. 이러한 시도로 나타나는 디지털 교회 운동을 기존 교회들은 예의 주시하면서 그러한 움직임을 통해 배울 수 있는 것들을 배우고 적용하는 열린 태도를 가져야 할 것이다.

reference

과학기술정보통신부. "과기정통부, 2021년 인터넷이용실태조사 결과 발표", 〈대한민국 정책브리핑〉 2022.04.13. https://www.korea.kr/news/pressReleaseView.do?newsId=156503306.

김도훈. 『교회론』 (서울: 고요아침, 2021).

배광 온라인교회. http://www.onchurch.or.kr/.

성석환. "교회론의 디지털 실존적 재구성을 위한 가능성 연구: 디지털 '하나님의 선교(Missio Dei)'를 향하여", 「선교와 신학」, 55권 (2021년): 153-184.

알리스터 맥그래스(Alister McGrath). 『신학이란 무엇인가』(*Christian Theology*), 김기철 역 (서울: 복있는사람, 2020).

주현정. "커피보다 무서운 '카페인 우울증'", 〈서울경제〉 2016.05.09. https://www.sedaily.com/NewsView/1KW8VUO41K.

Estes, Douglas C. *Simchurch: Being the Church in the Virtual World*. Grand Rapids: Zondervan, 2009.

EBSDocumentary (EBS 다큐). "EBS 다큐프라임 – Docuprime_'4차 인간' 3부- 어떻게 기계와 공존할 것인가?_#001", 〈YouTube〉 2018.04.09. https://www.youtube.com/watch?v=aVUfAGEblBk.

EBSDocumentary (EBS 다큐). "EBS 다큐프라임 – Docuprime_'4차 인간' 3부- 어떻게 기계와 공존할 것인가?_#002", 〈YouTube〉 2018.04.09. https://www.youtube.com/watch?v=Qw7rHp7BhzM.

EBSDocumentary (EBS 다큐). "EBS 다큐프라임 – Docuprime_'4차 인간' 3부- 어떻게 기계와 공존할 것인가?_#003", 〈YouTube〉 2018.04.09. https://www.youtube.com/watch?v=kIUfcErwkco.

Hutchings, Tim. *Creating Church Online: Ritual, Community and New*

  Media. New York: Routledge, 2017.

Mike Ferguson, "PC(USA) offers guidance on baptism, ordination during the pandemic," 〈Faith & Worship〉 2020.08.04. https://www.presbyterianmission.org/story/pcusa-offers-guidance-on-baptism-ordination-during-the-pandemic/. (2022년 6월 1일 접속).

09

게임과 함께 신앙 성숙을 도모하다

황은영 • 성결대학교 기독교철학

게임 세계의 한계와
그 틈새로 보이는 교회의 희망

　게임은 분명 교회 안 여러 활동과 경험에 비해 상당한 쾌감과 강력한 몰입을 선사한다. 감각의 많은 지점을 장악하여 몰입도를 더하고, 가상활동 속 친구들과 다양한 플레이를 가능하게 하며, 그 가운데 가상공간에서 친구를 사귀는 기회도 준다. 이런 상황에서 젊은 세대가 교회보다 게임 안 세상이 더 매력적인 곳으로, 혹은 더 알찬 시간을 보내는 곳으로 즐거움을 느끼는 것은 무리가 아니다.

교회에 다니는 것 자체가 이상한 사람이 된 취급을 받는 상황에서 믿는 바가 무엇인지 그리고 어떻게 살아낼지 배우는 일은 그들의 현실과 동떨어진 소리가 되어 지루하게 느껴진다. 교회 내 활동은 게임 속 여러 모험과 경쟁에 비해 밋밋할 뿐이며, 교회가 학교와 사회에 못지않게 성적과 인기, 가정 배경 등의 잣대에 따라 사람을 줄 세운다는 점에서 갑갑할 뿐이다.

교회는, 젊은 세대들의 삶 자체를 흔들지 못하는 어떠한 외계어들에, 삶을 이끌지 못하고 의미도 주지 못하는 행사들에, 성취와 외양에 가치를 두고 숭상하고 타인과의 경쟁과 줄 세우기를 부추기는 사회적 가치들에 매몰되었다. 그로써 교회의 진정한 가치를 드러내지 못한 채 젊은 세대에게 외면받고 있다 해도 과언은 아니다.

교회가 가르치는 가치, 권장하는 삶 그리고 그것이 제시하는 함께의 모습이 젊은 세대에게 새로운 가치와 삶의 발견이 되지 못하고, 어떠한 숭고한 감정 혹은 요즘 희화화되는 표현으로 "웅장해지는" 느낌을 주지 못하는 한 게임의 세계는 더 매력적이고 몰입적일 수밖에 없다.

그러나 여기서 비롯하는 게임의 문제를 생각하면 우리는 어쩌면 게임이 가지는 한계를 통해 교회가 주고 이끌 수 있는 모습을 떠올릴지 모른다.

놀이로서의 게임,
극복과 초월이 주는 즐거움

왜 청년들에게 게임은 그렇게 매력적일까? 게임의 어떤 측면이 청년들로 하여금 피로를 무릅쓰고 밤을 새워 자리도 뜨지 않고 즉석에서 라면으로 끼니를 때우며 며칠 밤을 보내게끔 하는 걸까? 게임 자체는 분명 하나의 놀이이며 그 자체로써 즐거움을 준다. 하지만 이러한 즐거움을 누릴 수 있는 매체는 그 나름의 가치관을 담고 있으며 결코 가치 판단에서 자유롭지 않다. 게임은 플레이어로 하여금 그에 얽힌 기술적 조건과 특정 수행 방식을 반복하게 함으로써, 플레이어가 어떤 방식이든 간에 그 활동에 얽힌 암묵적인 가치관에 스며들게 한다. 여기서 놀이로서 게임의 문제와 그에 얽힌 기술적 조건이 어떻게 플레이어에게 암묵적으로 특정한 가치를 주입하는지를 살펴보고, 거기서 그리스도인이 자기 삶의 가능성을 깨닫고 자기 가치관을 바탕으로 어떻게 즐거움을 추구할 수 있는지 살펴보고자 한다.

청년의 삶은 끝이 보이지 않는 학업과 경쟁, 갈수록 좁아지는 취업문, 더 나아가 생계의 문제가 주는 다양한 책무 그리고 각자 도생과 우승열패라는 규칙에 규정되어 있다. 청년은 이제 "극악의 난이도"를 견디며 살아가고 있다. 자기 삶을 겹겹이 두른, 끝이 보이지 않고 "리셋"이 불가능한 "퀘스트"들 안에서 게임만이 그 모든 차가운 계획, 규칙, 시간을 정지시키고, 삶을 그려가고 만들어낸다는 살아있는 느낌을 주는 순수한 놀이의 순간일지도 모른다.

하위징아가 이야기했듯, 대개 놀이는 그 자체로 일상 공간을 떠나 자유로움을 추구하는 동시에 그 나름의 즐거움을 위해 참여자들이 규칙과 질서를 세우고 그에 따라 반복적으로 하는 행위다.[1] 이러한 놀이는 어떤 면에서 문화와 사회 자체에 있어 삶의 모습과 그리 크게 다르지 않다. 놀이의 한 유형으로서 게임은, 한편으로 개인이 일상의 책무에서 벗어나 목적 없이 자유롭게 즐기는 동시에 나름의 규칙을 따르며 즐거움을 추구하는 경험이다. 그러나 다른 한편으로 이를 가능하게 하는 일종의 기술적 조건과 관련을 가지며, 그 기술을 둘러싼 사회적-문화적인 제도들과도 연관되어 있다. 어떤 형태의 게임이든, 플레이어는 일상 중 여러 과업의 규칙에서 벗어나 자유롭게 즐거움 자체를 추구하는 동시에 게임 속 모종의 이야기 틀과 거기서 여러 요구하는 퀘스트를 깨고 극복해 나가며 목적을 이뤄가는 일이다. 그 가운데 자기 활동의 성공을 확인하며 즐거움을 느낀다.

그러나 이러한 즐거움은 그 게임을 가능하게 해주는 기술적 조건, 곧 프로그램과 하드웨어, 네트워크 등을 통해서만 가능하다. 게임은 일차적으로 그 게임의 형식 혹은 포맷을 가능하게 하는 기술의 발전과 밀접하게 연관되어 있고, 이 과정에서 그 기술로써 이루어지는 사회적 관계 맺기의 방식은 그를 둘러싼 더 큰 사회적인 그리고 문화적으로 용인된 제도의 테두리에 걸쳐 있다. 청년들은 자기 삶을 옥죄는 현실에서 벗어나기 위해 가상성의 삶에서 자유와 행복,

---

[1] Johan Huizinga, *Homo ludens: a study of the play-element of culture* (Boston: Beacon Press, 1955), 8-10.

즐거움을 찾고자 하지만, 결국 그 순수한 쾌락의 공간은 역시 그들의 삶을 옥죄던 사회적, 문화적 제도들, 그것을 운영하는 기술적 조건 그리고 전문가들의 조정에 지탱하고 있다. 그 조건들을 보고 자기 삶을 의식적으로 생각하며 즐거움을 찾는 것, 어쩌면 그것이 소년으로서가 아니라 청년으로서 놀이를 의식적으로 즐기는 지점일지 모른다.

가상성으로 인한 고립과 파편화, 그리고 기술적, 사회적 의미

청년들은 언제나 놀이를 해왔다. 이전 세대 청년들은 어린아이의 놀이와 구분되는 자기 나름 어른의 놀이를 만들었다. 바둑이나 당구 혹은 성인들의 여흥 장소에 참여하는 식으로 놀이와 성년기의 통과의례가 결부되던 일은 이제 아버지 세대의 것이 되었다. 더 이상 그렇지 않다. 이제는 누구나 유년기에 즐기던 게임을 청년기에도 좀 더 기술적으로 업그레이드된 버전으로 동일하게 즐긴다. 게임 자체가 가지는 그 나름의 정교한 스토리텔링과 수행 방식 그리고 기술적으로 강한 가상 경험을 유도하는 고도의 성능은, 연령 구분을 떠나 결국 각 개인이 평생에 걸쳐 자기 임의적 상황과 선호에 따라 취사선택을 할 수 있게 만들었다. 가상현실의 놀이 스타일의 문제가 되게 한 것이다. 소년의 게임과 청년의 게임이 구분되는 것이 아니라, 어떤 게임을 할지는 단지 자기 스타일에 따른 그리고 유동적으로 변천하고 파편적으로 취합되는 취향에 의해 선택할 뿐이다.

청년과 유년의 놀이 경계가 흐려지고 게임이 성인 놀이의 하나의 스타일로 여겨지게 됨은 부분적으로 게임이 가지는 높은 가상성 정도와 기술적 조건 그리고 그에 연관된 사회적 의미의 변화 때문이다. 게임이 다른 놀이와 가장 강하게 구분되는 지점은 아마도 게임을 체험할 때 감각의 전 영역을 장악하는 강한 강도의 가상성일 것이다. 모든 놀이는 일상의 현실에서 벗어나 참여자 스스로가 자유롭게 일정 규칙과 질서를 구성해내는 대안 현실을 만들어낸다는 점에서 어느 정도의 가상성을 가진다. 윷놀이 윷판은 놀이의 순간 다섯 개의 점이 찍힌 단순한 사각형과 대각선이 아니다. 경합을 야기하는 질서의 장은 점이 찍힌 도형이라는 상징을 통해 여느 경마나 육상경기만큼 치열한 체험의 장을 참여자로 하여금 상상하게 한다.

예전에 땅따먹기를 하던 소년들이 바둑을 두는 청년이 될 때, 혹은 동네 야구를 하던 소년들이 당구를 치는 청년이 될 때, 그 차이는 단지 특정한 수행 방식과 신체 활동이 아니었다. 그 차이는 바로 놀이의 참여자들이 공동으로 어떤 존재로 몸을 갖추고 공동의 사회적 공간을 만들어내고 참여하면서 무엇을 상상해내는가에 있었다. 그들은 유소년과는 다른 종류의 놀이를 하면서 그에 연관된 동시에 특정한 집단에게만 귀속되는 특정한 상상 방식을 그 게임 활동에 만들어냈다. 더 나아가 그것을 실천하며 자기 주변 세계와 상호작용을 통해 그 놀이가 자신들의 것이라는 인정을 얻어 나갔다.

그러나 이제는 게임의 높은 가상성으로 인해 그리고 게임 속 사회적 가상공간이 어디서나 접근 가능하며 동시에 개별적으로 파편화됨으로 인해 그리고 그것 모두를 가능하게 하는 기술적 조건이 생김으로 인해, 이제 청년은 소년과 확연히 구분되는 놀이와 그에 연관된 상상 방식과 고유의 사회적 관계 맺기를 하지 않는다. 기술 발달과 함께 열린 게임 내 가상현실은 현실과 구분되지 않을 만큼 여러 게임 내 상호작용을 이질감 없이 부드럽고 완전한 배경적 조건으로 혹은 시스템으로 작동한다. 결국 현실과 거의 동일할 정도로 참여자에게 놀이에 연관된 의식적 활동과 경험이 가능하게 해준다.

현대의 게임이 주는 가상성 특히 VR까지 포괄하는 최신 게임이 주는 가상성은 다름 아닌 그 놀이의 가상을 생동적 체험의 극한으로 변환할 수 있다. 즉 기술 발전에 따라 가상현실을 지금 현재 감각현실의 체험으로 변환할 수 있는 것이다. 발달된 가상현실의 상황은 결국 너무나 현실적이서 역설적으로 참여하는 플레이어들의 고유의 상상의 힘을 요구하지 않아 오히려 상상력을 약화시킨다. 그렇게 기술적으로 완결된 상상의 세계를 주입하며 온전히 그 매체가 주는 수행의 틀 속에서 오감의 감각 반응과 사고가 종속된다. 그리고 장소에 국한하지 않고 공동 서버에 어느 때나 다양하게 접속하며 가지는 사회적 관계는 곧 놀이를 둘러싼 사회적 관계가 구체적인 몸을 가진 이들의 공동 상상의 산물이 아니라 개인의 고립된 상황과 취향에 달린 파편적인 것이 되어 버린다. 어쩌면 우리는 인류 역사에 유례없는 새로운 놀이 가능성의 지점을 마주하고 있는 것이다.

게임 특유의 기술적 조건으로 가상체험 중 상상력이 수동적이게 되고 놀이를 둘러싼 사회관계가 파편화되면서, 이제 우리는 소년이 아닌 청년으로서 게임 안팎 모두에 발을 걸친 실존적 체험과 그 사회적 조건의 문제를 생각해보아야 한다. 부모의 보호 아래 있는 소년은 주어진 조건에서 즐거움을 극대화하는 데단 신경 쓰고 만족할 뿐이다. 하지만 청년은 자기의식을 가지고 자신의 체험을 반성적으로 생각해내고 자신의 가치에 따라 사회적 관계를 만들어 나가며 자기 즐거움의 순간과 그 조건을 능동적으로 반성하는 일을 기대할 수 있다.

청년에게 게임이라는 가상 활동은 더 이상 생각 없이 특정 규칙에 따라 행함으로써 반사적으로 즐거움을 극대화하는 체험의 장이 아니다. 청년에게 게임은 이제 현실의 삶 못지않게 자기 가치관에 따라 윤리적인 심각성을 느껴 자기 판단을 내리고 스스로 선택하며 주체적으로 즐기는 활동과 체험의 장이어야 한다. 찰머스와 같은 철학자들이 제시하듯이 인간이 접하는 현실의 문제가 많은 부분 의식의 경험이라고 한다면, 결국 가상체험의 강한 현실성은 현실 체험과 마찬가지로 현실적이며, 그 안에서 현실세계 못지않은 좋은 삶의 가능성을 약속한다.[2]

청년이 주체적으로 게임을 하고자 한다면, 다음과 같은 사실을 먼저 생각해야 한다. 게임을 하는 나 그리고 게임 속 나, 너, 우리 모

---

[2] David J. Chalmers, *Reality+: Virtual Worlds and the Problems of Philosophy* (London: Penguin, 2022), 311-330.

두는, 자기 고유의 관심으로 둘러싸인 세계를 지니고 있으며 게임에 참여하며 즐거움을 추구하는 동등한 동료라는 점을 인정해야 한다. 비록 그 즐거움을 위한 접속은 휘발적이고 파편적이지만, 나, 너, 우리 모두의 좋은 삶의 가능성을 깨닫고 서로가 서로에게 무엇이 될 수 있는가를 물으며 게임 속 쾌락의 순간에도 그 물음의 답을 실행해야 한다는 것이다.

반복실행과 짜여진 틀 속에서
놓치지 말아야 할 실존적 질문

이 외에도 청년으로서 게이머가 반성적으로 게임을 할 때 생각해 볼 중요한 문제는 곧 게임을 반복적으로 실행할 때 우리가 피할 수 없이 마주치는 게임이 근거하고 있는 그 사회적 조건이다. 마르쿠제와 같은 비판 이론가들이 지적한 것처럼, 기술을 통한 개입과 행정력으로 유지되며 합리적으로 조율된 후기 자본주의 사회는 한편으로 회사나 직장에 고용된 이들로 하여금 이윤과 생산성을 최대한 증가시키는 방향으로 억압적인 체계를 유지한다. 동시에 다른 한편으로 그 고용인들이 쉴 수 있는 휴식과 여가 공간을 다양한 선택지로 채워주어 그들로 하여금 자유로운 선택을 발휘하며 살아간다는 환상을 심는다.[3] 개인들은 여러 생업에 시달린 채로 여가 시간의 휴

---

3) Herbert Marcuse, *One Dimensional Man* (Boston: Beacon Press, 1964), 1-18.

식을 채우기 위해 다양한 게임에 과금을 다소 지불하고 다시 자유로운 선택과 함께 게임 안 캐릭터를 움직이며 자유를 누린다. 그러나 그 자유는 결국 전체 게임 시장과 그에 고용된 전문가들이 설정한 규칙에 따라 보상을 누리는 자유다.

여러 하드웨어를 담당하는 기술자들 외에도 프로그래머로서 기술자들은 매체의 내용, 즉 콘티를 짜며 스토리보드를 만들고 게임 내부의 목적과 보상 체계의 규칙을 설정하며 그 시스템을 유지한다. 이들은 근본적으로 이윤 추구라는 가장 상위의 가치에 따라 가장 인기를 끌 내용으로 게임을 구성하고 그 내용에 게임 실행 방식에 얽힌 가치관을 제시하며, 실행자로 하여금 그 가치관을 반복적으로 익히게 함으로써 모종의 가치를 암묵적으로 유포한다. 결국 저마다의 선호에 따라 청년 개개인이 게임을 하면서 즐거움을 추구할 때, 그 개인은 결국 전문가들과 산업 체계에 유통되는 가치관이 설정한 규칙에 따라 즐거움과 쾌감을 반복적으로 주는 메커니즘 속에서 그 틀을 훈련받는 것이다. 그리고 그 속에서 우리는 다시 근원적인 실존적 문제 "나는 서로에게 무엇이 될 수 있는가", "나, 너, 우리를 위한 좋은 삶의 문제를 이 즐거움을 추구하는 행위를 통해 이뤄낼 수 있는가"라는 질문을 종종 잊는다.

현대의 개인들은 다양하게 나뉘어진 문화적 영역들에서 파편적인 방식으로 자기 나름의 가치를 추구한다. 그리고 일상의 일과 의무에서 벗어나 비일상적인 상황에서 규정된 규칙을 수행하며 쾌감을 느끼기 위해 게임을 한다. 그것이 애니메이션 육성 시뮬레이션과 경마의 결합이건(우마무스메), 판타지 역사와 RPG건(어쌔신 크리드) 혹은 전략 시뮬레이션과 경영물이건(삼국지 시리즈) 혹은 무인도에서 자원을 바탕으로 다양한 방식의 삶을 자유롭게 창조하는 커뮤니케이션 장르건(모여봐요 동물의 숲) 간에 게임은 개인의 가치 취향을 반영한다. 그 과정에서 비록 자신의 가상적인 선택의 착각에도 불구하고, 그는 게임의 반복적 실행을 통해 규칙을 정하는 기술자들의 가치관과 그것을 둘러싼 산업 가치에 따라 스스로를 반복적으로 규정하기를 선택하고 그 보상으로서 즐거움을 누리게 된다.

이렇게 가상성과 그 기술에 얽힌 간접적인 사회적 통제의 한복판에서, 게임 실행자들은 결국 지속적으로 기독교의 실존적 문제-은혜 안에서 나는 서로에게 무엇이 될 수 있는가-를 묻지 않게 될 위험에 직면하지만 동시에 더욱 잘 묻게 될 가능성 역시 가지기도 한다. 이전 장에서 제라시(Gerassi) 교수가 이야기한 것처럼, 본래 대안적 혹은 가상적인 보이지 않는 세계를 그리며 초월을 약속해왔던 제도적 종교만큼이나, 게임 자체는 그 가상현실에서 여러 방식의 초월적 경험과 더욱 심도 깊은 실존적 자기 이해를 줄 수 있는 것도 사실이다.[4]

하지만 그 초월적 경험의 가능성은, 곧 가상현실이라는 기술적 형식 자체나 혹은 더 나아가 게임 그 자체가 필연적으로 약속하는 것이 아니다. 그 가능성은 참여자가 게임에 들어가기 전 이에 거리를

---

[4] 로버트 제라시(Robert M. Geraci), "가상현실게임으로 체험하는 종교",『흩어진 MZ세대와 접속하는 교회-메타버스 시대의 목회와 선교』(서울: 쿰란출판사, 2023).

두고 서서 어느 정도의 자기반성과 자기 삶에 대한 실존적 이해를 가지고, 어떤 유형의 가치가 스며든 게임 속에서 어떤 목적을 위해 어떤 규칙을 달성해야 하는지를 묻는 그 실존적인 물음의 힘에 달려 있다.

성주들의 폭압에 봉기한 내복단의 저항이 드러난 '리니지의 바츠 해방전쟁'의 예를 보자. 2004년에서 2007년까지 벌어진 리니지 바츠 해방 전쟁은 리니지의 바츠 서버에서 일어난 일종의 민중 봉기 운동이다. 지배 카르텔을 맺은 세 혈맹들의 게임 내 세금 부가와 사냥터 독점, 그리고 타 혈맹 유저들의 학살에 반대해서 소규모 혈맹들과 낮은 레벨 유저들이 참여해서 반란 전쟁을 일으켰고, 결국 세 혈맹들을 대상으로 승리를 거두었다.[5]

이와 같이 현실의 부조리가 가상현실의 부조리와 겹치고 실제로 가상현실에서 이것이 해결 가능해질 때 그 게임을 하는 이들은 "나는 서로에게 무엇이 될 수 있는가"를 더욱 첨예하게 물어볼 수 있다. 이러한 경우 게임은 현실 삶의 작동 방식 자체를 전복시킬 수 있는 의식을 심어주고, 그 의식은 일종의 초월의 신호로서 효력을 가질 수 있다.

그러나 동일한 리니지를 플레이한다고 하더라도 예를 들어 괴수 몹(게임 안에서 캐릭터가 제거해야 할 대상)들을 제거하고 가공해 아이템을 얻거나 거래를 하고 고렙(게임 내 높은 레벨의 줄임말)의 사용자와 어

---

5) 이덕규, "[실록] '리니지2' 바츠 해방전쟁의 전말: 1부 올포원". 〈한경닷컴 GAMETOC〉 2014.05.30. https://www.gametoc.co.kr/news/articleView.html?idxno=18502.

울리거나 강한 혈맹들에 소속되는 것 등과 같이 수용자에게서 현실의 질서와 가상의 질서(자연의 정복과 약육강식의 논리)가 그리 차이가 나지 않을 때 더 이상 '나는 서로에게 무엇이 될 수 있는가'의 문제는 파묻혀지고 만다.

게임을 즐기는 방식이 현실 삶의 작동 방식과 여하의 균열을 가지지 않게 되면 플레이어는 현재의 존속 방식을 게임에서도 답습하고 강화한다. 무엇보다 이 모든 과정에서 결국 캐릭터와 캐릭터 사이의 상호작용이 디지털화되고 일종의 수치 계산으로 변환될 때, 그 모든 것은 결국 그것들을 설계한 기술자들의 손에 달려 있다. 그들은 상처 입은 유닛들이 함께 모일 때 서로 간의 생명력이 그대로이게끔, 혹은 전염을 의미하면 서로 감소하도록, 혹은 많은 자가 다소 줄더라도 상처 입은 자의 건강지수(health point, HP)가 채워지도록 설정할 수 있다. 또 단순 사기 의욕지수(morale piont, MP)를 넘어서서 도덕성 지수(morality point, MP)를 도입해서 무의미한 살육이나 약탈을 감행한 이에게 불이익을 주는 시스템을 도입할 수도 있다. 즉 게임의 설계자들이 공유하는 가치관이 주는 규칙에 따라 플레이어가 특정 행동을 반복적으로 성취함으로써 목적을 달성하고 보상을 얻게 된다면, 결국 플레이어는 '나는 서로에게 무엇이 될 수 있는가'를 게임 플레이어의 맥락에서나 게임 외부인 현실의 맥락에서 묻지 않을 수도 있지만 그를 넘어 묻기를 선택해야 한다.

게임 안팎의 자아 통합과
게임 속 기독교적 가치

　소년과 달리 청년이 게임을 하는 방식은, 결국 게임으로 즐거움을 향유하는 순간 '나, 너, 우리 모두의 좋은 삶을 위해 내가 무엇이 될 수 있는가'라는 성숙한 질문을 스스로에게 물으며 즐길 수 있다는 것이다. 그리고 여느 청년이 아닌 기독 청년이 게임을 하는 데 다른 점은 그리스도인으로서 기독교적 가치를 바탕으로 함께 모인 즐거움의 순간에 '나, 너, 우리의 좋은 삶을 위해 내가 무엇이 될 수 있는가'라고 묻는 데 있을 것이다. 어쩌면 교회는, 청년들이 자기 삶의 현실적 문제를 대면할 때와 게임이란 그 조그만 즐거움을 향유할 때 은혜라는 하나님의 사랑을 경험한 것을 바탕으로 나, 너, 우리를 위해 서로가 사랑이 되는 방식을 성찰해보도록 이끄는 역할을 할 수 있을 것이다.

　첫 번째로 생각해 볼 점은, 현실과 가상에서 분리된 자아의 건강한 통합을 기독교적 가치에서는 포기하지 않을 것이다. 현대 사회의 현실 자체가 일과 여가 그리고 가정과 교회에서 많은 부분 서로 통합되지 않고 각자 쪼개지고 파편화된 자아상을 만들어낸다. 하지만 기독교적 전통은, 최고선에 대한 지향점과 그것을 믿고 바라고 사랑하는 신앙의 확신 그리고 거기에 뿌리를 둔 내면의 중점을 바탕으로, 삶의 다양한 영역에 관계짓고 자기 삶을 이끄는 마음의 온전함을 이뤄낼 의지를 강조한다. 아우구스티누스가 참된 종교와 고백록 모두에서 지적한 것처럼, 세상에서 온 육신의 정욕, 안목의 정욕, 이 생의 자랑으로 이야기되는 일상의 체험 계기들에 대해 우리는 언제나 주의해야 한다.[6)]

영원을 향한 마음 없이, 감각적 즐거움이나 혹은 보이는 것, 참신한 것에 대한 호기심이나 타인의 우열을 바탕으로 자기 우월성을 확인하는 등 지상의 것을 통해 자기 힘을 확인하고 자기를 사랑하는 것에 대해 기독교 전통은 지속적으로 경고해왔다. 마찬가지로 게임 안에서 벌어지는 여러 화려하고 감각적인 자극이나 지속적인 업데이트, 게임 중 다른 플레이어를 압도하고 그로 인해 자기 능력을 재확인하며 즐거움을 누리는 일들은, 즐거움을 추구할 수밖에 없는 연약한 인간으로서는 피할 수 없는 일이다.

그러나 "나, 너, 우리에게 나는 무엇이 될 수 있는가"라는 질문 앞에서, 기독 청년은 결국 영원을 사모하는 마음과 은혜를 입었다는 마음을 품고, 자기 삶과 이웃의 삶을 위해서 이뤄나갈 수 있는 자신의 삶이 어떠해야 할지를, 매순간, 심지어 게임의 순간에서도, 고민해야 한다. 그것은 우정 유지나 한가함 속 자신의 피할 수 없는 놀이 충동을 어느 정도 충족시키더라도 앞서 말한 근본적인 삶의 문제를 피해갈 수 없다. 즉 게임 중 기독 청년은 될 수 있는 한 플레이어로서의 자아와 현실의 자아가 최대한 거리가 없는 상태에서 수행되어야 한다.

---

6) 아우구스티누스(Aurelius Augustinus), 『참된 종교』(De Vera Religione), 성염 역 (서울: 분도 출판사, 2011), 55장 107절; 아우구스티누스(Aurelius Augustinus), 『고백록』 (Confessiones), 김기찬 역 (서울: CH북스, 2009), 10권 43절에서 60절.

예를 들어 GTA(Grand Theft Auto)같이 높은 자유도를 가지는 게임의 경우, 플레이어는 범죄 의뢰를 받고 효율적 임무 수행을 위해 때로 지나가는 민간인 NPC(Non-Player Character)를 약탈하고 무고하게 죽일 수도 있다. 혹은 더 나아가 다중 플레이어 게임인 경우 약한 캐릭터를 괴롭히는 악행을 행할 수 있다. 한 개인이 이러한 게임 안에서 약탈하는 자아에 충실하고 쾌감을 느끼면서 또 현실에서 선한 그리스도인이 된다는 것은 어느 정도 피치 못할 일탈성이 있더라도 그리스도교적 관점에서 용인될 수 없을 것이다. 이런 점은 라미레즈(Ramirez)나 라바즈(Labarge) 등이 지적한 바 현대 게임 윤리에서도 등가성의 원리라는 이름으로 논의된다. 즉 "현실에서 주체로 하여금 어떤 경험을 가지게 하는 것이 도덕적으로 그른 것이라면 그것은 가상현실에서도 그른 것이다"라는 논의다.[7] 게임이라는 가상성에서 비록 누가 학살당하고 약탈당하는 일이 단지 가상적인 일일 뿐이고 단지 그것은 상징적 이미지 배후의 디지털화된 숫자일 뿐이다. 하지만 그 과정에서 실행자가 체험에 쏟는 관심은 디지털 숫자가 아니라 상징화된 대상이며 곧 그러한 부적당한 행위는 곧 적어도 자기 내면의 도덕성에 해악을 미치게 된다.

두 번째로 생각해 볼 점은, 여가 활동으로 즐거움을 추구하기 위한 게임이라고 할 때 무수하게 많은 게임의 수행 방식과 장르 중 선택하는 데 있어 세속의 유행 기준과 구별되는 그리스도교적 고유의

---

7) Erick Jose Ramirez and Scott LaBarge, "Real Moral Problems in the Use of Virtual Reality", *Ethics and Information Technology*, vol.20, no.4 (2018): 249-263.

가치 기준을 생각해내는 것이다. 세속적 기준에서 좋은 게임이란 결국 이용자가 많아 수익성이 좋은 게임이며, 물론 게임의 수행 행위 자체 규칙의 재미 외에도 다음과 같은 기준들이 인기 있는 게임을 구성할 것이다. 앞서 서술했듯 세상에서 온 육신의 정욕, 안목의 정욕, 이생의 자랑 등으로 특징지어지는 바다. 결국 감각을 만족시켜 줄 다채로운 그래픽과 사운드, 시각화되는 여성의 성 상품화나 잔혹한 광경, 생각을 즐겁게 해주는 가상적 세계관, 혹은 게임 참여자에게 상대적 우월감을 고양시켜주는 적절한 보상 등의 조합이라 할 수 있다. 그러나 그리스도교적 가치를 가지는 청년 신앙인들에게는 좀 더 생각해 보아야 할 여러 기준이 있다. 게임들 사이의 가치 판단 이전에 우선적으로 생각해 볼 문제라면, 그리스도인들에게서 노동 이외 여가시간에 자유롭고 주체적인 개인으로서 그 나라와 의를 위한 가치를 자기 삶에 추구하며 다른 여러 사교 활동과 혹은 여러 생산적인 취미 활동—그 실행 자체가 개인 삶의 풍요로움과 실행성을 도약시키는—을 넘어 꼭 게임이 우선권을 가져야 하는지 심각하게 생각해 보아야 한다. 그러나 개인의 양심에 따라 그 문제에서 결국 게임이 가지는 우선하는 가치를 포기할 수 없다면, 우리는 좋은 게임과 그렇지 않은 게임의 가치 기준을 정해야 한다.

긍정적인 기준의 가장 극한에서 고려할 것은 다음과 같다. 특정한 게임의 실행 자체가 개인이 살아가는 세속적인 삶의 전인적인 미덕들(예를 들어, 신체적 활동, 심미적 감수성, 우정과 협동 능력, 문제 해결력과 비판적 사고 능력, 문화적 문해력 등)을 얼마나 조장하는지 그리고 더 나아가 만일 해당하는 그리스도교적 콘텐츠가 있다면 그 미덕들(믿음, 소망, 사랑)의 가치를 게임의 서사 구조와 문제 해결 과정에 녹여 조장할 수 있는지 생각해 보아야 한다. 그리고 가장 부정적인 기준의 극한에서 고려할 것은 다음과 같다. 세속적인 삶 속에서도 범죄적인 행위들(정복적인 전쟁과 학살, 범죄적 목적 달성, 게임 내 자유도로 인한 우발적 폭력성의 발현)이 게임의 내용에서 조장되거나 불이익 없이 허용되며 개인의 악덕들(저질적 즐거움, 반사회적 방향성, 타인의 고통에 자극적 노출로써 무감각성 증진, 인지적 기능 없는 반사적 작용 등)을 게임 수행 과정에서 요구하는지 등을 생각해 보아야 한다. 특히 그것이 단일 플레이어가 아니라 다중 플레이어의 사례인 경우, 즉 가상의 아바타를 통해 실제 인간이 참여하는 게임의 경우 이러한 원칙은 더욱더 심각하게 생각되어야 한다.

수동적으로 따르지 않고
능동적으로 가치 선별

놀이로서 게임의 기술적 조건이 마련하는 높은 강도의 가상현실 체험방식 그리고 사회적 관계 방식의 파편화는 자칫 청년들로 하여금 무반성적으로 즐거움만 향유하게 할 수 있다. 하지만 성숙한 성인으로서 기독 청년은 즐거움을 추구하는 게임이라는 놀이의 순간에 그 놀이를 둘러싼 사회적 조건을 인식하면서, 은혜로 빚어진 나는 '나, 너, 우리에게 무엇이 될 수 있는가'라는 실존적 질문을 물을 것을 기대한다. 그리스도교적 관점에서 좋은 게임이란, 특정하게 "레프트 비하인드" 류의 그리스도교인 사용자를 위해 장르화된 그리스도교 게임의 문제가 아니다. 기독 청년이 그리스도교적 가치를 따르며 게임을 즐긴다는 것은 곧 가상현실에 참여하는 게임의 실행자가 즐거움을 누리게 되는 게임의 규칙에 얽힌 모종의 가치와 그것을 실행하게 하는 반복적 행위의 틀을 맹목적으로 따르지 않고, 게임을 수행하며 각 개인의 삶 안에서 최대한으로 삶의 실존적 가치와 그 적합한 미덕을 증진할 수 있는가에 달려 있다.

게임은 그 자체로 가치 중립적인 것이 아니다. 그것은 그 기술적인 실행 조건에서 연관되는 디지털화된 정보의 가치가 전달되고 배분되는 과정에서 애초에 프로그램 기술자가 전제하는 가치관을 반영하며, 그 가치는 더 큰 차원에서 게임 산업 시장의 수익성을 증진하는 요소에 의해 영향을 받는다. 그렇기에 매일 그리고 매 순간 자신과 타인의 관계 속에서 영원을 향한 사랑과 이웃을 향한 사랑이라는 가치를 위해, 서로를 향해 자신의 되어감과 은혜 안에서 빚어짐을 생각해야 한다. 또 자기 삶을 드리는 그리스도인은 게임의 가상현실에 참여하는 과정에서 게임 안의 가치관과 자신의 가치관이 서로 중첩하는 지점을 고민해야 한다. 게임 자체를 무조건적으로 긍정하거나 혹은 부정하는 것을 넘어 그리스도인은 게임 자체가 어떻게 자기를 돌보고 가꾸는 생산적인 여가 활동 중 하나가 될 수 있는지 점검해야 한다. 더 나아가 게임 플레이 자체라는 즐거움의 순간에서도 그 순간이 그리스도교적 가치를 반영하고 또 증진할 수 있는지를 숙고해야 할 것이다.

reference

로버트 제라시(Robert M. Geraci). "가상세계들과 근대성의 신화들: 게임, 게이머, 온라인의 초월성", 〈당당뉴스〉 2022.05.23. http://www.dangdangnews.com/news/articleView.html?idxno=37568.

로버트 제라시(Robert M. Geraci). "가상현실게임으로 체험하는 종교", 『흩어진 MZ세대와 접속하는 교회-메타버스 시대의 목회와 선교』(서울: 쿰란출판사, 2023).

아우구스티누스(Aurelius Augustinus). 『참된 종교』(*De Vera Religione*), 성염 역 (서울: 분도 출판사, 2011).

아우구스티누스(Aurelius Augustinus). 『고백록』(*Confessiones*), 김기찬 역 (서울: CH북스, 2009).

요한 하위징아(Johan Huizinga). 『호모 루덴스: 놀이하는 인간』(*Homo Ludens: a study of the play element in culture*), 이종인 역 (서울: 연암서가, 2018).

헤르베르트 마르쿠제(Herbert Marcuse). 『일차원적 인간』(*One-Dimensional Man*), 박병진 역 (서울: 한마음사, 2009).

Chalmers, David J. *Reality+: Virtual Worlds and the Problems of Philosophy*. London: Penguin, 2022.

Huizinga, Johan. *Homo ludens; a study of the play-element of culture*. Boston: Beacon Press, 1955.

Ihde, Don. *Technology and the Lifeworld*. Bloomington: Indiana University Press, 1990.

Marcuse, Herbert. *One Dimensional Man*. Boston: Beacon Press, 1964.

Ramirez, Erick Jose, and LaBarge, Scott. "Real Moral Problems in the Use of Virtual Reality." Ethics and Information Technology vol.20, no.4 (2018): 249-263.

멀티-빌리버스 시대의 미닝아웃[1]

이은경・감리교신학대학교 기독교교육/교육학

옳다 옳다 혹은
아니라 아니라 하라

오늘날 사회를 다원화된 사회라고들 말한다. 절대적인 가치가 사라지고 모든 것이 상대화되었을 뿐만 아니라 다양성이 지배하는 시대가 도래했다는 것이다. 정말 그런가? MZ세대들이 오늘날 사회 특권층이나 기성세대를 소위 꼰대라 부르는데, 그 이유 중 하나는 이

---

1) 이 글은 "이은경, "멀티-빌리버스(multi-believers) 시대의 미닝아웃(Meaning out): ESG를 통한 신앙역량 강화", 「신학과실천」, 82권 (2022년)"으로 실린 바 있음을 밝힌다.

들 중 다수가 본인이 합리적이라고 생각하는 가치들에 대한 비판은 외면한 채 나머지 것들에만 다양성을 말하기 때문이다. 그 여파로 MZ세대는 지금의 상대주의와 다양성의 논리를 '허구'라고 비판한다. 또 다양한 견해를 인정하는 데 앞서 중요한 것은 "틀린 것을 틀리다고 말하고 옳은 것을 옳다고 말하는 것"이라 주장하며, 전환을 원한다면 "다양성을 넘어서 '옳은 것'을 갈망해야 한다"고 강조한다.[2]

이 말은 기독교인들에게는 너무나 익숙한 표현이다. 바로 마태복음 5장 37절의 "오직 너희 말은 옳다 옳다, 아니라 아니라 하라. 이에서 지나는 것은 악으로부터 나느니라"라는 예수의 말을 떠올리게 하기 때문이다. 그러나 오늘날 사회에서뿐 아니라 교회에서도 이런 광경을 보기가 여간 쉽지 않다. 요즈음 교회에서는 '하나님의 정의' 즉 옳은 것이 아니라, '정상' 혹은 '정상성'이라는 규범을 신앙과 불신앙을 가르는 잣대로 삼는 경향이 높아지고 있기 때문이다. 그러다 보니 목사의 설교는 더 이상 하나님의 정의와 공의를 '선포'하기보다는 "이것이 '정상적인 것'입니다. 그러니 이걸 따라야 합니다. 여기에서 어긋나는 것은 모두 '악'입니다"라고 '호소'하는 것처럼 들린다. 그러나 선포와 호소는 확연한 차이가 있다.

---

[2] 김창인, 이현범, 전병찬, 『청년, '리버럴'과 싸우다』 (서울: 시대의창, 2018), 15-16.

말씀 속 '선포'의 부재,
MZ세대를 붙잡지 못하는 '호소'

선포는 '베풀 선'(宣)에 '베 포'(布)가 합쳐진 말로, '宣'은 본래 천자(天子)가 거주하는 방을 뜻하기 위해 만들어진 말이라고 한다. 이것이 후에 천자가 덕과 온정을 베푼다는 의미가 파생되어 '베풀다, 널리 펴다'라는 뜻이 되었다. '布'는 삼베를 뜻하는 말로, 이전에는 세금을 대신하여 삼베를 냈던 것에서 조세라는 의미가 있었으며, 이것이 넓게 펴서 다듬는다는 의미로 확대되어 '펴다, 번지어 퍼지다'라는 의미까지 더해졌다. 그러므로 '선포'(宣布)는 천자의 방 즉, 하나님의 전 또는 교회에서부터 무언가 퍼져나가는 것을 말한다. 그래서 설교가 권위를 갖는 것이리라.

그러나 '호소'(呼訴)의 '呼'(호)는 부르거나 혹은 숨을 내쉰다는 의미로, '큰 소리로 부르다'라는 뜻이다. '訴'(소)는 言(말씀 언)과 斥(물리칠 척)이 결합한 것으로, '말로 물리치다' 또는 '아래에서 위로 말하다'라는 의미를 지닌다. 그러므로 호소는 큰 소리를 내어 제 말을 들어달라고 자기 위에 있는 사람에게 말하는 것이라 할 수 있다. 이것은 마치 설교를 듣는 사람, 즉 회중을 향해 설교자가 자기 말을 들어달라고 사정하는 것처럼 여겨진다. 교회의 설교가 선포가 아닌 호소가 되는 순간, 앞서 제기한 우려는 사실이 되고 만다. 설교가 애걸복걸하듯 한 번만 내 얘길 들어달라는 호소가 된다면, 어떤 공의나 정의도 신자들의 마음에 가닿지 못할 것이다. 이런 상황에서는 회심도,

신앙체험도 기대할 수 없다. 이런 교회와 설교에 실망한 MZ세대 청년들이 교회를 떠나고 있다.

이러한 배경에서 먼저 오늘날 청년, 특히 MZ세대라 불리는 청년세대가 교회 공동체에서 사라져가는 원인을 탐문하고, 그들의 신앙경험 소비형태가 '무엇'을 넘어 '어떻게'(how) 그리고 '왜'(why)로 변화되어 가는 과정을 살펴보고자 한다. 나아가 최근 대두되고 있는 ESG 담론을 통해 오늘날 요구되는 신앙교육의 새로운 관점을 구성함으로써, 청년세대의 신앙역량을 강화할 교육 모델을 제안해 보고자 한다.

멀티-빌리버스의 등장

교회를 떠난 청년들은, 마치 "몰락한 아버지의 세계를 폭로하는 타자"[3]처럼 교회에 비판적이고 심지어 적대적이다. 이들은 이전 세대의 소위 '가나안' 신자들과도 다르다. 가나안 신자들은 기존에 다니던 교회를 떠났을 뿐이지, 신앙을 외면한 것은 아니기 때문이다. 그래서 이들은 교회 밖에서 모여 평신도교회를 조직하거나 자기와 생각과 결을 같이하는 교회를 찾아 새로이 정착하기도 하면서 신앙생활을 유지한다.

---

3) 김형식, 『좀비, 해방의 괴물: 팬데믹, 종말, 그리고 유토피아에 대한 철학적 사유』 (서울: 한겨레출판, 2022), 205.

그러나 교회를 나간 MZ세대 청년은 어떠한 교회 공동체에도 속하지 않을 뿐만 아니라, 공동체적 신앙생활을 도모하지도 않는다. 아예 신앙을 버리거나 특정 종교에 귀속되지 않으면서 다양한 신앙을 존중하는 '다중-신자'(multi-believer)가 되는 일도 빈번하다. 이런 다원주의적 신앙은 '멀티-빌리버스'(multi-believers) 또는 '포트폴리오 페이스'(portfolio-faith)라고 불리기도 한다. 그럼에도 이들은 스스로를 기독교 신자로 인식한다. 김진호는 2005년 인구총조사에 기대어 이들의 수가 최소 100~200만 명에 달할 것으로 추산하였다.[4]

오늘날 이렇게 젊은 세대 특히 MZ세대라 불리는 이들이 교회를 떠나 '멀티-빌리버스'가 되는 이유는 무엇일까? 첫 번째 원인은 말 그대로 시대가 변하면서 세대가 변했기 때문이다. 두 번째 원인은 신학교의 위상이 추락하고 신학교육의 질이 낮아지면서, 신학적 소양이 매우 낮은 이들이 목회자 혹은 사역자라는 이름으로 교회 현장에 유입된 것을 꼽을 수 있다. 세 번째 원인은 교회가 교회의 사회적 책임을 잃어버렸기 때문이다.

(1) 청년세대의 변화

청년이 교회에서 사라지는 첫 번째 원인은 오늘날 세대, 특히 청년세대가 변했기 때문일 것이다. 요즘 청년을 흔히 MZ세대라고 부른다. 여기서 'M'은 밀레니얼 세대를 지칭하는 말로 1980~1995년에 태어난 이들을, 'Z'는 1996~2000년에 태어난 이들을 가리킨다. MZ세대

---

4) 김진호, 『대형교회와 웰빙보수주의: 새로운 우파의 탄생』 (파주: 오월의봄, 2000), 49.

는 디지털 환경에 매우 익숙하고 모바일을 우선적으로 사용하며, 특히 SNS를 기반으로 최신 트렌드와 이색 경험을 추구하는 경향이 있다. 그래서 이들은 '디지털 네이티브'(digital native)라 불리기도 한다.

디지털 네이티브라는 말은 2001년 세계미래교육재단 설립자인 마크 프렌스키(Marc Prensky)가 처음 사용한 말로, 개인용 컴퓨터, 전자게임, 태블릿과 휴대폰으로 이루어진 디지털 세상에서 성장한 첫 세대를 지칭한다.[5] 과거 청년세대와 비교하면, 요즘 청년세대는 태어나면서부터 혹은 자라면서 '디지털' 기술의 힘으로 자신의 지적, 정신적 능력뿐 아니라 신체적 능력까지 강화하고, 온갖 디지털 장비를 마치 자기 신체 일부처럼 사용한다. 일례로 스마트폰은 기록과 저장이라는 우리 두뇌의 일부 기능을 이미 대신하고 있다. 그래서 데이비드 찰머스(David Charlmers)는 아이폰을 가리켜 자기 '마음의 일부'라고 표현하기도 했다.[6]

(2) 교육이 결핍된 목회자

청년이 교회에서 사라지는 두 번째 원인은 목회자들의 신학교육이 충분히 이루어지지 못했기 때문이다. 김진호는 이것을 "주의 종들의 천민화"라고 다소 비판적으로 말하면서, 오늘날 도시교회 특히 서울과 수도권 지역에 위치한 교회에서 가장 지적 수준이 낮은 집단에 목회자와 신학생이 포함된다고 지적했다. 또 이렇게 신학적 지식

---

5) 존 카우치, 제이슨 타운, 『공부의 미래: 디지털 시대, 가르치고 배우는 일에 관한 모든 것』, 김영선 역 (서울: 어크로스, 2019), 33.
6) 신상규, 『호모 사피엔스의 미래: 트랜스휴먼과 트랜스휴머니즘』 (파주: 아카넷, 2014), 88.

과 소양이 부족한 이들은 더 이상 "악화된 선교환경을 해석할 능력도, 의지도 없"을 뿐만 아니라, 살아남기 위한 경쟁과 성공에 몰두한 나머지 목회자로서의 품격마저도 "천민화"되었다고 꼬집는다.[7] 참으로 부끄러운 지적이 아닐 수 없다.

폴란드 출신의 사회학자 지그문트 바우만(Zygmunt Bauman)도 이러한 "교육 결핍"인 사람들이 점점 더 많아질 미래 시대를 염려하였다.[8] 이것은 비단 목회자들에게만 해당하는 것은 아니며, 모든 목회자가 그런 것도 물론 아니다. 그러나 사회적, 정치적 상황에 무관심으로 일관하고, 인문학적, 철학적 또는 과학적 지식에 무지함에도 불구하고, 자기가 믿는 신앙에 대한 맹목적 복종을 강요할 뿐만 아니라 아무런 거리낌 없이 혐오의 말을 쏟아내는 목사의 설교는 MZ세대 신자들에게 더 이상 설득력이 없다. 그뿐만 아니라 이들에게는 목사 혹은 목사직에도 존경이 남아 있지 않아 말씀 선포는 고사하고 호소도 더 이상 통하지 않을 것이다.

(3) 사회적 책임을 상실한 교회

세 번째 원인은 교회가 사회적 책임을 상실했기 때문이다. 교회는 그 처음 시작부터 세상과 인간 그리고 사회를 구성하고 있는 모든 피조물과 더불어 공존, 공생해야 할 역할과 책임을 가지고 있는데, 그동안 교회가 그것을 도외시했다. 천국시민을 만든다는 미명하

---

7) 김진호, 『대형교회와 웰빙보수주의』, 54-56.
8) 지그문트 바우만, 리카르도 마체오, 『지그문트 바우만, 소비사회와 교육을 말하다: 소비사회가 잠식하는 인간적인 삶에 대하여』, 나현영 역 (서울: 현암사, 2016), 84-85.

에 내가 속한 사회의 기독교 시민으로서의 역할과 책임을 방기한 것이다. 그동안 교회는 대사회적으로는 전투적인 선교전략을 구사하고, 내적으로는 교회 내 신자들만을 위해 이기적으로 활동해 왔다. 그뿐 아니라 폐쇄적, 위계적인 가부장적 방식으로 교회를 운영해 왔음도 부인할 수 없다.

역사적으로 교회가 세상의 중심 권력을 공유하기 위해 세상 권력과 결탁하거나 권력의 시녀로 전락했던 때도 있었다. 지금도 여전히 세상을 지배하기 위해 권력지향적 "중심부 이데올로기"[9]를 따르고 조장하면서, 주변에서 일어나는 일들과 사회 주변부 사람들을 암묵적으로 외면하는 교회가 있다. 이러한 성장지상주의와 권위적이고 가부장적인 교회 문화에 절망한 청년들이 교회를 이탈하고 있는 것이다.[10]

그러나 예수는 태어나자마자 난민이 되었고, 평생토록 주변부 유대인으로 살았으며, 자신을 주변부 사람들과 동일시했던 인물이다. 그래서 이정용은 진정한 제자도, 즉 예수 그리스도를 따른다는 것은 "하나님의 주변부 백성이 되는 것을 의미"한다고 말한다.[11] 이것은 교회의 중심적 활동은 우리 교회 중심의 이기적 신앙이어서는 안 된다는 말이며, 동시에 사회 주변부 사람들을 향해 흩어지면서 교회가 지닌 사회적 가치를 회복해야 한다는 말이기도 하다.

---

9) 이정용, 『마지널리티: 다문화 시대의 신학』 (서울: 포이에마, 2014), 190.
10) 백은미, "청년 세대를 위한 기독교 시민교육의 과제", 『신학과 실천』, 76권 (2021년): 488.
11) 이정용, 『마지널리티』, 185-191.

신앙경험 소비형태의 변화:
'무엇'을 넘어 '어떻게' 그리고 '왜'

앞서 살폈듯, 오늘날 청년세대는 이전 세대와는 태생적으로 다를 뿐 아니라 신앙경험의 소비형태도 다르다. MZ세대 혹은 디지털 네이티브의 특징 중 하나는 이들이 가상세계 특히 온라인 게임에 익숙하다는 것이다. 그중에서도 모드(MOD)는 이미 하나의 문화로 자리 잡았다. 'MOD'(모드)는 modification의 약어로, 사용자가 메인이 되는 작품을 베이스로 삼아 인위적으로 개조하거나 맵(map) 등을 만드는 문화를 말한다. 특히 게임 안에서 전에 없던 디션을 만들거나 새로운 능력을 캐릭터에게 부여하기도 하고, 새로운 맵을 플레이하는 등 MOD의 가짓수는 무궁무진하다. 일부 게임에서는 사용자들에게 직접 MOD를 해보고, 배포하고, 수정하라고 적극적으로 권하기도 한다.

이렇게 이미 만들어진 게임도 자기만의 스타일로 바꾸고 새로운 것을 덧입히는 데 익숙한 MZ세대 청년은 교회가 제공하는 신앙경험을 어떻게 생각할까? 교회는 여전히 단편적이고, 직선적인 방식의 교리 전수와 일방향적 신앙경험을 제공하고 있지는 않은가? 이 밖에도 MZ세대를 낯설게 하는 것은 교회 특히 목회자가 제공하는 신앙경험을 개인, 즉 평신도가 함부로 바꾸고 덧입힐 수 없다는 것이다. 아니 질문조차 허용하지 않는 경우도 빈번하다.

이러한 외적 변화 이외에도 과거 청년들과 요즘 청년들이 교회에 기대하는 것을 비교해보면 그 내적 차이가 확연히 드러난다. 과거 청년들은 교회가 신앙경험을 포함하여 소위 세상과는 다른 차별화된 경험을 할 수 있는 '무엇'(what)을 제공하느냐가 교회에 출석하고, 신앙생활을 지속하는 중요한 요소였다. 물론 지금도 여전히 봉사, 예배 참석, 교회 내 다양한 활동 참여 등의 외면적 종교생활과 기도, 성경 읽기와 같은 내면적 종교생활 영역에서 모두 '무엇'을 하느냐가 개인의 신앙 혹은 신앙생활을 평가하는 중요한 척도로 사용되고 있다.[12]

그러나 MZ세대에게는 '무엇'과 더불어 '어떻게'(how) 그리고 '왜'(why)가 중요하다.[13] 교회가 세상과는 다른 어떤(what) 신앙경험을 제공하느냐도 물론 중요하지만, 이 경험을 '어떻게' 제공하는지가 중요하다. 예를 들면 일방적인지 상호적인지, 강제적인지 자발적인지 혹은 하향식인지 관계적인지가 중요하다는 말이다. 그뿐 아니라 그것이 나에게 어떤 의미가 있는지 그리고 사회에는 어떤 영향을 미치는지 등 '왜' 그것을 경험해야 하는지에 대해서도 교회가 설득력 있는 답변을 내놓아야 하는 시대가 되었다. 이것은 소위 '미닝아웃'(meaning out)을 지향하는 MZ세대의 특징을 그대로 드러낸다.

미닝아웃이란, '신념'을 뜻하는 meaning과 '벽장에서 나오다'라는 뜻의 coming out이 합쳐진 말로, 자기 신념이나 가치관, 취향, 성향, 주장 등을 드러내는 것을 의미하는 신조어다. 미닝아웃의 대표적인 수단 중 하나는 SNS, 특히 SNS상의 해시태그(#)이며, 때로는 패

---

12) 김영수, "교회 청년들의 종교성: 한국기독교장로회를 중심으로", 「신학과 실천」, 63권 (2019년): 592.
13) 안치용, 이윤진, 『ESG 배려의 정치경제학』 (서울: 마인드큐브, 2022), 298-299.

션을 이용하기도 한다. 또 미닝아웃은 소비 행위를 통해 이루어지는 경우도 많다. 제품이나 서비스의 가격은 비싸고 그 기능과 품질은 다소 떨어질지라도 자기 신념과 가치관에 부합하는 제품을 구매함으로써, 신념과 가치관을 표출하는 것이다. 그래서 이러한 소비를 '가치 소비'라 부르기도 한다. 그동안 소비문화는 "개인화, 특이화, 경쟁관계, 질투 등 반사회적 사회화를 조장하여 사람들을 분리"시키고,[14] 우리의 자율성과 안전을 위협하는 것으로 치부되어 왔다. 그러나 MZ세대는 오히려 소비를 통해 자기 신념과 가치관을 표현하면서 착한 소비를 넘어 '의미'를 창출하고 있다. 이렇게 미닝아웃을 지향하며 가치소비적 성향을 지닌 MZ세대가 이제는 교회가 제공하는 신앙경험에 의문을 품기 시작했다. 이것이 나와 사회에 어떤 의미가 있는지 그리고 교회가 어떠한 방식으로 그것을 제공하는지 묻기 시작한 것이다.

교회에서 제공하는 신앙경험의 첫 번째 목적은 당연히 그리스도인을 만드는 것, 더 구체적으로는 그리스도를 따르는 제자를 길러내기 위함이다. 마가복음 8장 34절의 "누구든지 나를 따라오려거든 자기를 부인하고 자기 십자가를 지고 나를 따를 것이니라"라는 말씀은 그리스도의 제자가 되려는 이들이 따라야 할 지침, 즉 제자도로 알려져 있다. 이것을 단순히 매 주일 교회에 출석하고 교회와 목회자에 대한 맹목적인 복종을 의미하는 것으로 축소하거나 변질시켜

---

14) 김현미, "소비에서 자급으로 좌표 이동: 도시 에코페미니스트로 살아가기", 『덜 소비하고 더 존재하라: 에코페미니스트의 행복혁명』, 여성환경연대 기획 (서울: 시금치, 2016), 35.

서는 안 된다. 예수 그리스도를 따르는 참 제자를 길러내는 신앙교육은 이제 교회 안에서뿐만 아니라, 교회 밖 세상에서도 그 쓸모와 진가를 드러낼 수 있어야 한다. 세상에서도 건전한 사회구성원으로서의 역할과 책임을 다하는 신앙인을 기르는 교육으로 바뀌어야 한다. 그러기 위해서는 교회나 교회의 권위자가 세상에서 맞닥뜨리는 모든 문제에 정답을 제시하고, 그것을 무조건적으로 따르도록 하는 게 아니라, 파트너, 안내자, 조력자, 촉진자가 되어 가야 할 방향을 알려주고, 청년 스스로가 '어떻게' 그리고 '왜'에 대한 답을 찾아갈 수 있는 분위기를 만들어야 한다.

변화하는 환경과 지식 가운데 신앙역량을 강화하는 신앙교육

이를 위해 신앙교육은 어떻게 바뀌어야 할까? 어떤 신앙역량을 갖추어야 하며, 어떻게 그것이 가능할까? 오늘날 신앙교육은 이제 더이상 교리나 성서, 신학적 지식에 관한 내용 중심의 신앙교육에서 벗어나 더 나은 세상을 만들기 위한 교육, 즉 하나님 나라 확장을 위한 신앙교육이 되어야 한다. 이를 통해 신앙역량, 즉 "기독교 전통과 씨름하면서 자신을 구체적으로 표현하고, 다른 사람과 더불어 성찰할 수 있는 능력"[15]을 강화해야 한다. 물론 이 신앙역량은 단지 청년세

---

15) 프리드리히 슈바이처, 『어린이와 함께 배우는 신앙의 세계』, 고원석, 손성현 역 (서울: 대

대뿐 아니라, 모든 기독교인에게 요구되는 능력이기도 하다.

이러한 신앙역량을 키우고 강화하려면 먼저 '신뢰, 존중, 독립성, 협동, 친절' 등이 전제되어야 한다. 이것들은 일반교육 영역에서도 중요하지만, 신앙교육 영역에서 훨씬 더 많이 요구된다. 에스더 워치츠키(Esther Wojcicki)는 이것을 'TRICK'이라는 말로 표현했다. TRICK은 'Trust, Respect, Independence, Collaboration, Kindness'의 머리글자를 딴 단어다.[16] 이 다섯 가지 조건을 전제로 효과적인 사고력, 행동력, 대인관계 능력, 사회참여 실현 능력을 갖추어야 한다.[17]

이는 최근 주목받는 역량교육, 역량접근법과 비슷하며, 프렌스키는 디지털 네이티브의 특징으로 역량과 신념의 변화를 꼽았다. 특히 근대적 지식 위주의 교육으로 인한 문제를 해결하기 위해 그 대안 중 하나로 '역량'이 등장한 이후, 인공지능, 사물인터넷, 네트워크 등의 첨단과학기술의 발달과 더불어 우리나라에서도 역량교육에 대한 관심이 더욱 높아지고 있다. 역량접근법은 아마르티아 센(Amartya K. Sen)과 마사 누스바움(Martha C. Nussbaum)이 제안한 것으로, 인간을 목적으로 보면서 인간의 선택과 자유를 중요하게 여기고, 인간역량을 통해 기회와 자유를 증진하는 사회를 만들고자 하는 기획이다.

전통적 의미에서 지식은 확실성을 전제로 고정불변한 것으로 간주되며, 이와 마찬가지로 학습자 역시 고정된 존재로 여긴다. 그러나 역량접근법에서 학습자는 적극적으로 의미를 구성하는 유동적 존

한기독교서회, 2013), 112.
16) 마크 프렌스키, 『미래의 교육을 설계한다』, 허성심 역 (서울: 한문화, 2018), 181.
17) 위의 책, 116-114.

재이며, 지식 역시 지속적으로 변화와 수정 가능한 것으로 간주한다.[18] 누스바움은 이와 같이 사람이 고정되어 있지 않고 유동적이며 역동적인 상태를 '내적 역량'이라 부른다. 그리고 내적 역량은 선천적으로 타고나는 게 아니라, 훈련이나 계발로 강화된 특성과 능력을 의미한다. 다시 말해 역량이란, '사람이 무엇을 할 수 있고 무엇이 될 수 있는가'라는 물음에 대한 답이라고 할 수 있다.[19] 그렇지만 단지 역량을 갖추었다고 해서 무엇이든 할 수 있고 무엇이든 될 수 있는 것은 아니다.

오늘날과 같이 빠르게 변화하는 기술사회에서 우리는 전통적인 지식 교육에 근거한 성적 향상이나 학업 성취가 실제 사회에서 자아실현이나 행복으로 곧장 연결되지 않는 모습을 자주 목격한다. 이는 신앙교육의 영역에서도 매한가지다. 성서 구절과 주기도문을 완벽하게 암송하고, 기도를 매끄럽게 잘하는 것이 신앙의 성숙이나 제자도로 곧바로 연결되지 않기 때문이다. 그래서 프렌스키는 교육에서 성취와 실현을 구별해야 한다고 말한다.[20] 신앙교육에서도 신자들 스스로가 신앙인으로서 무엇을 실현해야 하고, 또 어떤 존재가 되어야 하는가에 대한 답을 스스로 찾을 수 있는 신앙역량을 길러야 하는 이유가 바로 여기에 있다.

---

18) 박지애, 소경희, 장연우, 허예지, "포스트모던 관점에서 다시 생각하는 역량 교육: Deleuze의 존재론에 기초하여", 「교육과정연구」, 37권 2호 (2019년): 3-4.
19) 마사 누스바움, 『역량의 창조: 인간다운 삶에는 무엇이 필요한가?』, 한상연 역 (파주: 돌베개, 2015), 32-44.
20) 마크 프렌스키, 『미래의 교육을 설계한다』, 105.

(1) 관점의 재구성

그렇다면 신앙역량을 어떻게 강화할 수 있을까? 그 해답으로 프렌스키는 '재구성'(reframing)을 제안한다. 재구성은 한마디로 '관점 바꾸기'라고 할 수 있다. 이것은 익숙한 것을 새롭게 보는 것이다. 대상을 바꾸는 게 아니라, 우리가 사물을 보는 관점을 바꾸는 것을 말한다. 신앙역량을 강화하기 위해 그리고 교회를 외면하는 MZ세대와 다시 만나기 위해 교회 공동체가 재구성해야 할 것은 크게 네 가지로 나누어 생각할 수 있다.

먼저 청년세대에 대한 이해를 재구성해야 하며, 두 번째로는 MZ세대와 우리가 함께 살고 있는 이 세상과 자연에 대한 관점을 바꿔야 한다. 세 번째로는 신앙교육과정, 특히 MZ세대의 신앙교육과정을 재구성해야 하고, 마지막으로는 신앙공동체의 문화를 재구성해야 한다. 이에 대해 좀 더 자세히 논해 보자.

첫 번째로, 신앙공동체의 중요한 구성원이자 동시에 신앙교육의 대상이기도 한 청년세대에 대한 것을 새롭게 재구성해야 한다. 앞서 봤듯, 오늘날 청년세대는 디지털 이민자(digital immigrants)인 우리와는 다르다. 디지털 네이티브인 청년들은 첨단과학기술과 공생하는 삶을 살면서 새로운 디지털적 존재로 변모하고 있으며, 네트워크를 통해 연결된 '확장된 마음'(extended mind)으로 진화해가고 있다.[21]

두 번째로, 우리가 살아가고 있는 세상에 대한 관점을 재구성해

---

21) 이은경, "디지털 데이터 사회의 포스트휴먼을 위한 교육", 「신학사상」, 183권 (2018년): 137.

야 한다. 여기에는 자연과 환경에 관한 것까지 포함된다. 이제 더 이상 근대적 이분법에 근거한 인간중심적, 인간예외적, 인간우월적 시각으로 세상과 자연을 바라봐서는 안 된다. 현재 온 인류가 마주한 코로나 팬데믹은 자연에 대한 관점을 전면적으로 수정하게 된 계기였다. 자연도 하나님의 창조질서에 속하는 피조물이며, 우리 인간들과 영향을 주고받으며 공생하고 있다. 나아가 인간과 자연은 '피조된 공동-창조자'(created co-creator)[22]로서, 하나님의 창조세계를 지키고 보존해야 할 책임을 함께 지고 있는 사이다. 피조된 공동-창조자 개념은 필립 헤프너(Philip Hefner)가 제안한 것으로, "인간과 자연의 공속성을 강조"하면서 동시에 하나님의 창조세계 속 인간의 독특한 지위를 다른 피조물과의 연속성과 불연속성 안에서 이해하고자 한 것이다.[23]

세 번째로, 신앙교육과정을 재구성해야 한다. 그동안 교육과정을 목회자나 교사의 주도권을 중심으로 하향식으로 구성하거나 내용 중심으로 구성해 왔다면, 새로운 교육과정은 프로젝트를 중심으로 파트너 관계에 기반한 상호적 교육과정으로 바뀌어야 한다. 여기서 우리가 관계 맺어야 할 파트너는 물론 인간만을 지칭하는 것은 아니다. 자연을 포함해서 이제는 과학기술과도 파트너 관계를 맺어야 하며, 네트워크를 통해 파트너 관계를 지속적으로 확장해야 한다.

---

22) Philip Hefner, *The Human Factor: Evolution, Culture, and Religion* (Minneapolis: Fortress, 1993), 27.
23) 김정형, "팬데믹 시대 생태신학: '공동-창조자' 개념을 중심으로", 『생태사물신학: 팬데믹 이후 급변하는 생태신학』, 전현식, 김은혜 외 (서울: 대한기독교서회, 2022), 109.

마지막으로, 교회 문화를 재구성해야 한다. 더 이상 개교회 중심의 신앙활동이나 소속감만으로는 충분하지 않다. 일방적이고 위계적인 가부장적 교회 문화 역시 씨알도 먹히지 않을 것이다. 디지털 기술을 통해 소통하는 디지털 네이티브들은 수평적으로 연결되어 있으며, 네트워크를 통해 24시간 세계와 연결되어 있기 때문이다. MZ세대의 삶의 공간과 문화는 더 이상 지역에 한정되지 않는다. 그들의 세계는 이미 전 세계다.

그렇다고 네트워크와 미디어를 무조건적으로 사용해야 한다고 말하는 것은 아니다. 코로나 팬데믹 이후 현재까지 많은 교회에서 실시하고 있는 온라인 비대면 예배는 어쩔 수 없는 상황에서 시작했음에도 예배 참여자 수와 참여 비율을 높여주며 긍정적인 역할을 했다. 하지만 예배에 대한 만족도 부분에서는 절반의 수치를 넘어서지 못하고 있다.[24] 또 네트워크와 미디어를 활용하면서 예배는 지나치게 간소화되었고, 기독교인으로서의 정체성을 되새기는 성만찬도 중단되었다. 절기예배마저 온라인으로 참여함으로써, 기독교적 정체성 형성에도 적지 않은 영향을 받고 있다.

기독교인은 예배, 특히 사순절, 부활절, 성탄절과 같은 절기예배에 참여함으로써, 자신의 기독교적 정체성을 확립할 뿐 아니라 기독교인으로 성장해 간다.[25] 그러므로 오늘날의 상황을 반영하여 교회

---

24) 이민형, "미디어에 물든 기독교 신앙: 코로나 기간 동안의 경험을 통해 살펴본 온라인 예배의 의미와 한계",「신학과 실천」, 79권 (2022년): 43-44.
25) Alexander Schmemann, *For the Life of the World: Sacraments and Orthodoxy* (NY: St. Vladimir's Seminary Press, 1998), 52-55.

문화를 재구성해야 한다. 동시에 변화된 시대적 상황을 충분히 고려한 신앙교육과정을 구상해야 할 것이다.

(2) 도전에 대한 응답, ESG

마지막으로 관점의 재구성을 통해 MZ세대 청년과 소통하고 상호적 파트너 관계를 맺기 위한 신앙교육과정은 어떻게 구상해야 할까? 그에 대한 하나의 대답으로 ESG를 통한 신앙역량 강화를 제안하고자 한다.

ESG(Environment, Social, Governance)는 최근 경제 분야에서 기업이나 조직의 비재무적 성과를 검토하는 기준으로 선택되고 있는 개념이다. 이제 기업이나 조직을 평가할 때도 재무적 지표뿐 아니라, '탄소배출 저감, 사회공헌, 순환경제, 투명한 지배구조' 등과 같은 비재무적 목표를 중요하게 여기며, 단순한 이윤 추구를 넘어 '공적 책임', '공동선 추구', '지속가능성'을 기업과 조직의 본질과 목적으로 삼기 시작했다. 한마디로 기업이나 조직을 안정적으로 유지하기 위해서는 "환경(Environment)과 사회(Social)를 해치는 의사결정(Governance)을 해서는 안 된다"는 것이다.[26] 이는 물론 기업이나 일반 조직에만 해당하는 게 아니다. 교회야말로 경제적 이익이나 성과를 추구하는 영리집단 혹은 이익집단이 아니라, 하나님 나라 건설이라는 절대적 지상명령을 이루기 위해 책임을 다하는 대표적인 이타적 비영리집단이다.

---

26) 오병호, 『ESG 스퀘어: 트렌드를 창조하는 ESG』 (고양: 도서출판 더로드, 2022), 186.

교회는 ESG 담론을 논의하기 훨씬 이전부터 이미 ESG가 지향하는 환경적, 사회적, 공적 가치들을 성서적, 교회적으로 풀어 적용해 왔다. ESG가 추구하는 '환경 보존,' '생명 존중,' '사회적 책임,' '투명하고 공정한 지배구조' 등의 개념은 성서 안에 그 근거를 두고 있다. 이것들은 초대교회 시절부터 지향해온 공동체적 가치들이기도 하다. 그러나 안타깝게도 신자유주의 경제질서가 만연하면서 교회마저도 세상의 가치를 따라 성장지상주의, 성과주의에 편승하거나 혹은 각자도생의 개교회주의, 우리교회 우선주의 등에 매몰되는 일이 빈번하게 일어났다. 그로 인해 교회 안팎에서 교회에 대한 자조 섞인 비판들이 자주 들려오고, 특히 MZ세대를 중심으로 교회를 외면하거나 떠나는 이들이 늘어나고 있다. 이러한 위기와 시대적 도전에 적극적으로 응답하기 위해 최근 논의되고 있는 ESG 담론, 즉 '환경, 사회, 지배구조'의 ESG 개념으로 성서를 다시 읽으면서 교회의 본래적 사명을 되새기고, 이 시대에 요구되는 새로운 관점은 무엇인지 살펴보고자 한다.

■ 환경(Environment): 자연과 공생하는 청지기로서의 인간 이해

창세기 1장 26절에서 인간이 부여받은 하나님의 형상(Imago Dei)은 오랫동안 인간이 창조세계와 모든 피조물에 대한 지배자의 권리를 위임받은 근거로 여겨져 왔다. 그러나 오늘날에는 이 말씀이 자연을 인간 마음대로 해도 된다는 자연에 대한 '소유권'이나 '통치권'을 의미하는 게 아님을 인식하게 되었다. 그뿐만 아니라 전 인류가

맞이한 세 번째 팬데믹인 코로나19로 인해 인간과 자연이 서로 얽혀 있는 공생적 존재라는 사실도 분명히 알게 되었다.

그러므로 이제 자연에 대한 인간의 다스림과 돌봄의 방식도 변화되어야 한다. 인간은 피조물로서의 한계를 가지고 있지만, 동시에 하나님의 형상으로 창조된 하나님의 자녀로서 자연을 잘 보살피고 돌봐야 할 청지기로서의 소명도 있다.[27] 자연 또한 인간이 마음대로 처분하고 사용할 수 있는 대상이 아니라, 하나님의 피조물이자 창조세계 보존의 공동책임자임을 인식해야 한다. 하나님께서는 인간뿐 아니라, 작은 생명체들까지도 당신의 창조질서를 유지하기 위해 사용하고 계시기 때문이다. 그래서 헤프너는 인간과 자연을 '피조된 공동-창조자'(created co-creators)라고 표현했으며, 여기서 한 걸음 더 나아가 비인간 생명체들과도 함께 공생하는 '심포이에시스'(sympoiesis)의 청지기론으로까지 확장되어야 한다. 심포이에시스는 도나 해러웨이가 제안한 것으로, 우리말로는 공산(共産)으로 번역할 수 있으며, 함께 만들어간다는 의미로 'making with'의 뜻을 지니고 있다. 여기서 '함께 만들기'는 단순한 제작이 아닌 '함께-세계를-만들어-나가기'(worlding-with)에 관심하는 것을 의미한다.[28]

---

27) 이은경, "첨단기술발달시대에 인간과 자연의 관계 변화와 기독교교육의 패러다임 전환", 「신학과 실천」, 77권 (2021년): 516-517; 이은경, "생명다양성 위기 시대를 건너는 공생의 교육", 「코로나 팬데믹과 기후위기시대, 생물다양성에 주목하다」, 기독교환경운동연대, 한국교회환경연구소 엮음 (논산: 대장간, 2020), 112-132.
28) Donna Haraway, *Staying with the Trouble: Making Kin in the Chthulucenen* (Durham: Duke University Press, 2016), 58.

■ 사회(Social): 안전하고 쉼이 있는 환대의 공동체로서의 교회

교회와 사회를 구분할 수는 있지만, 분리할 수는 없고 분리해서도 안 된다. 교회도 사회의 일부일 뿐 아니라, 사회는 교회와 신자들의 삶의 공간이다. 그래서 교회는 처음부터 사회적 공동체였으며, 예수의 주변은 언제나 사람들로 북적거렸다. 왜냐하면 예수는 특히 사회의 주변부로 밀려난 이들을 불러모으고, 그들의 삶의 자리로 찾아가서 함께 먹고 마시고 사귀기를 즐겼기 때문이다. 그래서 예수의 공동체는 누구에게나 열린 환대의 공동체였으며, 그곳에 오는 이들에게 안전과 쉼을 제공했다. 그와 더불어 공동체 안팎의 모든 이들에게 소통과 상생이 일어나는 사회적 공간이 되어 주었다.

코로나로 인해 잠시 문을 닫아걸기는 했지만, 교회는 본래 열린 공동체, 환대의 공동체였으며, 일신의 위협을 느끼는 이들에게 안전을 보장하고, 쉼을 제공했다. 특히 구약의 안식일과 희년 제도는 인간뿐 아니라, 동물과 자연에도 쉼과 휴식을 제공하고, 이를 통해 지속가능한 사회를 만들고자 하였다. 그러나 오늘날 교회는 타자에게 말 걸고, 타자를 보살피며, 타자에게 호소할 수 있는 능력을 점점 잃어가고 있다. 이미 한국교회는 대사회적 소통의 부재와 일방적 소통방식으로 인해 많은 지탄을 받고 있다.[29] 프랑코 '비포' 베라르디(Franco 'Bifo' Berardi)는 이것을 영혼의 문제로 보았으며,[30] 오늘날 교

---

29) 이병옥, "교회의 이웃의 소리경청 및 개선 방안 연구: 선교적 교회의 관점에서", 「신학과 실천」, 74권 (2021년): 793.
30) 프랑코 '비포' 베라르디, 『노동하는 영혼: 소외에서 자율로』, 서창현 역 (서울: 갈무리, 2012), 192.

회에 필요한 신앙역량 중 하나가 바로 '타자에 대한 환대'다.

김현경은 이것을 "절대적 환대"라고 표현하기도 했다. 절대적 환대란, 우선 그가 누구인지 '신원을 묻지 않는 환대'다. 이것은 환대의 대상을 이유나 조건, 상황 등에 따라 선택하지 않는 것이다. 이처럼 신원을 따져 묻지 않는 까닭은 공적 공간에서 모든 사람은 평등하기 때문이다. 신앙의 언어로 표현하자면, 하나님 앞에서 모두 죄인이며 동시에 그분의 자녀이기 때문이다. 두 번째로 절대적 환대는 우리 모두 벌거벗은 생명으로 이 세상에 왔으며, 우리가 가진 모든 것이 우리를 맞이한 사람들로부터 온 것이므로 어떠한 보답도 요구하지 않는 환대여야 한다. 마지막으로는 '복수하지 않는 환대'로, 적대적인 상대방에게도 환대를 지속해야 한다는 의미다.[31] 이 세 가지 절대적 환대는 '이웃을 내 몸과 같이 사랑하고, 원수까지도 사랑하라'는 예수의 가르침과도 정확히 일치한다. 이와 같은 절대적 환대가 온전히 이루어질 때, 하나님의 뜻이 하늘에서와 같이 이 땅에서도 이루어질 것이다.

■ 지배구조(Governance): 투명하고 공정한 공교회

오늘날 우리 사회에서 교회는 더 이상 세상과 구별된 곳이 아니며, 거룩한 공간은 더더욱 아니다. 오히려 자기밖에 모르는 이기적이고 편협하고 폐쇄된 조직이라는 인식이 널리 퍼져 있다. 이런 비난을 받는 이유 중 하나는 교회가 사회 안에서 또 하나의 권력기관이

---

31) 김현경, 『사람, 장소, 환대』 (서울: 문학과지성사, 2015), 205-242.

자 소유조직으로서 배타적 권한을 누리고 있기 때문이다. 특히 불투명한 재정 관리, 소수에 의한 독재적 의사결정과 운영으로 인해 비합리적이고 시대에 뒤떨어진 집단이라는 비판을 받고 있다. 교회의 이러한 운영방식과 지배구조는 MZ세대가 교회를 떠나는 결정적 이유이기도 하다.

그러나 성서에 나타난 초대교회의 모습을 살펴보면, 교회는 평등하고 합리적인 공적 형태로 운영되었다. 구약의 모세는 백성을 지도할 책임을 혼자 지는 것이 타당하지 않다고 하면서 스스로 자기 권한을 축소하였다. 그뿐 아니라 각 지파별로 '천부장, 백부장, 오십부장, 십부장, 조장'을 세워 그들과 공적 책임을 나누었다(신명기 1:9-18). 신약에서 '일곱 집사'를 세우는 과정을 통해서는 당시 교회 안에서 일어난 분배문제, 즉 재정문제를 어떻게 처리했는지 그리고 초대교회와 제자들이 어떻게 교회 내 불만을 해소하고 재정 투명성을 확보했는지를 배울 수 있다(사도행전 6:1-7). 교회 행정이란 "어떤 방법(method)이 아니라 목회(ministry)이고, 서류정리(paperwork)가 아니라 '사람'(people)이고, 비인격적인 정책(policies)이 아니라 인격적인 과정(processes)이고, 조작(manipulation)이 아니라 관리(management)"[32]이기 때문이다.

전통적으로는 이처럼 분배의 공정성에 주로 관심했으나, 최근에는 이와 더불어 '절차의 공정성'(procedural justice)과 '상호작용의 공정

---

32) Robert Dale, "Managing Christian Institutions," in *Church Administration Handbook*, ed. Bruce P. Powers (Nashville: Broadman Press, 1985), 11; 박진경, "건강한 교회를 위한 교회행정과 실천적 과제",「신학과 실천」, 66권 (2019년 9월): 648 재인용.

성'(interactional justice)을 포함한 포괄적인 조직의 공정성에 대한 관심으로 확장하고 있다.[33] 그러므로 교회도 투명하고 공정한 구조와 제도로써 지속가능한 발전이 가능하도록 하고, 이를 통해 조직 구성원, 즉 신자들을 종교사회화함으로써 조직을 재생산하고 변형시키는 역할을 감당할 역량을 키워야 한다. 이것은 결국 신자들의 도덕적 효능감을 고양시킬 것이며, 더불어 교회의 리더인 목회자들과 신자들 간의 가치정합성(value congruence)도 함께 향상할 것이다.[34]

변화에 귀 기울이고 동참하여 하나님 나라를 넓혀 가는 길

과학기술의 발달로 인한 사회의 급속한 변화와 그로 인한 생태위기 앞에서 오늘날 지속가능한 사회에 대한 관심은 더욱 중요해졌고, 이러한 시대적 상황과 더불어 MZ세대의 신앙경험 소비형태는 '무엇을' 넘어 '어떻게' 그리고 '왜'를 중요한 가치로 삼기 시작했다. 그러므로 이러한 변화와 도전에 교회가 적절히 응답하기 위해서는 지금까지 가졌던 관점의 철저한 전환이 요구된다. 특히 디지털 네이티브인 청년세대, 세상과 자연, 신앙교육과정 그리고 교회 문화에 대한 관점을 바꾸어야 할 필요성이 제기되고 있으며, 이와 더불어 신앙역

---

33) 배종석 외, 『ESG 시대의 사회적 가치와 지속가능경영』 (서울: 클라우드나인, 2021), 128-129.
34) 위의 책, 132.

량의 강화가 요구되고 있다. 어떤 신앙역량을 갖추어야 하는지는 시대마다 다를 수 있으며, 오늘날에는 특히 지속가능한 사회에 대해 관심이 집중되고 있다. 그리고 그에 대한 대응으로 기업의 재무지표뿐 아니라, 기업의 사회적, 환경적 활동까지 고려하여 성과를 측정하는 ESG 담론이 크게 주목받고 있다.

물론 ESG 담론이 최근 교회가 직면한 모든 위기와 도전의 완벽한 해답은 될 수 없다. 하지만 ESG 개념을 통해 교회의 본질과 역할, 특히 교회의 사회적이고 공동체적인 역할과 책임에 대해서 다시 한번 되돌아볼 수 있는 계기가 될 것이다. 또 MZ세대를 비롯해 오늘을 사는 모든 연령의 기독교인에게 요구되는 신앙역량이 무엇인지에 대한 통찰을 얻을 수 있을 것이다. 이를 바탕으로 시대에 적합한 신앙역량을 키우고 강화함으로써 새로운 도전과 위기에 적절히 응답하고, 관점을 새롭게 재구성함으로써 자연을 포함한 넓은 의미의 이웃과 더불어 더 나은 세상, 즉 하나님 나라를 확장하는 데 교회와 신앙인들이 주춧돌이 되어야 할 것이다.

김영수. "교회 청년들의 종교성: 한국기독교장로회를 중심으로", 「신학과 실천」, 63권 (2019년): 577-600.

김정형. "팬데믹 시대 생태신학: '공동-창조자' 개념을 중심으로". 『생태사물신학: 팬데믹 이후 급변하는 생태신학』, 전현식, 김은혜 외 (서울: 대한기독교서회, 2022): 107-120.

김진호. 『대형교회와 웰빙보수주의 - 새로운 우파의 탄생』 (파주: 오월의봄, 2000).

김창인, 이현범, 전병찬. 『청년, '리버럴'과 싸우다』 (서울: 시대의 창, 2018).

김현경. 『사람, 장소, 환대』 (서울: 문학과지성사, 2015).

김현미. "소비에서 자급으로 좌표 이동: 도시 에코페미니스트로 살아가기". 『덜 소비하고 더 존재하라: 에코페미니스트의 행복혁명』, 여성환경연대 기획 (서울: 시금치, 2016), 29-42.

김형식. 『좀비, 해방의 괴물: 팬데믹, 종말, 그리고 유토피아에 대한 철학적 사유』 (서울: 한겨레출판, 2022).

마사 누스바움. 『역량의 창조: 인간다운 삶에는 무엇이 필요한가?』, 한상연 역 (파주: 돌베개, 2015).

마크 프렌스키. 『미래의 교육을 설계한다』, 허성심 역 (서울: 한문화, 2018).

박지애, 소경희, 장연우, 허예지. "포스트모던 관점에서 다시 생각하는 역량 교육: Deleuze의 존재론에 기초하여", 「교육과정연구」, 37권 2호 (2019년): 1-25.

박진경. "건강한 교회를 위한 교회행정과 실천적 과제", 「신학과 실천」, 66권 (2019년): 641-662.

배종석 외. 『ESG 시대의 사회적 가치와 지속가능경영』 (서울: 클라우드나인, 2021).

백은미. "청년 세대를 위한 기독교 시민교육의 과제", 「신학과 실천」, 76권 (2021년): 487-516.

신상규. 『호모 사피엔스의 미래: 트랜스휴먼과 트랜스휴머니즘』 (파주: 아카넷, 2014).

안치용, 이윤진. 『ESG 배려의 정치경제학』 (서울: 마인드큐브, 2022).

오병호. 『ESG 스퀘어: 트렌드를 창조하는 ESG』 (고양: 도서출판 더로드, 2022).

오충현 외, 기독교환경운동연대, 한국교회환경연구소 엮음. 『코로나 팬데믹과 기후위기시대, 생물다양성에 주목하다』 (논산: 대장간, 2020).

이민형. "미디어에 물든 기독교 신앙: 코로나 기간 동안의 경험을 통해 살펴 본 온라인 예배의 의미와 한계", 「신학과 실천」, 79권 (2022년): 39-64.

이병옥. "교회의 이웃의 소리경청 및 개선 방안 연구: 선교적 교회의 관점에서", 「신학과 실천」, 74권 (2021년): 791-820.

이은경. "첨단기술발달시대에 인간과 자연의 관계 변화와 기독교교육의 패러다임 전환", 「신학과 실천」, 77권 (2021년): 509-532.

_____. "생명다양성 위기 시대를 건너는 공생의 교육". 『코로나 팬데믹과 기후위기시대, 생물다양성에 주목하다』, 기독교환경운동연대, 한국교회환경연구소 엮음 (논산: 대장간, 2020), 112-132.

_____. "디지털 데이터 사회의 포스트휴먼을 위한 교육", 「신학사상」 183권 (2018년): 136-163.

이정용. 『마지널리티: 다문화 시대의 신학』 (서울: 포이에마, 2014).

전현식, 김은혜 외. 『생태사물신학: 팬데믹 이후 급변하는 생태신학』 (서울: 대한기독교서회, 2022).

존 카우치, 제이슨 타운. 『공부의 미래 디지털 시대, 가르치고 배우는 일에 관한 모든 것』, 김영선 역 (서울: 어크로스, 2019).

지그문트 바우만, 리카르도 마체오. 『지그문트 바우만, 소비사회와 교육을 말하다: 소비사회가 잠식하는 인간적인 삶에 대하여』, 나현영 역 (서울: 현암사, 2016).

프랑코 '비포' 베라르디. 『노동하는 영혼: 소외에서 자율로』, 서창현 역 (서울: 갈무리, 2012).

프리드리히 슈바이처. 『어린이와 함께 배우는 신앙의 세계』, 고원석, 손성현 역 (서울: 대한기독교서회, 2013).

Dale, Robert. "Managing Christian Institutions", in *Church Administration Handbook*, ed., Bruce P. Powers (Nashville: Broadman Press, 1985), 11-31.

Haraway, Donna. *Staying with the Trouble: Making Kin in the Chthulucenen* (Durham: Duke University Press, 2016).

Hefner, Philip. *The Human Factor: Evolution, Culture, and Religion* (Minneapolis: Fortress, 1993).

Schmemann, Alexander. *For the Life of the World: Sacraments and Orthodoxy* (NY: St. Vladimir's Seminary Press, 1998).

11

R세대 인공지능과 함께하는 공감적 상담

송용섭·영남신학대학교 기독교윤리

디지털 세계에서 자란 MZ세대 그리고 다가올 R세대

대부분의 한국교회는 미래를 책임질 청년 세대를 잃어버렸다. 교회는 젊은이들을 세상에 빼앗겼다고 생각하지만, 정작 그들이 왜 교회를 떠났는지, 세상 어디에서 무엇을 하는지 잘 알지 못한 채 안타까워만 한다. 이러한 교회의 고민을 바라보며 이 시대의 젊은이들을 통칭하는 MZ세대의 상담에 관해 강연했던 논문을 수정, 보완하여 소개함으로써 그들에 대한 이해와 적절한 접근 방식을 제시하려

한다.[1]

　한 사회의 기성세대에게 자기 뒤를 잇는 새로운 세대는 항상 이해하기 어려운 세대로 남는다. 그리하여 그들을 이해하기 위한 방법으로, 새로운 세대가 성인이 되는 시기부터 고유한 명칭을 붙여 존재감을 부여하고 그들의 특징을 분석함으로써 이해를 추구해왔다.

　한국사회에서도 새로운 세대가 부상함에 따라 그들의 특징을 시대적으로 구분할 수 있는 이름을 붙여 왔는데, 오늘날 한국사회는 이러한 새로운 세대에 MZ세대라는 이름을 붙였다. "MZ세대 구매경쟁 사재기 현상 우려" 또는 "저희 MZ세대 맞습니다" 등과 같은 신문기사 제목에서 알 수 있듯이, 오늘날 한국사회는 기성세대와 달리 사고와 행동이 톡톡 튀는 MZ세대를 때로는 도대체 이해할 수 없다는 듯한 낯선 눈길로, 때로는 어떻게 해서든 이들을 알고 싶어 하는 호기심 가득한 눈길로 바라본다.

　그런데 세대를 구분하여 M세대 혹은 Z세대로 부르지 않고 이 두 세대를 묶어 통칭하는 것은, 계속해서 M세대와 Z세대를 구분하여 특징을 분석하는 외국의 경우와 구별되는 한국만의 독특한 현상이다. 한국교회가 교회 밖으로 나간 청년 세대를 언급할 때도 단순히 20대만을 말하는 것이 아니라, 넓은 의미에서 이 MZ세대를 가리킨다. 따라서 MZ세대에 대한 적절한 이해와 대응이야말로, 현재 한국교회 기성세대의 신앙 유산이 끊김 없이 다음 세대까지 흘러갈 수

---

1) 이 글은 2021년 11월 27일 한국기독교상담심리학회, 한국목회상담협회 공동학술대회-MZ세대와 함께 하는 기독(목회) 상담-에서 강연한 "MZ세대와 공감적 상담의 미래"를 수정 보완하였음을 알립니다.

있는 원동력으로 작용할 수 있을 것이다. 이 글에서는 '디지털'이란 단어로 대변할 수 있는 MZ세대의 특성을 개괄적으로 소개하고, 이후에는 보다 이질적으로 느껴지기 쉬운 Z세대에 보다 무게를 두어 내용을 전개할 예정이다.

이 글은 목회자나 상담가 혹은 일반 독자로 하여금 이러한 MZ세대를 이해하고 공감함으로써 효과적 상담을 진행할 수 있는 제언을 목적으로 한다. 오늘날 디지털 과학기술의 눈부신 발전은 현실세계와 디지털 세계를 융합시키고 있다. 한국교회가 디지털 기술 변화의 흐름과 속도를 따라가지 못하고 현재에 안주하는 동안, 디지털 기술의 영향력 안에서 자란 MZ세대는 이미 현실세계를 떠나 디지털 세계를 향해 이주하고 그곳에 거주하며, 필요할 때만 현실세계를 선택적으로 방문하기 시작했다. 따라서 디지털 이주민과 디지털 원주민으로 표현되는 MZ세대의 공감적 상담을 위해 이 글의 내용을 참조하여 MZ세대와의 교류를 위한 디지털 네트워크의 활용도를 높이기 바란다. 또 디지털 가상공간과 인공지능 발전에 대한 이해와 전망을 통해 MZ세대와 공감하며, 그 이후에 다가올 미래 세대인 R세대(Robot Generation)를 위한 현재의 준비에 힘써야 할 것이다.

MZ세대란 무엇이며, 어떤 특징이 있는가?

일반적으로 사회는 각 세대를 대략 10년 단위로 20대, 30대, 40대 등으로 구분한다. 그런데 해당 세대의 특징을 나타내기 위한 명칭을 부여할 때는 이러한 10년 단위 구분과 시대적, 사회문화적 특성을 함께 고려하게 된다. 예를 들어, 1970년대생은 20대였던 1990년대에 "기존에 없던 새로운 특성을 가진 세대"라는 의미로 X세대라고 불렸다.[2] 이후 1980년대생과 1990년대생은 일반화하기에 어려움에도 불구하고 한 그룹으로 묶여 자연스럽게 X세대의 다음 알파벳 순서인 Y세대로 불렸다. 그런데 2000년대에 들어 인류의 새로운 천년을 의미하는 밀레니얼(millennial)이라는 용어가 부각되자, Y세대는 밀레니얼 시기에 성인이 되어 진입한 세대란 의미에 더 강조점을 두어 M세대라고 불리기 시작했다. 그리고 2000년대에 태어난 세대가 사회에서 부각되자, 이들은 알파벳 순서대로 Y의 다음인 Z세대로 명명되었다.[3] 따라서 국내에서 사용되는 MZ세대라는 용어는 대략적으로 현재의 20대에서 시작하여 최대 40대까지 아우르는 세대 집단의 특성을 지칭하는 것으로 이해할 수 있을 것이다.

이러한 한국사회 MZ세대의 특성을 생각해보면, 이들이 한국사회의 경제, 정치, 기술의 변화와 맞닿아 있음을 알 수 있다. 김용섭과

---

2) 김용섭, 『요즘 애들, 요즘 어른들』 (파주: 21세기북스, 2019).
3) *Ibid.*; 임홍택, 『90년생이 온다』 (서울: 웨일북, 2018).

임홍택에 따르면, MZ세대는 1997년 IMF 위기로 인해 도입된 신자유주의적 경제체제 속에서 태어났고, 2000년대 전 지구적 금융위기의 영향을 체험하며 자라온 세대다. 이들은 신자유주의적 교육환경에서 자라나 심화된 경쟁에 익숙하고 그 안에서 자신의 승리와 패배를 정당화하기 위해 좁고 형식적인 공정성을 추구한다. 인터넷 환경에 누구보다 익숙한 MZ세대는 인터넷 커뮤니티에 접속하여 익명을 기반으로 재미를 추구하다 '일베 사이트'나 '워마드'와 같은 혐오의 장에 빠지기도 한다. 이들은 인터넷, 휴대폰 등으로 네트워크 접속을 늘 경험하며, 유튜브, 페이스북, 인스타그램, 틱톡과 같은 SNS상에서 각각 다른 다중적 자아 표현하기를 즐겨한다. MZ세대는 소셜 미디어 사용을 이렇게 일상화하고, 게임과 네트워크에 상시 접속하여 가상세계를 경험함으로써 사이버 공간과 현실 공간 사이의 경계가 다른 어떤 세대보다 희미해진 상태다. 동시에 온라인상에서 이루어지는 교류를 오프라인인 현실의 교류에까지 이어갈 수 있는 세대이기도 하다.

또 이들은 저출산 고령사회에서 가정 내 한 자녀로 성장하여 자기중심적인 자아를 형성하고, 미래에 대한 사회 경제적 희망이 가로막혀 있다고 느낀다. 이들은 교육뿐만 아니라 정치, 경제 등의 사회 전 영역에서 치열한 생존 경쟁에 노출되어 있기 때문에, 특히 경제적 생존을 위한 이해관계에 민감한 편이며 타인의 눈치를 보지 않고 자기 주장을 하고 표현하는 자유로움을 지녔다.

이제 MZ세대에 대한 전반적 설명에서 벗어나, 각각 M세대와 Z세대의 특징을 구분하여 조금 더 상세히 서술하려 한다. M세대는 성장기에 데스크톱 컴퓨터를 통해 인터넷 시대의 도래를 경험하였다. 관심과 시간소모의 주요 무대가 현실세계에서 디지털 세계로의 이전을 경험하였기 때문에 디지털 이주민으로 불린다. 제레미 리프킨은 M세대의 긍정적인 특징을 가족과 좋은 유대관계를 맺는 것으로 보았다. 특히 리프킨은 중산층 자녀일수록 이전 세대보다 부모와 더 많은 시간을 보낸다고 주장한다. 이러한 환경에서 자라난 M세대는 타인에 공감적이고, 다양성과 타인의 권리를 존중하며, 대중의 집단 지식을 신뢰하고 환경과 기후변화 등의 전 지구적 이슈에 민감하다. 반면 부정적인 특징은, 인터넷에서 너무 많은 시간을 보낸 나머지 어휘나 독해력, 의사소통 능력과 자기 생각을 정리하여 의미 있게 표현하는 등의 언어 능력이 감소하였다는 점이다.[4]

한편, Z세대는 인터넷과 휴대전화의 시대에서 태어나 휴대용 전자기기와 이동무선통신을 통해 본격적인 디지털 세계를 경험하며 자라왔기 때문에 디지털 원주민으로 불린다. 싱과 당메이에 따르면, Z세대는 격식이 없고 개인적이며 직접적인 대화 방식을 선호한다.[5] 이들은 SNS를 삶의 필수적인 요소로 여기고 이를 잘 활용하여 세상과 상호작용하고 소통한다. 이들의 자기 정체성의 많은 부분은 디지털 기술과 연관되어 있고, 이들은 기술을 잘 알고 있지만 문제를 해

---

[4] 제레미 리프킨(Jeremy Rifkin), 『공감의 시대』(The Empathic Civilization), 이경남 역 (서울: 민음사, 2010).
[5] Amarendra P. Singh, Jianguanglung Dangmei, "Understanding the generation Z: the future workforce", *South-Asian Journal of Multidisciplinary Studies*, vol.3, no.3 (2016), 1-5.

결하거나 맥락을 파악하고 분석하여 결정하는 능력이 약하다. 이들은 인터넷 디지털 세계의 경험이 그러하듯 조급하고 즉각적이며 집중력의 주기가 낮은 편이며, 자기 주도적이고 까다롭고 물질주의적이며 자기 권리를 주장하는 세대다. Z세대는 나이에 상관없이 자기 목소리를 내고 싶어 하고, 환경과 같은 지구 공동체의 이슈에 민감하며 책임감을 지녔다.

한편 브루스 털간은 사회 경제 생활에서 Z세대의 트렌드를 설명하였는데, 이 중에서 주요 트렌드 일부를 선택하여 소개하면 다음과 같다.[6] 첫째, Z세대에게는 소셜미디어가 미래이며 Z세대는 인터넷과 디지털 속에 태어난 디지털 원주민이기 때문에, 이들을 이해하고 관리하기 위해서는 소셜미디어를 잘 알고 활용할 수 있어야 한다. 둘째, Z세대는 인간관계를 더욱 중요시하여 친밀감을 깊이 느끼는 관계 속에서만 개인들을 위해 업무 수행에 최선을 다하려 한다. 셋째, Z세대는 '차이'에 대해 기존 세대와는 전혀 다른 새로운 생각을 가지고 있고, 이전에 당연시하였던 범주에 빠지기보다 다양한 선택지 중에서 자신이 끌리는 정체성과 관점들을 섞어서 의미를 부여하고 이를 선택할 가능성이 훨씬 높다.

한국사회는 MZ세대를 통칭하여 이해하려고 하지만 지금까지 해외의 학자들이 분석한 두 세대는 디지털 이주민(nomad)으로서의 M세대와 디지털 원주민(native)으로서의 Z세대의 차이만큼이나, 디지

---

[6] Bruce Tulgan, "Meet Generation Z: The second generation within the giant "Millennial" cohort." *Rainmaker Thinking*, vol.125 (2013).

털 세계와의 친밀성과 활용도, 이에 대한 경험과 영향에 따른 세대적 차이가 존재한다. 특히 Z세대는 디지털 이동통신의 발달로 인하여 현실세계 어디서든지 상시 디지털 세계에 접속하여 살아가면서, SNS, 게임 온라인 커뮤니티의 또 다른 디지털 원주민들과 상호교류하고 있다. 이들은 비록 디지털 세계에서 한 유저(user)에 불과하다 해도 그 세계 어디에 속해 있건 자기 목소리를 분명히 드러내며 권리를 주장한다. 이들은 자기주도적으로 원하는 정보를 동시다발적으로 찾아 헤매며 디지털 세계의 즉각적이고 자극적인 반응에 익숙해진 경험으로 인해 조급하고 즉각적이며 한 가지 일에 집중하지 못하는 특징을 가지게 되었다.

자아분리, 경쟁과 자극으로 어려움을 겪는 MZ세대와 공감적 상담의 필요성

MZ세대가 각각 구분되는 특징을 지녔음을 기억하면서, 이제 한국사회에서 이들을 함께 묶어 통칭하는 방식을 따라 이들을 디지털 기술의 관점에서 이해하고 이들에 대한 공감적 상담의 필요성을 검토해보도록 하자. MZ세대가 경험하는 개인적, 사회경제적 디지털 기술 환경의 변화는 이들의 정신세계에 이전 세대와 다른 영향력을 끼쳤다. 특히, 프랑코 '비포' 베라르디는 인간이 디지털 혁명으로 인하여 정신 환경에 끼친 변화를 보다 구체적으로 설명한다.[7] 베라르디는 디지털 기술의 발전으로 인하여 인간은 어머니보다 TV나 컴퓨터와 같은 기계로부터 더 많은 어휘를 배웠고, 이는 인간에게 새로운 종류의 감각 발달을 불러왔다고 주장하였다. 예를 들어, 인간이 유아시절에 언어를 학습할 때 단어의 정서적 의미를 자신을 바라보는 어머니의 사랑스러운 눈빛이나 포옹과 같은 신체 접촉을 통해 경험하는 것이 아니라 TV나 휴대폰 화면의 영상과 소리를 통해 학습함으로써, 인간의 언어학습 경험은 신체적 애착 경험에서 분리되었고 타인에 대한 경험은 가상화되었으며 언어의 의미는 가전제품의 매뉴얼과 같이 기계적이고 메마른 것이 되었다.

이처럼 인간의 정신과 관계, 언어의 디지털화 과정에서 인터넷 환경은 더욱 초고속화를 이루고 있으며, 대부분 지역을 네트워크화함으로써 일부 MZ세대에게 인터넷 중독 현상을 초래하기도 한다. 인터넷과 네트워크의 발달로 인하여 디지털 원주민으로 태어난 MZ세대들에게 디지털 환경은 현실 사회의 다양한 욕구를 그대로 투영하고 충족하려 시도할 수 있는 장을 마련해주었다. 베르트 테 빌트에 따르면, 온라인게임은 사이버 공간의 주인공이 될 수 있게 하는 기회를 제공하며, 인터넷에 기반한 소셜 네트워크는 타인에 대한 이들의 충족되지 않는 갈망을 채워준다.[8] 인터넷 음란물 중독 역시 절

---

[7] 프랑코 '비포' 베라르디(Franco 'Bifo' Berardi), 『죽음의 스펙트클』(Heroes: Mass Murder and Suicide), 송섬별 역 (서울: 반비, 2016).
[8] 베르트 테 빌(Bert te Wildt), 『디지털 중독자들』(Digital Junkies: Internetabhangigkeit und ihre Folgen fur uns und unsere Kinder), 박성원 역 (서울: 율리시즈, 2017).

대적 쾌락에 대한 이들의 헛된 갈망을 나타내는 것이다. 따라서 빌트는 MZ세대에게 중독은 현실세계로부터 점점 더 사이버 공간으로 이동하는 추세를 보이고 있으며, 결국에는 현실 사회의 모든 종류의 병적 행동이 가상공간으로 옮겨갈 수 있다고 주장한다.

한편, 제레미 리프킨은 '연극 의식'이라는 용어를 사용하여 M[Z]세대의 인터넷 활동의 특징을 분석하였다.[9] 리프킨이 사용한 연극 의식이라는 용어는 이들의 온라인 활동에서 드러나는 준사회적인 관계를 표현하는 단어다. 연극 의식은 흔히 말하는 덕질(예를 들어, 자기가 선택한 연예인을 온오프라인에서 응원하고 개인적으로 후원을 하는 팬 활동), 유튜브 댓글 달기, 페이스북 활동 등과 같이 현실에서의 사회적 유대감을 온라인상의 동호회와 모임 등을 통해 강화시키거나 온라인상의 사회적 관계를 현실의 관계로까지 이어갈 수 있게 기능한다. 리프킨은 이들의 연극 의식에 더하여 '연극적 자아'라는 용어를 사용함으로써, 인터넷이 M[Z]세대의 개인에게 자신이 생각하는 '진정한 자아'를 연기할 기회를 부여하는 가상의 무대를 제공한다고 주장한다. 즉, 개인은 인터넷이 제공하는 여러 가상의 무대에 다양한 형태로 참여하고 연기함으로써, 자신의 진정한 자아를 연극적 자아를 통해 가상의 무대에서 가리거나 드러낼 수 있다. 참여한 개인이 자아의 연기를 할 수 있게 만드는 인터넷 공간은 M[Z]세대들의 공유와 협동의 도구인 동시에, SNS 등에 올리는 사진과 영상 등을 통한 자기과시와 자아도취의 광장이 되기도 한다.

---

9) 리프킨, 『공감의 시대』.

지금까지 살펴본 대로 과학기술의 발전이 MZ세대의 활동무대를 디지털 공간으로 이동시키고 있으며 일부는 이미 디지털 공간에 거주하고 있기 때문에, MZ세대의 의식 세계와 사회적 유대관계, 참여적 활동은 디지털 세계와 현실세계에 혼재되어 있다. 사물인터넷 시대 모든 것이 점차 네트워크화되면서 MZ세대는 이러한 네트워크에 상시 접속해야 할 필요를 느끼며, 이 접속에서 벗어나지 못할 때 정신적 과부하에 걸리기 쉽다. MZ세대는 한국사회 전반에 끼친 신자유주의적 영향력 안에서 자라나 생존을 위한 경쟁의 일상화를 경험하고, 디지털 세계에서 자라나 정보 자극이 지속적으로 강화되면서, 조급함, 주의력 결핍 장애, 공황장애, 조울증을 호소하기도 한다. 따라서 MZ세대를 위한 효과적 상담을 위해서는 디지털 과학기술의 발전에 가장 큰 영향을 받는 MZ세대의 특성을 이해하고 공감하며 상담을 진행해야 할 필요가 있다.

MZ세대의 공감적 상담을 위한 제언과 미래 상담을 위한 준비

첫째, MZ세대의 효과적 상담을 위해서는 먼저 세대 특성과 이들을 둘러싼 디지털 기술문화 환경을 이해하는 공감적 상담이 필요하다. 물론, MZ세대 개개인을 전체적으로 일반화할 수는 없다 해도, 이들 세대가 지닌 특성에 대한 관심과 일상생활로 이어지게 된 다양한 인터넷 신조어들에 대한 기본 이해가 필요하다. 또 이들이 인터넷 네트워크상에서 드러내고 있는 연극 의식과 연극적 자아, 네트워크에 상시 접속된 자아 등에 대한 선이해 역시 필요하다.

둘째, MZ세대 상담 시 이들의 특성에 따른 선제적 관계 형성이 필요하며, 직무 상담 시 이들이 수행해야 할 명확한 역할을 구체적으로 제시해야 할 것이다. 즉, MZ세대 상담을 위해서는 내담자와의 밀도 높은 관계 형성이 중요하다. 이는 상담뿐만 아니라 일반적 사회관계에서도 마찬가지여서, 예를 들어 직장 내 MZ세대는 상사와의 밀도 높은 관계 형성이 선행된 이후에야 지시받은 업무를 수행하는 데 어려움이 없을 것이다. 또 MZ세대를 위해서는 명확하고 잘 짜여진 규정된 지시와 그 규정 내에서 MZ세대가 감당해야 할 역할이 주어져야 한다.[10]

셋째, MZ세대 내담자의 인터넷 공간에서의 경험, 의식, 감정 상태에 집중하는 상담이 필요할 것이다. 상담가는 내담자의 인터넷 디지털 사용시간을 통제하기 위해 노력하기보다, 이들이 방문한 인터넷 사이트 혹은 그 안에서 읽고 경험하고 답한 내용이 디지털과 현실세계의 자아 그리고 사회적 관계에 미칠 수 있는 영향력에 집중해야 한다. 이를 위하여 내담자의 소셜미디어, 인터넷 검색 히스토리, 방문 사이트, 사이버 교류 관계 등에 대한 관심과 상담이 필요할 것이다.

넷째, 디지털 기술 발전에 대한 MZ세대의 관심과 경험을 활용한 상담이 필요하다. 이들을 위해 '줌'(Zoom) 등을 활용한 인터넷 실시

---

10) Tulgan, "Meet Generation Z", 7-8.

간 상담을 시도해 볼 수 있다. 또 메타버스를 활용한 상담도 가능하다. 현재도 사용되고 있는 메타버스 공간인 '제페토, 로블록스, 세컨드 라이프' 등의 메타버스에 사이버 상담소를 개소하여 그 공간 내 불특정 다수가 이를 보고 방문하여 사이버 상담을 시도하게 할 수 있다. 특히 많은 상담가 자원을 활용할 수 있는 교회나 각 상담학회는 메타버스 공간에 일정 규모의 건물(상담소)을 짓고 그 안에 소속 상담가들의 사이버 상담 오피스를 개인별로 마련하면 MZ세대가 손쉽게 이 가상 상담 오피스에 들어와 개인 상담을 진행하게 할 수 있을 것이다.

일단, 개인과 상담가와의 사이버 상담을 통해 관계 형성을 이룬 후에는 메타버스 내 이러한 사이버 오피스 공간과 현실세계 오피스 공간에서의 대면 상담을 교차적으로 활용할 수 있도록 권유해야 보다 깊이 있는 상담이 이루어질 수 있을 것이다. 즉 메타버스 내 설치된 가상 상담 오피스를 통하여 MZ세대 내담자들과 밀도 높은 관계 형성을 구축한 후에는, 더욱 효과적인 상담을 위하여 현실세계 속의 상담소를 소개하고 그곳으로 인도함으로써 이들이 가상공간을 통하여 궁극적으로는 현실 공간에서의 대면 상담까지 이르게 해야 할 것이다. 향후에는, 더욱 발전할 인공지능 디지털 과학기술을 활용하여 온오프라인의 MZ세대를 위한 공감적 상담을 상시적으로 병행할 수 있을 것이다.

한편, 미국의 저명한 종교학자인 로버트 제라시에 따르면 국외에서는 이미 2000년대 중반부터 '세컨드 라이프'와 같은 메타버스 공간에 가상 교회 건물을 구축하고 이 안에서 개인들이 자기가 선택한 각종 캐릭터 형상으로 들어와 함께 예배하고 찬양하고 기도하는 신앙공동체를 형성해 왔다.[11] 사이버 공간에 구축한 교회들의 형상은 비종교인을 위한 카페 형태의 건물도 있고, 현실세계의 기존 교회에 건축 이미지를 그대로 가져온 교회 건축도 있다. 다양한 인종의 캐릭터 기독교인들이 가상 교회 공간에 함께 모여 두 손 들고 찬양하며, 바닥에 무릎 꿇고 기도하고, 상호 채팅을 통해 성경 공부도 진행하는 등 메타버스 공간에 설립된 교회와 거기서 이뤄지는 예배 등의 신앙 활동은 이미 현실세계와 매우 유사하다. 메타버스 공간 속 교회에서 드려지는 예배는 MZ세대 특유의 디지털 사교성과 익명성에 기반한 손쉬운 친밀감 형성 그리고 시공간을 초월한 접속 가능성 등을 통하여 기존 현실 교회의 예배에서 줄 수 없는 고유한 디지털 경험과 함께 가상세계 속 거룩함을 가상공간 속 커뮤니티 활동과 가상 예배를 통해 제공하고 있다.

특히 과학기술이 더욱 발전하게 될 미래에, 메타버스 속 가상 교회에서 드려지는 예배나 성경 공부 시간은 설교 내용에 나오는 예화의 시공간 환경을 구현하여 그 속에서 직접적인 체험 예배를 드릴 수 있게 할 수 있을 것이다. 예를 들어, 노아의 방주나 모세의 출애굽 상황을 가상공간에 구성한 후에 온라인 교인들과 함께 그곳에 접속하여 성서 이야기 속 주인공의 일부가 됨으로써 더욱 몰입감 있

---

11) Robert M. Geraci, *Virtually sacred : myth and meaning in World of Warcraft and Second Life* (New York: Oxford University Press, 2014).

고 체험적인 예배와 성경공부를 진행할 수 있게 될 것이다.

　미래의 가상예배에 활용될 수 있는 이러한 과학기술의 발전은 메타버스 속 사이버 상담에 다양한 기회와 접근성을 제공할 수 있을 것이다. 예를 들어, 내담자의 과거 트라우마 경험이 명확히 드러나게 될 때 가상공간 속 상담가는 해당 메타버스 내 자신의 가상 상담 오피스를 내담자의 트라우마가 발생한 시기 및 환경과 유사하게 재디자인하여, 함께 과거 속 트라우마 환경에 들어가 내담자 옆에서 실시간으로 상담함으로써, 그들이 과거의 트라우마 경험을 수정 또는 변경하여 자아를 응집적으로 회복하는 데 직접적인 도움을 제공할 수 있을 것이다.

　또한, 현재 과학기술의 개발양상으로 추정하자면, 미래 과학기술의 발전은 다음과 같이 긍정적인 측면에서 공감적 상담을 위한 토대를 제공할 수 있을 것이다. 미래에 상담가들은 가상공간에 접속하기 위해 착용하는 웨어러블 기기에 장착된 센서들을 활용하여 내담자의 신체적 변화를 스캔함으로써, 공감적 상담을 위한 정보를 획득하고 해석하여 상담의 효율성을 높일 수 있을 것이다. 또 fMRI 두뇌 스캔 기술은 현재에도 실시간으로 인간의 두뇌를 스캔하여 개인이 생각하거나 상상하는 이미지를 컴퓨터 화면에 유사하게 구현할 수 있다. 이러한 과학기술이 발전하여 fMRI의 스캔 해상도가 더욱 높아진다면, 상담가는 fMRI 두뇌 스캔 기술을 통해 내담자의 꿈과 무의식 세계를 가시적 이미지로 그대로 구현하여 정신분석 자료로 활용함으로써 내담자를 위한 효과적인 공감적 상담을 수행할 수 있을 것이다.

그뿐만 아니라 과학기술의 발전은 가상공간과 현실 공간에 공감적 인공지능 로봇 상담의 등장을 초래할 가능성이 높다.[12] 각종 논란에 휩싸여 서비스를 중단하긴 했지만, 지금도 마이크로소프트사의 테이(Tay)나 국내 기업의 이루다 등과 같은 챗봇은 이미 인간과 자연 언어로 대화할 수 있는 수준으로 개발하여 활용된 바 있다. 또 한동안 TV 광고와 SNS상에서 아름다운 얼굴과 멋진 몸매로 선풍적인 인기를 끌었던 로지(ROZY)와 같은 컴퓨터 합성 인간 캐릭터의 등장은 인터넷 가상공간에서 자신이 좋아하는 외모를 지닌 합성 인간 이미지의 인공지능 상담가를 선택하여 공감적 상담을 진행할 수 있는 가능성을 열어준다.

이러한 과학기술의 발전은 MZ세대와 2010년 이후 출생자를 지칭하는 α(알파)세대를 넘어, R세대(Robot Generation)의 등장 가능성을 예견하게 한다. 인공지능 로봇 기술을 상징하는 R세대는 태어나면서부터 로봇에 의해 양육되고 학습하며 로봇과 공생하며 살아갈 미래 세대를 위해 필자가 붙인 말이다. MZ세대가 인터넷과 네트워크에 의해 특정 지어지는 세대라면, 아마도 R세대는 이 모든 것에 더하여 태어나면서부터 로봇과의 공생을 특징으로 하게 될 것이다. 이때 상담가는 현재 MZ세대의 상담을 진행한 경험을 데이터화하여 다가올 R세대에 대한 상담을 준비해야 할 것이다. 로봇과 함께 태어나고 공생하게 될 R세대와 공감을 주고받는 상담을 하려면, 현재 상담 이론

---

12) 송용섭, "공감적 인공지능 상담가 활용에 대한 미래 전망", 「신학논단」, 99권 (2020): 163-194.

의 수정, 보완, 발전적 계승의 필요할 것이다. 이를 위해 상담학자들은 가상과 현실세계에서 효과적으로 사용 가능한 디지털 기술에 대한 선제적 연구와 활용방안을 마련할 필요가 있다.

과학의 진보와 함께
그 내면 속 자아 치유

이 글은 MZ세대를 위한 상담이 공감적인 상담이 되고 이들 세대에도 유효한 세대 지속적인 상담이 되기 위하여 다음과 같은 제언과 시사점을 제공하였다. 먼저, 상담가는 MZ세대의 디지털 기술문화적 특성을 이해하고 공감하며, 인터넷 접속과 활동에 대한 내담자 분석에 보다 많은 관심과 집중을 기울여야 한다. 또 MZ세대의 상담을 위해 다른 세대보다 그들과 밀도 높은 관계를 선행적으로 형성해야 하고, 인터넷 가상공간에서의 상담을 시도하여 이를 현실세계의 상담으로 이끌어내도록 노력함으로써 보다 효과적인 공감적 상담을 수행할 수 있을 것이다.

미래에 과학기술이 발전함에 따라, 상담 시 디지털 기술과의 융합이 더욱 중요해질 것이다. 인간의 정신이 가상공간에 업로드되고 기계와 인간이 통합되는 시대가 온다고 해도, 인간의 무의식과 욕망 그리고 전 생애 과정에서 겪을 수 있는 트라우마 경험, 자아의 고유한 심리적 발달상태는 현재의 MZ세대뿐만 아니라 R세대에 대한 정신분석 및 상담을 지속적으로 요구할 것이다. 과학이 영원한 진보의 과정에 있다면, 다가올 R세대의 깊은 내면 속 자아를 회복시킬 수 있는 세대 지속적 상담을 위해서는 지금부터 MZ세대에 대한 연구를 더욱 활성화하고 이에 대한 상담 데이터를 디지털 정보로 축적해 놓을 필요가 있다. 이는 미래 상담의 주체가 인간이건 인공지능이 되건 간에, 미래의 공감적 상담은 현재의 지적 유산 축적과 구체적 상담 사례, 깊이 있는 분석을 기반으로 발전하게 될 것이기 때문이다. 이러한 측면에서 언젠가 다가오게 될 R세대를 위한 공감적 상담의 미래는 현재 MZ세대를 연구하는 연구자들과 상담가의 손에 달려 있을 것이다.

김용섭. 『요즘 애들, 요즘 어른들』 (파주: 21세기북스, 2019).

베르트 테 빌(Bert te Wildt). 『디지털 중독자들』(*Digital Junkies: Internetabhangigkeit und ihre Folgen fur uns und unsere Kinder*), 박성원 역 (서울: 율리시즈, 2017).

송용섭. "공감적 인공지능 상담가 활용에 대한 미래 전망", 「신학논단」, 99권 (2020): 163-194.

임홍택. 『90년생이 온다』 (서울: 웨일북, 2018).

제레미 리프킨(Jeremy Rifkin). 『공감의 시대』(*The Empathic Civilization*), 이경남 역 (서울: 민음사, 2010).

프랑코 '비포' 베라르디(Franco 'Bifo' Berardi). 『죽음의 스펙터클』(*Heroes: Mass Murder and Suicide*), 송섬별 역 (서울: 탄비, 2016).

Geraci, Robert M. *Virtually sacred : myth and meaning in World of Warcraft and Second Life*. New York: Oxford University Press, 2014.

Singh, Amarendra P. and Jianguanglung Dangmei. "Understanding the generation Z: the future workforce", *South-Asian Journal of Multidisciplinary Studies* vol.3, no.3 (2016): 1-5.

Tulgan, Bruce. "Meet Generation Z: The second generation within the giant "Millennial" cohort", *Rainmaker Thinking* vol.125 (2013).

흩어진 MZ세대와 접속하는 교회
메타버스 시대의 목회와 선교

1판 1쇄 인쇄 _ 2023년 3월 3일
1판 1쇄 발행 _ 2023년 3월 10일

지은이 _ 김은혜·로버트 제라시(Robert Geraci)·박일준·홍창현·
     윤영훈·홍성수·이준우·정대경·황은영·이은경·송용섭
펴낸이 _ 이형규
펴낸곳 _ 쿰란출판사

주소 _ 서울특별시 종로구 이화장길 6
편집부 _ 745-1007, 745-1301~2, 743-1300
영업부 _ 747-1004, FAX 745-8490
본사평생전화번호 _ 0502-756-1004
홈페이지 _ http://www.qumran.co.kr
E-mail _ qrbooks@daum.net / qrbooks@gmail.com
한글인터넷주소 _ 쿰란, 쿰란출판사
페이스북 _ www.facebook.com/qumranpeople
인스타그램 _ www.instagram.com/qrbooks
등록 _ 제1-670호(1988.2.27)
책임교열 _ 김유미·송지은

ⓒ 김은혜·로버트 제라시(Robert Geraci)·박일준·홍창현·
  윤영훈·홍성수·이준우·정대경·황은영·이은경·송용섭
  2023 ISBN 979-11-6143-809-2 93230

책값은 뒤표지에 있습니다.
이 출판물은 저작권법에 의해 보호를 받는 저작물이므로 무단 복제할 수 없습니다.
파본(破本)은 구입처에서 교환해 드립니다.